人生的哲理

◎馮友蘭

序

陳鼓應

一九八四年我由美國到北京大學哲學系擔任客座教授，到北大不久即前往拜訪馮先生，教書期間亦多次去探望他，偶有國外學者來訪問他，亦陪同前往。記得第一次見到馮先生時，他正在進行《中國哲學史新編》第四卷的寫作，桌上攤了二、三本我未曾見過的線裝書，儘管馮先生雙眼已呈現失明的狀態，仍憑著記憶回溯資料出處，由助手找出原文唸給他聽，然後馮先生再逐段、逐句引申解釋並發揮。馮先生做學問的精神令我想到司馬談《論六家要旨》中那句話「道家使人精神專一」。馮先生曾說：「寫文章要依循著一個主題深入探討，不要叉支開來。」他在近九十歲的高齡、失明的情況下，推開一切瑣事，集中心智，一點一滴，鍥而不捨的完成七卷本《中國哲學史新編》，這種對學問的執著態度給我很大的啓發。

馮先生在早年完成的《中國哲學史》，爲海峽兩岸哲學研究者必讀的著作，這書的英文譯本，其影響擴及至歐美，對於大陸學者而言《中國哲學史新編》的影響，遠超過舊本，近十幾年來，《貞元六書》等哲學代表作，再度受到近現代哲學研究者的討論，包括中外學者在內，討論馮先生哲學觀點的論文，多至百十篇，其中博士論文亦佔不少的篇數。

長期以來，馮先生被列爲是「新儒學」的重要代表人物之一，這個看法，近來受到年輕學者的質疑，例如陳曉平博士認爲不能將馮先生列爲那一家派，與其一定要說馮先生是「新儒家」，那不如說他是「新道家」。《貞元六書》接著講的不是宋明理學儒家的部分，而是道家的部分，而其哲學思想體系架構亦受魏晉玄學家郭象等的影響至爲深遠，這一觀點對研究馮先生哲學思想提供了一個新視野。

現代人以功利、實用主義爲導向，雖然物質豐富，卻普徧感到心靈空虛，如同斷線的風箏，不少人企圖在宗教信仰裡尋得慰藉，卻仍無法滿足其理智的需求，充分反應現代人在狹窄的現實空間裡打轉，無法跳脫出來在開闊的思想領域、精神空間盤旋。期望《人生的哲理》這本書的出版，提供青年朋友們在感覺經驗世界浮沈時，能進入一個更寬廣的思想空間。（趙美芳記錄）

本書緣起

陳衞平

一九八五年十二月，我和馮契先生一起參加在北京舉行的金岳霖學術思想討論會。在會議間隙，馮契先生帶我一起到北京大學燕南園拜訪馮友蘭先生。這一年十二月正好是馮友蘭先生的九十大壽，因而馮契先生此去帶有拜壽的意思。推開馮友蘭先生寓所的兩扇朱紅色的大門，在庭園裡見到了我《三松堂自序》中讀到過的三棵枝葉葱蘢的勁松。來到馮友蘭先生的書房，原先坐在椅子上的他，顫顫巍巍地站立起來，以示迎客。在我第一眼中留下的突出印象是：身材高大，白髯拂胸，頗有賢哲之氣象。接著，兩位馮先生進行交談，我在一邊靜靜地聽。記得馮友蘭先生在談到要在有生之年完成《中國哲學史新編》時，語氣裡充滿著自信和執著。我在心裡暗暗地想：這大概是其用生命支撐的最後一項事業。

這一感覺在我第二次拜訪馮友蘭先生時，更爲強烈了。那是一九八九年的四月中旬，我在北京大學參加國家教委主辦的紀念五四新文化運動七十周年學術討論會。每次去食堂用餐，都要經過馮友蘭先生的寓所，我指著寓所的朱紅大門，向同去開會的我系同事楊國榮介紹說，這就是馮友蘭先生的家。楊國榮很想見見馮友蘭先生。在他的慫恿下，我們在四月十二日下午去拜訪了馮友蘭先生。在拜訪前，我們準備了一些向他請教的問題。再次見到馮友蘭先生，我覺得他的精神遠不如四年前，沒人攙扶，已不能自己從坐著的椅子上站起來了，面部表情木然，眼神黯然，說起話來斷斷續續，略帶顫音。然而，他的思維還十分清晰，尤其當我們問及其《中國哲學史新編》的進展情況時，他的眼睛裡放出一絲光亮，話也變得連貫起來了，他告訴我們，正在進行《中國哲學史新編》最後一個分冊的寫作，這一分冊是論述中國近代哲學的。於是，我們又問他在這個分冊裡將如何評價毛澤東的思想。他的回答在我腦海裡留下非常深的印象。臨走前，蔡仲德先生（馮友蘭先生的女婿）還為我們和馮先生一起留了個合影（此事記載於《馮友蘭年譜初編》）。遺憾的是，由於其他的人為原因，這張照片沒能沖洗出來。辭別馮友蘭先生，我和楊國榮都有一個共同的預感：一旦《中國哲學史新編》完成，馮先生的生命恐怕支撐不了多久了。因為他最後的生命就是為這部著作的完成而存在的，這部著作耗乾了他生命的最後的心血。果然，在《中國哲學史新編》完成後不久，馮友蘭先生在其誕辰九十五周年的前夕與世長辭了。

因此，不管對《中國哲學史新編》做怎樣的評價，我覺得馮先生用他寫作這部著作的行為表明了對生命意義的最後的覺解。一九八二年九月，馮先生在美國哥倫比亞大學贈予他名譽文學博士學位的儀式上，宣布完成《中國哲學史新編》是他今後的心願。同時，他寫了一首詩，其中有兩句：「智山慧海傳眞火，願隨前薪做後薪。」顯然，他把完成這部巨著看作是傳遞人類千百年積累下來的智慧眞火，而把自己的生命比喻爲傳遞這團眞火的柴薪。正如他以後在《三松堂自序》中所寫的：「我感受到，歷來的哲學家、詩人、文學家、藝術家和學問家都是用他們的生命做爲燃料以傳這團眞火。」「凡是有傳世著作的，都是嘔出心肝，用他們的生命來寫作的。」以自己的生命做燃料來傳遞人類智慧之火，這可以說是馮先生對自己的生命意義的最後的覺解。這一覺解不是寫在紙上的，而是以日常行爲的方式來體現的。馮先生生命的最後一頁由此而放出了令人敬仰的光彩。

不過，馮先生做爲哲學家，給後人以更多啓迪的，是他從哲學上對人生的闡述。馮先生的人生哲學的核心，就是著名的「人生境界」說，認爲人們對於同一宇宙人生的覺解程度不同，因而思想境界就有差別。本書選錄的文章，和這一基本觀點有著如此的聯繫，因而我們把這本書取名爲《覺解人生》。馮先生認爲自己在《中國哲學史新編》中講佛學失於膚淺，並一再強調自己的「新理學」是接著宋明理學講的。其實，馮先生的「覺解人生」和佛學有著內在的思想淵源。

馮先生的覺解人生，闡明道德行爲必定同時是有覺解的行爲。這就是強調道德行爲必須出於理性自覺，如果沒有覺解即沒有自覺性和理性認識，那麼善行就只是自發地合乎道德的行爲。這樣的觀點是以

「人性本善」的人性論為前提的，因而覺解首先是對人之性的覺解，如果由於後天的蒙蔽，對人之性不覺解，那就形成了「惡」。在性善說的基礎上論證道德行為必須出於理性自覺，是從孟子發端的。孟子認為人性本善，然而只有對於事物、人倫有「明察」即理性認識，才能自覺地依照仁義來行動即「由仁義行」，這才是眞正的道德行為，否則只是自發地「行仁義」。在先秦，與孟子並列的儒學大家是荀子。後者在漢代的經傳方面的影響比孟子更大一些，而荀子是主張性惡論的。在漢代，董仲舒的性三品說、揚雄的性善惡混說、王充的性有善有惡說，都帶有折衷性善論和性惡論的色彩。孟子的從性善說出發強調道德行為出自理性自覺的觀點，是在宋代以後才成為儒學主流的，而這同佛學的發展是分不開的。

印度佛學主張性寂說，以至虛無生為第一原理，以涅槃寂滅為最高境界。佛學在中國化過程中，用性覺說來代替性寂說。禪宗認為人生來就有靈明覺知，此即佛性；佛與衆生之別，即在悟與迷；由迷到悟的成佛途徑，就是經過定慧雙修，轉識成智，頓然間覺悟本性。所以，禪宗的「頓悟」雖有神秘主義的成分，但它強調轉識成智，以為人的解脫要依賴智慧，因而並不排斥理性，是理性的直覺。可見，正是經過佛學的發展，在理論上為孟子以性善說為基礎突出道德行為的理性自覺的觀點的復興做了準備。宋明理學正是吸取了佛學的上述思想而和孟子的上述觀點相接續的。宋明理學認為道德的境界和道德的意識是通過由明到覺的過程。「明」即明察，是理性的品格，是使人懂得應當做什麼，但不一定能使人將其化爲具體行動；而「覺」即覺悟，是主體的自覺，是把所懂得的應當做什麼轉化爲具體的行動，即成了主體內在的德性。宋明理學這樣來講道德境界的提升，顯然是對孟子思想的弘揚，但同時也是吸收佛學理性直覺之「悟」的結果。因此，雖然馮先生的「覺解」是接著宋明理學之「明覺」的，但是，其和佛學思想的歷史聯繫也是不可否認的。

這從一個側面說明近代中國的人生哲學不僅以西方思想爲資源，而且也融進了包括佛學在內的中國傳統哲學的智慧。因此，以佛學來啓迪今天的人們對於人生的思考，是有一定道理的。

目錄

人生乃宇宙中之一種事

宇宙者，一切事物之總名也。此所謂事（events）及物（things），皆依其字之最廣義。如樹枝、蟲蟻、微塵，皆物也；人亦物也。如樹枝之動搖、微塵之飛盪、蟲蟻之鬥爭，皆事也；人之動作云爲，亦事也。自無始以來，即有物有事；合此「往古來今」、「上下四方」之一切事物，總而言之，名曰宇宙。人乃宇宙中之一種物，人生乃宇宙中之一種事。莊子云：「號物之數謂之萬，人處一焉。……此其比萬物也，不似毫末之在於馬體乎？五帝之所連，三王之所爭，仁人之所憂，任士之所勞，盡此矣。」（《莊子·秋水》）此人在宇宙中之地位也。

關於所謂物之本體，哲學家頗有爭論。吾人所逐日接觸之諸物，果皆如吾人所感覺者乎？抑吾人所感覺者，不過現象，其下仍另有眞的本體乎？唯心論者以爲一切存在者，姑無論其現象如何，其本體皆是心理學所研究之心。唯物論者以爲一切存在者，姑無論其現象如何，其本體皆是物理學所研究之物。

此外又有現象論者，以爲吾人所感覺之現象即眞，其下並無別種本體。（《羅素月刊》第一號《哲學問題》六頁）羅素依此不另立本體之觀點，又本於現代物理學研究之所得，立所謂「中立的一元論」。依此論所說，則宇宙中最後的原料，不能謂爲物，亦不能謂爲心，而只是世界之事情。（同上，十二頁）相似的事情連合爲複雜的組織，即成吾人平常所謂物。（同上，第三號《哲學問題》四五頁）……

惟諸物皆是諸事情所合組而成，故諸物常在變化之中。鬻熊曰：「運轉亡已，天地密移，疇覺之哉？故物損於彼者盈於此；成於此者虧於彼。損盈成虧，隨生隨死，往來相接，間不可省，疇覺之哉？凡一氣不頓進；一形不頓虧；亦不覺其成，亦不覺其虧。亦如人自生至老，貌色智態，亡日不異。皮膚爪髮，隨生隨落，非嬰孩時有停而不易也，間不可覺，俟至後知。」（《列子・天瑞》）故莊子有舟壑之喻，孔子有逝水之嘆。中國之道家儒家，皆有見於宇宙之變者也。

宇宙無始亦無終。蓋宇宙乃萬有之全體，故爲無限的（infinite）；有限者（the finite）能有始終；無限者不能有始終也。如地球是有限的物，可有始終。普通所謂世界之始，實不過地球之始；所謂世界末日，實不過地球之終。然所謂地球之始，不過他物變爲地球（即他一組事情變爲此一組事情）。所謂地球之終，不過地球變爲他物（即此一組事情變爲他一組事情）。此所謂「損於彼者盈於此；成於此者虧於彼」也。宇宙間諸事物，固皆變動不居，瞬息不停。地球之變化，不過宇宙間變化之一部分耳。然諸事物變化自變化，宇宙之爲宇宙，固自若也。知一軍隊然，一兵雖死，其軍隊之爲軍隊如故。然此喻猶有不切；蓋一兵既死，其軍隊固存，而此兵之自身，則已不能復爲此軍隊之一分子矣。若宇宙間之物，雖復萬變，而終不能不爲宇宙之分子。蓋滅於此者生於彼；此成彼毀；若此者「萬化而未始有極也」。故宇宙者，莊子所謂「物之所不得遁」（《莊子，大宗師》）者也。既爲「物之所不得遁」，故宇宙無終。

宇宙諸事物常在變化之中；但此變化非必是進化①。有哲學家以爲宇宙程序日在進步之中，其運動乃所謂「向上的運動」(onward movement)。但所謂上、下、進、退，必有標準。若無標準，果何爲上、何爲下、何爲進、何爲退耶？在人的世界中，吾人依自己的意欲，定爲價值之標準。凡合乎此標準者爲好，向好一方面之運動爲向上的運動，爲進步；反是則爲不好，爲退步。故在人的世界中，有進步與退步之可言。若天然世界，本非爲人而有，其變動本與人之意欲無干，故亦本無進步退步也。莊子曰：「今大冶鑄金，金踴躍曰：『我且必爲鏌鋣。』大冶必以爲不祥之金。今一犯人之形，而曰：『人耳，人耳。』夫造化者必以爲不祥之人。」（《莊子·大宗師》）人若不但曰：「人耳人耳」，且欲以其自己之標準，衡量宇宙；宇宙有知，必更以爲唐突矣。

宇宙間諸物，既皆是一組事情所合成，故皆可謂爲幻。蓋一切物皆可分化爲所以構成此物者。即依常識者，一房室可分化爲磚瓦木料等；依科學言，磚瓦木料又可分化爲化學的原質；化學的原質又可再分化為原子；原子又可再分化為電子。每經一分化，則原來之物，即不存在。凡物皆然；所以凡物皆可謂為幻也。佛教令人觀察諸物虛妄，即吾人身體，亦系四大和合而成。蓋自一方面觀察，宇宙間諸物，確是虛幻也。但自別一方面言，則一切物，確皆有自性，皆是眞實。蓋一物既是一串相似的事情；此相似之點，即是此物之所以為此物而以別於他物者。一物固可分為部分，化為原質，然其部分原質之自身，則不能即為此物也。如依常識說，房室為磚瓦木料等所構成，但房室自有其所以為房室，所以別於他物者，非即磚瓦木料等；不然，則吾人亦可以磚瓦木料為房室矣。如依化學說，水為氫氧氣所化合而成，但水自有其所以為水，所以別於他物者；不然，則吾人亦可以氫氧氣為水矣。又如「諧樂」雖為諸音樂的本位所構成，然「諧樂」自有其所以為「諧樂」；不然，則吾人亦可以此「諧樂」為彼「諧樂」，以音樂的本位為「諧樂」矣。一物之所以為一物，而以別於他物者，即此一物之自性、要素（essence），及邏輯中所說之常德（property）；此物固可使變為他物，然不能因此即謂其為虛幻也。故一物是什麼即是什麼，其自性只與其自己相同。邏輯中有自同律，A＝A者；蓋吾人思及一物之自身時，固不能不如是想也。

凡物如此，宇宙亦然。宇宙本為一切事物之總名，當然可分化為所以構成宇宙之諸事物。由斯而言，則所謂宇宙者，不過一無實之名而已。然自別一方面言，則宇宙又必有其所以為宇宙而以別於他物者。由此方面觀察，則宇宙間諸事物雖萬變，而宇宙之為宇宙自若。猶之長江之水，滔滔東逝，迄不暫停，所謂「逝者如斯，不舍晝夜」，而長江之爲長江自若。猶之亞里士多德所說，蘇格拉底，自少至老，有許多變化；而蘇格拉底之主體，固自若也。（亞里士多德《後物理學》九八三頁）蓋一物內之部分，雖常在變化之中，而其全體固可謂爲不變而有「自同」（self-indentity）。惟宇宙間諸有限的事物，其自同的全體之存在，亦不永久。如蘇格拉底已有死時，即長江黃河，吾人亦可設想其有不存在之時。獨宇宙既無始無終，所以其間諸事物，雖常在生滅變化之中，而宇宙，就其全體而言，乃不變而永存；此不變永存的宇宙，即斯賓諾莎所說之上帝也。

由此而言，則哲學上普通所謂物，固自有其所以爲物者；所謂心，亦固自有其所以爲心者。物自是物，心自是心；宇宙之中，此二者俱係實有。故斯賓諾莎以爲理想（心）與延積（extenison）（物）俱是上帝之性質也。

莊子云：「物固有所然；物固有所可。無物不然；無物不可。」（《莊子・齊物論》）凡物事皆有所然。然者，「是」也。無論何事物，苟以之爲主詞，皆必可於其後加一客詞，而以「是」聯之，使成爲一肯定的命題。所以謂凡事物皆有所然也。此其所然，謂之實然。吾人觀察諸事物之實然，而又見其同然。相同的事情，必依相同的秩序，發生於相同的條件之下；此秩序與條件即是所謂常軌。一物有一物之所以別於他物者；一類之物又有其共同之點，爲其類之所以別於他類者；此一類所共有之性質，即是所謂共相。常軌與共相，即柏拉圖所說之概念，亞里士多德所說之形式也。具體的個體的事物常在變中，而概念不變。具體的個體的事物，可謂感覺之對象，而概念則只可為思想之對象。此柏拉圖所說，本不為錯，不過不必以概念獨為「醒的眞實」，而具體的事物皆為如夢的影而已。

原文載《三松堂全集》第一卷《人生哲學》

註釋：

①生物學中之演化論，謂天演競爭，適者生存，頗有人即以此之故，謂宇宙諸物，日在進步之中。中國近譯演化為進化，愈滋誤會。其實所謂演化，如所謂革命，乃指一種程序，其所生結果，為進步亦可為退步，本不定也。且所謂適者，乃適於環境。然適於環境者未必即眞好；不適於環境者未必即眞不好。所謂「陽春白雪」，在庸俗耳中，不能與下里巴人之曲爭勝，然吾人不能因此即謂後者之果眞優於前者。故吾人即以人的標準批評宇宙諸物之變動，亦未見有何證據能使吾人決其變動之必為進步的也。

人生之眞相和目的

人生之眞相是什麼？我個人遇見許多人向我問這個問題。這個「像煞有介事」的大問題，我以爲是不成問題。凡我們見一事物而問其眞相，必因我們是局外人，不知其中的內幕。報館訪員，常打聽政局之眞相，一般公衆，也常欲知政局之眞相。這是當然的，因爲他們非政局之當局者。至於實際上的總統總理，卻不然了。政局之眞相，就是他們的舉措設施；他們從來即知之甚悉，更不必打聽，也更無從打聽。這是一個極明顯的比喻。說到人生，亦復如是。人生之當局者，即是我們人類。人生即是我們人類之舉措設施。「吃飯」是人生；「生小孩」是人生；「招呼朋友」，也是人生。藝術家「清風明月的嗜好」是人生；製造家「神工鬼斧的創作」是人生；宗教家「覆天載地的仁愛」也是人生。（這幾個名詞，見吳稚暉先生《一個新信仰的宇宙觀及人生觀》）問人生是人生，講人生還是人生，這即是人生之眞相。除此之外，更不必找人生之眞相，也更無從找人生之眞相。若於此具體的人生之外，必要再找一個人生眞相，那眞是宋儒所說「騎驢覓驢」了。我說：「人生之眞相，即是具體的人生。」

……

不過，一般人一定不滿意這個答案。他們必說：「姑且假定人生之眞相，即是具體的人生，但我們還要知道爲什麼有這個人生。」實際上一般人問：「人生之眞相，果何如乎？」之時，他們心裡所欲知者，實即是「爲什麼有這個人生？」他們非是不知人生之眞相，他們是要解釋人生之眞相。哲學上之大問題，並不是人生之眞相之「如何」——是什麼，而乃是人生之眞相之「爲何」——爲什麼。

不過這個「爲」字又有兩種意思：一是「因爲」，二是「所爲」，前者指原因，後者指目的。若問：「爲什麼有這個人生？」對於這個問題，我們也只能說：「人是天然界之一物，人生是天然界之一事。」若要說明其所以，非先把天然界之全體說明不可。現在我們的知識，既然不夠這種程度；我這篇小文，尤其沒有那個篇幅。所以這個問題，只可存而不論。現在一般人所急欲知者，也並不是此問題，而乃是人生之所爲——人生之目的。很有許多人以爲：我們若找不出人生之目的，人生即沒有價值，就不值得生。我現在的意思以爲：人生雖是人之舉措設施——人爲——所構成的，而人生之全體，卻是天然界之一件事物。猶之演戲，雖其中所演者都是假的，而演戲之全體，卻是眞的——眞是人生之一件事。人生之全體，既是天然界之一件事物，我們即不能說他有什麼目的；猶之乎我們不能說山有什麼目的，雨有什麼目的一樣。目的和手段，乃是我們人爲的世界之用語，不能用之於天然的世界——另一個世界。天然的世界以及其中的事物，我們只能說它是什麼，不能說它爲——所爲——什麼。有許多持目的論的哲學家，說天然事物都有目的。亞里士多德說：「天地生草，乃爲畜牲預備食物；生畜牲，乃爲人預備食物或器具。」（見所著《政治學》）不過我們於此，實在有點懷疑。有人嘲笑目的論的哲學家說：「如果什麼事都有目的，人所以生鼻，豈不也可以說是爲架眼鏡麼？」目的論的說法，我覺得還有待於證明。

況且即令我們採用目的論的說法，我們也不能得他的幫助，即令我們隨著費希特（Fichte）說「自我實現」，隨著柏格森（Bergson）說「創化」，但我們究竟還不知那「大意志」爲——所爲——什麼要實現，要創化。我們要一定再住下問，也只可說：「實現之目的，就是實現；創化之目的，就是創化。」那麼，我們何必多繞那個彎呢？我們簡直說人生之目的就是生，不就完了嗎？惟其人生之目的就是生，所以平常能遂其生的人，都不問爲——所爲——什麼要生。莊子說：「夔謂蚿曰：『吾以一足趻踔而行，予無如矣。今子之使萬足，獨奈何？』蚿曰：『不然，子不見夫唾者乎？噴則大者如珠，小者如霧，雜而下者，不可勝數也。今予動吾天機，而不知其所以然。』蚿謂蛇曰：『吾以萬足行，而不及子之無足何也？』蛇曰：『夫天機之所動，何可易耶？吾安用足哉？』」（《秋水》）「動吾天機，而不知其所以然」，正是一般人之生活方法。他們不問人生之目的是什麼，而自然而然的去生；其所以如此者，正因他們的生之目的已達故耳。若於生之外，另要再找一個人生之目的，那就是莊子所說：「泉涸，魚相與處於陸，相呴以濕，相濡以沫，不若相忘於江湖。」（《天運》）

不過若有人一定覺得若找不出人生之所爲，人生就是空虛，就是無意義，就不值得生，我以爲單從理論上不能說他不對。佛教之無生的人生方法，單從理論上，我們也不能證明他是錯誤。若有些對於人生有所失望的，如情場失意的痴情人之類，遁入空門，藉以作個人生之下場地步；或有清高孤潔之士，眞以人生爲虛妄汚穢，而在佛教中另尋安身立命之處；我對於他們，也只有表示同情與敬意。即使將來世界之人，果如梁漱溟先生所逆料，皆要皈依印度文化，我以爲我們也不能說他們不對。不過依我現在的意見，這種天生的人生方法，不是多數人之所能行。所以世上盡有許多人終日說人生無意義，而終是照舊去生。有許多學佛的和尚居士，都是「無酒學佛，有酒學仙」。印度文化發源地之印度，仍是人口衆多，至今不絕。所以我以爲這種無生的人生方法，未嘗不是人生方法之一種，但一般多數人自是不能行，也就無可如何了。

原文載《三松堂全集》第一卷《一種人生觀》

人生是有覺解的生活

我們常聽見有些人問：人生究竟有沒有意義？如其有之，其意義是什麼？有些人覺得這是一個很嚴重的問題。如果這個問題不能得到確切的答案，他們即覺得人生是不值得生的。

在未回答這個問題之前，我們須問：所謂人生的意義者，其所謂意義的意義是什麼？此即是問：其所謂意義一詞，究何所謂？

我們常問：某一個字或某一句話的意義是什麼？此所謂意義，是說某一個字的所謂或某一句話的所說。我們不知某一個字的意義，我們可以查字典，於字典中，我們可以知某一個字的所謂。我們不知某一句話的意義，我們可以請說話的人解釋，於解釋中，我們可以知某一句話的所說。這是意義一詞的一個意義。

所謂人生意義者，其所謂意義，顯然不是意義一詞的這一個意義。因為人生是一件事，不是一個字或一句話。一個字有所謂，而人生則無所謂。人生這兩個字，當然亦有所謂。人生的意義是什麼？這一句話當然亦有所說。不過現在我們所討論者，並不是這兩個字，亦不是這一句話。

我們亦常問：某一件事物的意義是什麼？此所謂意義有時是說某一事物所有的性質，……有時是說某一事所可能達到的目的，或其可能引起的後果，……有時是說，某一事物與別事物的關係，……我們可以說，一事物所以可能達到某種目的或可能引起某種後果，或所以與別事物有某種關係者，正因其有某性。……

一事物的意義，各人所說，可以不同。其所說不同，乃因持此各種說法者，對於此事的了解不同。其對於此事的了解不同，所以此事對於他的意義亦不同。一件事的性質，是它原有的。其所可能達到的目的，或其所可能引起的後果，這些可能亦是原有的。其與別事物的關係，亦是原有的。但一件事的意義，則是對於對它有了解的人而後有的。如離開了對它有了解的人，一事即只有性質，而沒有意義。我們可以說一事的意義，在於人對此事的了解。人對於一事的了解不同，此事對於他們即有不同的意義。

雖同一事物，但人對於它的了解，可有不同。如上所舉，蘇德戰爭即其一例。又譬如我們在此上課，假如一隻狗進來，它大概只看見有一些東西、一串活動。嚴格地說，它實在亦不了解什麼是東西，什麼是活動，不過我們姑且如此說而已。又假設一未受過教育的人進來，也可看見許多桌椅、許多人，聽見許多話，但不了解是怎樣一回事。又假設一受過教育的人進來，他不但看見許多桌椅人等，不但聽見許多話，而且了解我們是在此上課。此一狗二人對於同一事的了解不同，所以此同一事對於他們的意義，亦即不同。其了解愈深愈多者，此事對於他的意義，亦即愈豐富。假設更有一人進來，他不但了解我們是在此上課，而且了解我們在此所上的課，是何科目，並且了解此科目在學問中的地位，並且了解學問在人生中的地位等等，如此則其對於我們在此上課一事的了解，更深更多，而此事對於他的意義亦即更豐富。

上文所謂了解，我們亦稱為解。對於一事物有了解，我們亦稱為對之有解。人對於一物，如了解其是怎樣一個東西，對於一事，如了解其是怎樣一回事，則他們對於此事或物，即已有解，有解則此事物對於他們即有意義。不過說了解一物是怎樣一個東西，說了解一事是怎樣一回事，這了解又可以有程度的不同。例如一地質學家了解一座山是哪一種岩石所構成的山，固是了解其為怎樣一個東西，但一個人若只了解其是山，亦不能不算是了解其為怎樣一個東西。一個人了解一個講演是哪一種講演，固是了解其為怎樣一回事，但一個人若只了解其是一講演，亦不能不算是了解其為怎樣一回事。其了解的深淺多少不同，其所得意義亦異。深的了解，可以謂之勝解。最深的了解，可以謂之殊勝解。不過本章說了解，乃就最低程度的了解說起。

究竟怎樣的了解，算是最低程度的了解？了解某物是怎樣一個東西，或了解某事是怎樣一回事，即是了解某事物是屬於某一類者，是表現某理者。例如我們了解這座山是山，此即是了解「這座山」是屬於山之類者，是表現山之理者。有最大的類，有最大的類所表現的理。對於一事物，若一人完全不了解其所屬於的類，完全不了解其所表現的理，則此人對於此事物，即爲完全無解。此事物對於此人，即爲完全地渾沌，完全地無意義。對於一事物，若一人僅了解其是屬於最大的類，表現此類的理，例如一人僅了解一事物是一事物，則此人對於此事物所有的了解，即只是最低程度的了解。

人對於理的知識，謂之概念。上所說，如用另一套話說之，我們可以說，對於事物的了解必依概念。凡依內涵最淺的概念的了解，即是最低程度的了解。如一人看見一座山而了解其是山，此是了解其是怎樣一個東西，此是對於它有解。但如另一人看見一座山，而只了解其是一個物，此亦是了解其是怎樣一個東西，亦是對之有解。此二人的了解，均依概念，一依山的概念，一依物的概念。但物的概念，比山的概念內涵較淺，故僅了解一山是物，比於了解一山是山者，其了解的程度較低。因此我們說：凡依內涵最淺的概念所有的了解，是最低程度的了解。

最低程度的了解，雖是最低程度的，但比之無解又是高的了。例如一個狗，看見一座山，不但不了解其是怎樣一個東西，並且未必了解其是東西。又例如在空襲警報中，狗亦隨人亂跑，但它不但不了解這是怎樣一回事，而且未必有事的概念。狗是無了解的。其所有的經驗，如亦可謂之經驗，對於他只是一個渾沌。

無概念的經驗，西洋哲學家謂之純粹經驗。詹姆士說：有純粹經驗者，只取其經驗的「票面價值」，只覺其是如此，不知其是什麼。此種經驗，如亦可謂之經驗，對於有此經驗者，只是一個渾沌。渾沌不是了解的對象。因爲被了解者，即不是渾沌。因此渾沌是不能有意義的。康德說：「概念無知覺是空的，知覺無概念是盲的。」此話的後段，我們亦可以說。我們於上文即說明無概念的經驗是盲的。所謂盲者，即渾沌之義。

……在同天境界中的人，自同於大全。大全是不可思議的，亦不可爲了解的對象。在同天境界中的人所有的經驗，普通謂之神秘經驗，神秘經驗有似於純粹經驗。道家常以此二者相混，但實大不相同。神秘經驗是不可了解的，其不可了解是超過了解；純粹經驗是無了解的，其無了解是不及了解。

我們說：康德的話的後段，我們亦可以說。爲什麼只是後段？因爲照我們所謂概念的意義，我們不能說，概念是空的。我們所謂概念，是指人對於理的知識說。一個人可對於理有知識或無知識。如其有知識，則即有概念，其概念不是空的。如其無知識，則即無概念，亦不能說概念是空的。

但從另一方面說，一個人可有名言的知識，名言的知識可以說是空的。例如一個人從未吃過甜東西，未有甜味的知覺，但他可以聽見別人說，甜味是如何如何，而對於名言中的甜字的意義有了解。此甜字的意義，本是代表甜味的概念。但人若只了解甜字的意義，而無知覺與之印證，則其所了解者，是名言的意義，而不是經驗的意義。就其了解名言的意義說，名言的知識，不是空的。就其所了解的意義，不是經驗的意義說，名言的知識亦可以說是空的。所謂空者，是就其無經驗的內容說。例如有些人講道德，說仁義，而實對於道德價值，並無直接的經驗。他們不過人云亦云，姑如此說。他們的這些知識，都是名言的知識。這些名言的知識，照上所說的看法，對於這些人，都可以說是空的。

一名言的知識，在經驗中得了印證，因此而確見此名言所代表的概念，及此概念所代表的理。因此此經驗與概念聯合而有了意義，此名言與經驗聯合而不是空的。得此種印證的人，對於此經驗及名言即有一種豁然貫通的了解。此名言對於此人，本是空的，但現在是有經驗的內容了。此經驗對於此人，本是渾沌的，但現在知其是怎麼一回事了。例如一學幾何的人，不了解其中的某定理，乃於紙上畫圖以為例證，圖既畫成，忽見定理確是如此。又如一廣東人，雖常見書中說風花雪月，而實未嘗見雪，及到北平見雪，忽了解何以雪可與花月並列，此種忽然豁然貫通的了解，即是所謂悟。此種了解是最親切的了解，亦可以說是眞了解。用道學家的話說，此即是「體念有得」。陸桴亭說：「凡體念有得處皆是悟。只是古人不喚作悟，喚作物格知致。」（《思辨錄》）伊川說：「某年廿時，解釋經義與今無別。然思今日覺得意味，與少時自別。」（《遺書》卷十八）何以能有別，正因他體念有得之故。

以下我們再舉兩例，以見普通所謂悟，其性質是如上所說者。楊慈湖初見象山，問：「如何是本心？」象山說：「惻隱，仁之端也。羞惡，義之端也。辭讓，禮之端也。是非，智之端也。此即是本心。」慈湖又問：「簡兒時已曉得，畢竟如何是本心？」凡數問，象山終不易其說，慈湖亦未省。慈湖時正任富陽主簿，偶有鬻扇者，訟至於庭。慈湖斷其曲直訖，又問如初。象山說：「適聞斷扇訟，是者知其為是，非者知其為非。此即敬仲本心。」「慈湖大覺，忽省此心之無始末，忽省此心之無所不通。」「惻隱，仁之端也」等，慈湖兒時已曉得，但無經驗為之印證，則這些話對於慈湖都是名言的知識。象山以當前的經驗，為之印證，慈湖乃「大覺」，此大覺即是悟。又如陽明「居夷處困，動心忍性，因念聖人處此，更有何道。忽悟致知格物之旨，聖人之道，吾性自足，不暇外求」。大學格物致知之語，亦是陽明兒時已曉得者，但此曉得只是名言的知識，必有經驗以與此名言的知識相印證，陽明始能忽悟其旨。

禪宗所用教人的方法，大概都是以當前的經驗，使學者對於某名言的知識，得到印證。或者以一名言的知識，使學者對於當前的經驗，得到意義。此二者本是一件事的兩方面，都可稱為指點。指點或用簡單的言語表示，或用簡單的姿態表示，此表示謂之機鋒。既有一表示，然後以一棒或一喝，使學者的注意力，忽然集中。往往以此使學者得悟。禪宗所用教人方法的原理，大概如此。

或可問：有沒有對於事物的最高程度的了解，即所謂殊勝解？

於此我們說：就理論上說，這種了解是可能有的。一事物所表現的理，我們若皆知之，則我們對於此事物，即可謂有完全的了解。完全的了解，即最高程度的了解也。不過最高程度的了解，理論上雖是可能有的，而事實上是不能有的。因爲一事物之爲一事物，其構成的性質，是極多的。此即是說，其所屬於的類，及其所表現的理，是極多的。我們知一事物所表現的一理，我們即可就此事物，做一我們於新理學中所謂是的命題，即普通所謂眞命題。我們若完全知一事物所表現的理，我們即可就此事物，作許多是的命題。這許多是的命題，即構成我們對於一事物的完全的了解，亦構成此事物對於我們的完全的意義。於是我們始可以說，我們完全了解此事物是怎樣一個東西、怎樣一回事。但事實上這是不可能的，因此我們對於一事物的了解總是不完全的，而一事物對於我們的意義亦總是不完全的。

以上所說，有些是對於一事一物說的。此所說對於某類物、某類事，亦同樣可以應用。例如我們可以離開某一山，而對於山有了解；離開上某課，而對於上課有了解。照上文所說，我們於了解山時，需藉助對於某一山的經驗；於了解上課時，需藉助於上某種課的經驗。但於了解以後，我們可以離開某一山，而對於山有了解；離開上某課，而對於上課有了解。對於某類事物有了解，即是知某類事物的理所涵蘊的理。例如我們說：「人是動物。」此命題即表示人類的理涵蘊動物的理，此命題即代表我們對於人類的了解。我們對於某類事物有了解，某類事物對於我們即有意義。我們對之了解愈深愈多者，其意義亦愈豐富。我們對於一類事物亦可有最低程度的了解、可有最高程度的了解。我們說「人是物」，此命題表示我們對人類的最低程度的了解。我們若知人類的理所涵蘊的一切的理，我們即對於人類有最高程度的了解。最高程度的了解，即是完全的了解。一類事物所涵蘊的理，可以是極多的。所以對於一類事物的完全的了解，亦是極不容易得到的。雖不容易得到，但比對於某一事物的完全的了解，又比較容易得到一點。

人生亦是一類的事，我們對於這一類的事，亦可以有了解，可以了解它是怎樣一回事。我們對於它有了解，它即對於我們有意義，我們對於它的了解愈深愈多，它對於我們的意義，亦即愈豐富。

哲學或其中的任何部分，都不是講「因爲什麼」的學問。或若問：因爲什麼有宇宙？因爲什麼有人生？這一類的問題，是哲學所不能答，亦不必答的。哲學所講者，是對於宇宙人生的了解，了解它們是怎樣一個東西、怎樣一回事。我們對於它們有了解，它們對於我們即有意義。

宇宙人生等，即使我們對於它們不了解，或無了解，它們還是它們。宇宙之有不靠人的了解，即使宇宙間沒有人，它還是有的。若使沒有人，固然沒有人生，但如有了人生，雖人對於它不了解，或無了解，它還是有的。

上文說，對於一事物的完全了解，事實上是不可能的。對於一類事物的完全了解，亦是極不容易得到的。因此人對於宇宙人生，亦不易有完全的了解。所以人雖都在宇宙之中，雖都有人生，但對於它們，有了解部份，亦有對之全不了解，或全無了解者。《易・繫辭》說：「仁者見之謂之仁，智者見之謂之智，百姓日用而不知。」《中庸》說：「人莫不飲食也，鮮能知味也。」對於宇宙人生全不了解或全無了解者，即所謂日用而不知，乃飲食而不知味者也。

對於一事物或一類事物的完全了解，是極不容易有的。但其最特出顯著的性質，是比較易於引起我們的注意，因而易於使我們在此方面，對於某事物，或某類事物，得到了解。人生亦有其最特出顯著的性質，此即是其有覺解的。

解是了解，我們於上文已有詳說。覺是自覺。人做某事，了解某事是怎樣一回事，此是了解，此是解；他於做某事時，自覺其是做某事，此是自覺，此是覺。若問：人是怎樣一種東西？我們可以說：人是有覺解的東西，或有較高程度的覺解的東西。若問：人生是怎樣一回事？我們可以說，人生是有覺解的生活，或有較高程度的覺解生活。這是人之所以異於禽獸，人生之所以異於別的動物的生活者。

上文說：了解必依概念，自覺是否必依概念？於此我們說：了解是一種活動，自覺是一種心理狀態，它只是一種心理狀態，所以並不依概念。我們有活動，我們反觀而知其是某種活動，知其是怎樣一回事。

此知雖是反觀的，但亦是了解，不過其對象不是外物而是我們自己的活動而已。我們於有活動時，心是明覺的。有了解的活動時，我們的心，亦是明覺的。此明覺的心理狀態，謂之自覺。

人與禽獸是同有某些活動的，不過禽獸雖有某活動而不了解某活動是怎樣一回事，於有某活動時，亦不自覺其是在從事於某活動。人則有某活動，而並且了解某活動是怎樣一回事，並且於有某活動時，自覺其是在從事於某活動。例如人吃，禽獸亦吃。同一吃也，但禽獸雖吃而不了解吃是怎樣一回事，人則吃並且了解吃是怎樣一回事。人於吃時，自覺他是在吃。禽獸則不過見可吃者，即吃之而已。它於吃時未必自覺它是在吃。由此方面說，吃對於人是有意義的，而對於禽獸則是無意義的。

又例如一鳥築巢，與一人築室，在表面上看，是一類的活動。但人於築室時，確知築室乃所以御寒暑避風雨。此即是說，他了解築室是怎樣一回事。他於築室時，他並且自覺他是在築室。但一鳥築巢，則雖築巢而不了解築巢是怎樣一回事；於築巢時，亦未必自覺它是在築巢。由此方面說，築室對於人是有意義的，築巢對於鳥則是無意義的。

又例如一群螞蟻，排隊與另一群打架，與一國人出兵與另一國人打仗，在表面上看，是同一類的活動。但人於打仗時，了解打仗是爲其國爭權利，爭自由，並了解打仗是拚命的事，此去或永不回來。此即是說，他了解打仗是怎麼一回事；於打仗時，他並且自覺他是在打仗。螞蟻則雖打仗而不了解打仗是怎麼一回事。於打仗時，它亦未必自覺它是在打仗。由此方面說，打仗對於人是有意義的，對於螞蟻是無意義的。

朱子延平答問中有一條云：「問：熹昨妄謂，仁之一字，乃人之所以爲人，而異乎禽獸者，先生不以爲然。熹因以先生之言思之，而得其說，復求正於左右。熹竊謂：天地生萬物，本乎一源。人與禽獸草木之生，莫不具有此理。其一體之中，即無絲毫欠剩；其一氣之運，亦無頃刻停息：所謂人（疑當作仁）也。氣有清濁，故稟有偏正。惟人得其正，故能知其本具此理而存之，而見其爲仁；物得其偏，故雖具此理，而不自知，而無以見其爲仁。然則仁之爲仁，人與物不得不同；知人之爲人而存之，人與物不得不異。故伊川夫子既言『理一分殊』，而龜山先生又有『知其理一，知其分殊』之說。而先生以爲全在知字上著力，恐是此意也。」（《李延平集》卷二）朱子此所說，不盡與我們相合，但其注意於知，則與我們完全相同。

原文載《三松堂全集》第四卷《新原人》

有覺解是人生最顯著最重要的性質

或又可問：有覺解誠是人生的最特出顯著的性質，但人在宇宙間，對於宇宙，究竟有何重要？有許多人頗欲知，人在宇宙間有何重要。他們問：人生的意義是什麼？實即是問：人在宇宙間，有何重要？於此我們說：有覺解是人生的最特出顯著的性質。因人生的有覺解，使人在宇宙間，得有特殊的地位。宇宙間有人無人，對於宇宙有很重大的關係。有人的宇宙，與無人的宇宙，是有重要的不同的。從此方面看，有覺解不僅是人生的最特出顯著的性質，亦且是人生的最重要的性質。

從人的觀點看，人若對於宇宙間的事物，了解愈多，則宇宙間的事物，對人即愈有意義。從宇宙的觀點看，人之有覺解對於宇宙有很重大的關係，因爲有人的宇宙，與無人的宇宙是有重要的不同的。有人說：宇宙間有許多人爲的事物，例如國家、機器、革命、歷史等。這些事物，總而言之，即普通所謂文化。文化是人的文化，是待人而後實有者。宇宙間若沒有人，宇宙間即沒有文化。在這一方面，我們可以說，有人的宇宙，與沒有人的宇宙，其不同是很大的。中國舊有的思想，向以天地人為三才。以為對於宇宙，天地人同是不可少的。董仲舒說：「天、地、人，萬物之本也。天生之，地養之，人成之。」所謂成之者，即以文化完成天地所未竟之功也。《禮運》云：「人者，天地之心。」朱子語錄有云：「問：人者天地之心。曰：教化皆是人做。此所謂人者，天地之心也。」（《語類》卷八十七）朱子此所說，亦正上所說之意。

從此方面，我們固可以說，有人的宇宙，與沒有人的宇宙的不同。但我們亦可以說，這種說法，是完全從人的觀點出發。從人的觀點看，有人以後，固然有人為的事物，有人的文化。但鳥巢亦是待鳥的實有，而後實有的。從它們的觀點看，它們亦有它們的文化。它們豈不亦可說是「與天地參」？我們固然可以說，人的文化的範圍，比它們的大得多。但以宇宙之大，這個範圍大小的差別，從宇宙的觀點看，是無足輕重的。由此方面說，我們不能僅因人有人的文化，而說有人的宇宙，與沒有人的宇宙，有重大的不同。

人與鳥或蜂蟻的差別，不在於他們是否有文化，而在於他們的文化是否是有覺解的。人的文化，與鳥或蜂蟻的文化不同，不專是範圍大小的差別。人的文化，是心靈的創造，而鳥或蜂蟻的文化，是本能的產物，至少可以說，大部分是本能的產物。我們固然可以說，人的文化，若究其本源，亦是所以滿足人的本能的需要者。不過雖是如此，人的文化，並不是人的本能所能創造的。心是有覺解的，本能是無覺解的。所以鳥或蜂蟻雖可以說是有文化，但其文化是無覺解的，至少可以說，大部分是無覺解的。人的文化，則是有覺解的。宇宙間若沒有鳥或蜂蟻，不過是沒有鳥或蜂蟻而已。但宇宙間若沒有人，則宇宙間沒有解，沒有覺，至少是沒有較高程度的覺解。宗教家及有些哲學家以爲於人之上還有神，其覺解較人更高。但這是不可證明的。宇宙間若沒有人，則宇宙只是一個混沌。朱子引某人詩云：「天不生仲尼，萬古常如夜。」此以孔子爲人的代表，即所謂「人之至者」。我們可以說，天若不生人，萬古常如夜。所以我們說，有人的宇宙與無人的宇宙是有重大的不同的。

宇宙間有覺解，與宇宙間有水有雲，是同樣不可否認的事實。不過宇宙間有水有雲，不過是有水有雲而已。而宇宙間有覺解，則可使其他事物被了解。如一室內有桌椅、有燈光。就存在方面說，燈光與桌椅的地位是相等的。但有桌椅不過是有桌椅而已。有燈光則室內一切，皆被燈光所照。宇宙間之有覺解，亦正如是。宇宙間的事物，本是無意義的，但有了覺解，則即有意義了。所以在許多語言中，明亮等字，多引申有了解之義。如「明」字本義爲明亮，引申爲明白、了解。

我們於以上所說，都是就實際方面說。就實際方面說，任何事物之理，皆是「平鋪在那裡」，「衝漠無聯」而「萬象森然」，其有固不待人之實有而有。但實際上若沒有人，這些理亦是不被知的。被知與不被知，與其有固不相干。但若不被知，則亦不被了解。不被了解，則亦是在「無明」中。

人不但有覺解，而且能了解其覺解，是怎樣一回事，並且於覺解時，能自覺其覺解。例如我們現在講覺解，即是了解覺解是怎樣一回事；於講覺解時，我們亦自覺我們的覺解。龜山講知，朱子講知，亦是覺解其覺解。這是高一層的覺解。高一層的覺解，並不是一般人皆有的，所謂「百姓日用而不知」也。一般人覺解吃飯，覺解築室，覺解打仗，但未必覺解其覺解。

若借用佛家的名詞，我們可以說，覺解是「明」，不覺解是「無明」。宇宙間若沒有人，沒有覺解，則整個宇宙，是在不覺中、是在無明中。及其間有人覺解，宇宙間方有「始覺」。

或可問，上文說，人對於人生愈有覺解，則人生對於他，即愈有意義。佛家對於人生的覺解並不為少，何以佛家以為人生是無意義的？

於此，我們說，上文說，一事對於一人的意義，隨此人對此事的了解不同而不同。人生對於佛家的人的意義，與對於我們的意義，固有不同，但不能說，人生對於他們是無意義的。普通認為，佛家以為人生是無意義的。此所說人生是無意義的，意思是說，佛家的人，以為人生中的事，是空虛幻滅的。照我們於上文所說意義的意義，此即是人生對於他們的意義。不過佛家亦並非謂人生中所可能有的一切事，皆是空虛幻滅的。他們只說，普通人所做的事，所求達到的目的，是空虛幻滅的。至於佛家的人所做的事，如參禪打坐等，所求達到的目的，如得佛果等，則並不是空虛幻滅的。照佛家的說法，此等事，此等目的，人必須於其是人時做之、求之。若其是畜牲，則無知，不知有此等目的，不知做此等事。若其是「天」，則無苦，不願求此等目的，不願做此等事。所以他們常說，「人身難得」。這亦是人生對於他們的意義。果有「天」與否，我們不敢說。但就人與禽獸說，有知無知，確是其間很大的分別。佛家注重人的有知，他們亦覺解人的覺解。在這些方面，佛家與我們相同。

照佛家中一派的說法，佛家的人，於得到他所求的目的時，或即於了解他所求的目的時，他又可見，即普通人所做的事，所求的目的，雖是虛妄幻滅，而卻皆是「常住眞心」的表現。由此方面看，則「舉足修途，皆趨寶渚；彈指合掌，咸成佛因」；「擔水砍柴，無非妙道」。以普通人所做的事，所求的目的，爲虛妄幻滅者，乃是人於其了解在某階段中所有的偏見。我們上文說，人對於一事的了解不同，則此事對於他的意義亦不同。佛家此意，正與我們相同。

從另一方面說，此見並不是偏見。佛做普通人所做的事，此事即不是虛妄幻滅的。但普通人做普通人所做的事，則此事正是虛妄幻滅的。嘗與一文字學家談。此文字學家，批評某人寫一某字爲白字。我說，此乃假借字，非白字。此文字學家說：「我若如此寫，即是假借字。他若如此寫，即是白字。」此說正可爲上所說作一例。此某人與此文字學家，對於此字的了解不同。所以他們雖同寫一字，而此字的寫法對於他們的意義不同。某人如此寫此字，是由於他的無解，而此文字學家如此寫此字，則是由於他的解。一個如此寫是出於無明，一個如此寫是出於明。

上所說佛家的此一派的意思，頗可與本章的主要意思相佐證。佛家的此一派的意思，是中國佛家的人所特別發揮、特別提倡的。不過他們雖如此提倡，而其行爲，仍以出家出世爲主。宋明道學家則以爲，儒家的聖賢並不必做與普通人所做不同的事。聖賢所做，就是眼前這些事。雖是眼前的這些事，但對於聖賢，其意義即不同。學聖賢亦不必做與普通人所做不同的事。就是眼前這些事，學聖賢的人做之，即可希聖希賢，所以宋儒說：「灑掃應對，可以盡性至命。」這是與上所說的意思，較爲一致的說法。

「灑掃應對，可以盡性至命」，與禪家所說「擔水砍柴，無非妙道」，意思相同。對於普通人，灑掃應對，只是灑掃應對；擔水砍柴，只是擔水砍柴。但對於宇宙人生有很大了解的人，同一灑掃應對，同一擔水砍柴，但其意義即大不同了，此所謂「不離日用常行內，直到先天未畫前」。

覺解是明，不覺解是無明。覺解是無明的破除。無明破除，不過是無明破除而已。並非於此外，另有所獲得，另有所建立。佛家說，佛雖成佛，而「究竟無得」。孟子說，「予，天民之先覺者也。」程子釋之云：「天民之先覺，譬之皆睡，他人未覺來，以我先覺，故搖擺其未覺者，亦使之覺。及其覺也，元無少欠。蓋亦未嘗有所增加也，通一般爾。」（《遺書》卷二上）

原文載《三松堂全集》第四卷《新原人》

高一層的覺解與「轉識成智」

人之所以能有覺解，因爲人是有心的。人心的要素，用中國哲學家的話說，是「知覺靈明」。宇宙間有了人，有了人的心，即如於黑暗中有了燈。

……我們可以說，在宇宙間，有心的雖不只人，而只有人的心的知覺靈明的程度是最高的。由此我們可以說：「人者，天地之心。」（《禮運》語）由此我們可以說：沒有人的宇宙，即是沒有覺解的宇宙。有覺解的宇宙與沒有覺解的宇宙，是有重大的不同。

沒有覺解的宇宙，是個混沌。這並不是說，沒有覺解的宇宙，是沒有秩序，亂七八糟的。它還是有秩序的。它還與有覺解的宇宙，同樣有秩序。不過它的秩序，不被覺而已，不被解而已。譬如於黑夜間，事物還是事物，秩序還是秩序，不過是不被見而已。由此我們說：天若不生人，萬古常如夜。

……有知覺靈明，或有較高程度的知覺靈明，是人所特異於禽獸者。舊說人爲萬物之靈，靈即就知覺靈明說。知覺靈明是人的心的要素。人將其知覺靈明，充分發展，即是「盡心」。范浚《心箴》云：「茫茫堪輿，俯仰無垠。人於其間，渺然有身。是身之微，太倉稊米，參爲三才，曰惟心耳。往古來今，孰無此心？心爲形役，乃獸乃禽。」（朱子《孟子集注》引）我們亦可引此文，以爲心頌。

有些物不必有心，而凡物皆必有性。一類的物的性，即一類的物所以成此類的物，而以別於別的物者。所謂人性者，即人之所以爲人，而以別於禽獸者。無心或覺解的物，雖皆有其性，但不自知之。人有覺解，不但能知別物之性，且於其知覺靈明充分發展時能自知其性，自知其所以爲人而別於禽獸者。充分發展其心的知覺靈明是「盡心」。盡心則知性。孟子說：「盡其心者，知其性也。知其性則知天矣。」……人知性則可努力使此性完全實現，使此性完全實現，即是「盡性」。照上文所說，人所以特異於禽獸者，在其有較高的知覺靈明。有較高的知覺靈明是人的性。所以人的知覺靈明發展至知性的程度，即有上章所謂高一層的覺解。因爲知性即是知覺靈明的自知，亦即是覺解的自覺解。人的知覺靈明愈發展，則其性即愈得實現，所以盡心，亦即是盡性。

……程朱所講的，入聖域的方法，注重格物致知，是很有理由的。朱子說：「大學物格知致處，便是凡聖之關。物未格，知未致，如何殺也是凡人。須是物格知致，方能循循不已，而入於聖賢之域。縱有敏鈍遲速之不同，頭勢也自回那邊去了。今物未格，知未致，雖是要過那邊去，頭勢只在這邊。如門之有限，猶未過得在。」（《語類》卷十五）又說：「致知誠意，是學者兩個關。致知乃夢與覺之關。誠意乃善與惡之關。透得致知之關則覺，不然則夢。透得誠意之關則善，不然則惡。」（同上）照我們的說法，就覺解方面說，聖人與平常人中間的主要的分別，在於平常人只有覺解，而聖人則覺解其覺解。覺解其覺解的覺解，即是高一層的覺解。只有覺解，比於無覺解，固已是覺不是夢，但比於有高一層的覺解，則仍是夢不是覺。所以有無高一層的覺解，是夢覺關。過此以後，固然還需要工夫，然後才可常住於聖人之域。但已過此門限，以後總是所謂門檻內的人了。如未過此門限，則無論如何，總是平常人，所謂「如何殺也是凡人」。

……科學的知識，雖是廣大精微，但亦是常識的延長，是與常識在一層次之內的。人有科學的知識，只表示人有覺解，但覺解只是覺解，而不是高一層的覺解。所以科學家雖研究許多事物，有許多知識。但仍是在上所謂夢覺關的門限之夢的一邊。所以科學家研究科學，雖事實上亦是發展其心的知覺靈明，但他對於求盡心盡性，並無覺解。普通研究科學者，多不自覺其研究是發展其心的知覺靈明，既不自覺，所以於其作此等研究時，他是在夢覺關的夢邊，而不是在其覺邊，還是在無明中，而不是在明中。用黑格爾的話說，他發展其心的知覺靈明，是「爲他的」而不是「爲自的」。所以他研究科學，雖事實上亦是發展他的心的知覺靈明，但對於他並沒有求盡心盡性的意義。所以他雖可對科學有很大的成就，但不能有聖人所能有的境界。

……哲學與科學的不同，在於哲學的知識，並不是常識的延長，不是與常識在一層次上的知識。哲學是由一種自反的思想出發。所謂自反者，即覺解自覺解其自己。所以哲學是由高一層的覺解出發者。亞里士多德謂：思以其自己爲對象而思之，謂之思思。思思是最高的思。哲學正是從思思出發的。科學使人有了解，哲學使人覺解其覺解。我們可以說：有科學的格物致知，有哲學的格物致知。此二種的格物致知，其所格的物，可同可不同。但其致的知則不同。科學的格物致知，所致的知，是與常識在一層次上的知。哲學的格物致知，所致的知，則是高一層次的知。科學的格物致知，不能使人透過夢覺關。而哲學的格物致知，則能使人透過此關。

不過研究科學，即在事實上亦是發展其心的知覺靈明，所以科學家如能本其所有的知識，自反而了解其知識的性質及其與宇宙人生的關係，則此自反即是覺解的自覺解。能如此，則其以前所有的知識，以及研究的工作，對於他即有不同的意義。如此，則他的境界，亦即有不同。如此，則此以前所有的知識，即轉成智慧。借用佛家的話說，此可謂之「轉識成智」。此自反的覺解，借用孟子的話說，可謂之「反身而誠」。我們所謂「反身而誠」，即謂自反而有高一層的覺解。

原文載《三松堂全集》第四卷《新原人》

覺解的程度和人生的境界

人對於宇宙人生的覺解的程度，可有不同。因此，宇宙人生，對於人的意義，亦有不同。人對於宇宙人生在某種程度上所有的覺解，因此，宇宙人生對於人所有的某種不同的意義，即構成人所有的某種境界。

佛家說，每人各有其自己的世界。在表面上，似乎是諸人共有一世界；實際上，各人的世界，是各人的世界。「如衆燈明，各遍似一」。一室中有衆燈，各有其所發出的光。本來是多光，不過因其各遍於室中，所以似乎只有一光了。說各人各有其世界，是根據於佛家的形上學說的。但說在一公共的世界中，各人各有其境界，則不必根據於佛家的形上學。照我們的說法，就存在說，有一公共的世界。但因人對之有不同的覺解，所以此公共的世界，對於各個人亦有不同的意義，因此，在此公共的世界中，各個人各有一不同的境界。

例如有二人遊一名山，其一是地質學家，他在此山中，看見些地質的構造等。其一是歷史學家，他在此山中，看見些歷史的遺跡等。因此，同是一山，而對於二人的意義不同。有許多事物，有些人視同瑰寶，有些人視同糞土。有些人求之不得，有些人，雖有人送他，他亦不要。這正因為這些事物，對於他們的意義不同。事物雖同是此事物，但其對於各人的意義，則可有不同。

世界是同此世界，人生是同樣的人生，但其對於各個人的意義，則可有不同。我們的這種說法，是介乎上所說的佛家的說法與常識之間。佛家以為在各個人中，無公共的世界。常識則以為各個人都在一公共的世界中，其所見的世界，及其間的事物，對於各個人的意義，亦都是相同的。照我們的說法，人所見的世界及其間的事物，雖是公共的，但它們對於各個人的意義，則不必是相同的。我們可以說，就存在說，各個人所見的世界及其間的事物，是公共的，但就意義說，則隨各個人的覺解程度的不同，而世界及其間的事物，對於各人的意義，亦不相同。我們可以說：「仁者見之謂之仁，智者見之謂之智。」

我們不能說，這些意義的不同，純是由於人之知識的主觀成分。一個地質學家所看見的，某山中的地質的構造，本來都是那裡。一個歷史學家所看見的，某山中的歷史的遺跡，亦本來都在那裡。因見這些遺跡，而此歷史家覺有「數千年往事，湧上心頭」。這些往事，亦本來都在那裡。這些都與所謂主觀無涉，不過人有知與不知，見與不見耳。莊子說：「豈惟形骸有聾盲哉，夫知亦有之。」就其知不知，見不見說，就其知見時所有的心理狀態說，上所說諸意義的不同，固亦有主觀的成分。但這一點的主觀的成分，是任何知識都必須有的。所以我們不能說，上文所說意義的不同，特別是主觀的。由此，我們說，我們所謂境界，固亦有主觀的成分，然亦並非完全是主觀的。

各人有各人的境界，嚴格地說，沒有兩個人的境界，是完全相同的。每個人都是一個體，每個人的境界，都是一個個體的境界。沒有兩個個體，是完全相同的，所以亦沒有兩個人的境界，是完全相同的。但我們可以忽其小異，而取其大同。就大同方面看，人所可能有的境界，可以分為四種：自然境界、功利境界、道德境界、天地境界。

自然境界的特徵是：在此種境界中的人，其行為是順才或順習的。此所謂順才，其意義即是普通所謂率性。我們於上章說，我們稱邏輯上的性為性，稱生物學上的性為才。普通所謂率性之性，正是說，人的生物學上的性。所以我們不說率性，而說順才。所謂順習之習，可以是一個人的個人習慣，亦可以是一社會的習俗。在此境界中的人，順才而行，「行乎其所不得不行，止乎其所不得不止」；亦或順習而行，「照例行事」。無論其是順才而行或順習而行，他對於其所行的事的性質，並沒有清楚的了解。此即是說，他所行的事，對於他沒有清楚的意義。就此方面說，他的境界，似乎是一個渾沌。但他亦非對於任何事都無了解，亦非任何事對於他都沒有清楚的意義。所以他的境界，亦只似乎是一個渾沌。例如古詩寫古代人民的生活云：「鑿井而飲，耕田而食，不識不知，順帝之則。」「日出而作，日入而息，不識天工，安知帝力？」此數句詩，很能寫出在自然境界中的人的心理狀態。「帝之則」可以是天然界的法則，亦可以是社會中人的各種行爲的法則。這些法則，這些人都遵奉之，但其遵奉都是順才或順習的。他不但不了解此諸法則，且亦不覺有此諸法則。因其不覺解，所以說是不識不知。但他並非對於任何事皆無覺解。他鑿井耕田，他了解鑿井耕田是怎樣一回事。於鑿井耕田時，他亦自覺他是在鑿井耕田，這就是他所以是人而高於別種動物之處。

嚴格地說，在此種境界中的人，不可以說是不識不知，只可以說是不著不察。孟子說：「行之而不著焉，習矣而不察焉，終身由之，而不知其道者衆也。」朱子說：「著者知之明，察者識之精。」不著不察，正是所謂沒有清楚的了解。

有此種境界的人，並不限於在所謂原始社會中的人。即在現在最工業化的社會中，有此種境界的人，亦是很多的。他固然不是「日出而作，日入而息，鑿井而飲，耕田而食」，但他卻亦是「不識不知，順帝之則」。有此種境界的人，亦不限於只能做價值甚低事情的人。在學問藝術方面，能創作的人，在道德事功方面，能做「驚天地，泣鬼神」之事的人，往往亦是「行乎其所不得不行，止乎其所不得不止」，「莫知其然而然」，此等人的境界，亦是自然境界。

功利境界的特徵是：在此種境界中的人，其行爲是「爲利」的。所謂「爲利」，是爲他自己的利。凡動物的行爲，都是爲他自己的利的。不過大多數的動物的行爲，雖是爲他自己的利的，但都是出於本能的衝動，不是出於心靈的計劃。在自然境界中的人，雖亦有爲自己的利的行爲，但他對於「自己」及「利」，並無清楚的覺解，他不自覺他有如此的行爲，亦不了解他何以有如此的行爲。在功利境界中的人，對於「自己」及「利」，有清楚的覺解。他了解他的行爲，是怎樣一回事。他自覺他有如此的行爲。他的行爲，或是求增加他自己的財產，或是求發展他自己的事業，或是求增進他自己的榮譽。他於有此種種行爲時，他了解這種行爲是怎樣一回事，並且自覺他是有此種行爲。

在此種境界中的人，其行爲雖可有萬不同，但其最後的目的，總是爲他自己的利。他不一定是如楊朱者流，只消極地爲我，他可以積極奮鬥，他甚至可犧牲他自己，但其最後的目的，還是爲他自己的利。他的行爲，事實上亦可是與他人亦有利，且可有大利的。如秦皇漢武的事業，有許多可以說是功在天下，利在萬世。但他們所以做這些事業，是爲他們自己的利的。所以他們雖都是蓋世英雄，但其境界是功利境界。

道德境界的特徵是：在此種境界中的人，其行爲是「行義」的。義與利是相反亦是相成的。求自己的利的行爲，是爲利的行爲，求社會的利的行爲，是行義的行爲。在此種境界中的人，對於人之性已有覺解。他了解人之性是涵蘊有社會的。社會的制度及其間道德的政治的規律，就一方面看，大概都是對於個人加以制裁的。在功利境界中的人，大都以爲社會與個人，是對立的。對於個人，社會是所謂「必要的惡」。人明知其是壓迫個人的，但爲保持其自己的生存，又不能不需要之。在道德境界中的人，知人必於所謂「全」中，始能依其性發展。社會與個人，並不是對立的。離開社會而獨立存在的個人，是有些哲學家的虛構懸想。人不但須在社會中，始能存在，並且須在社會中，始得完全。社會是一個全，個人是全的一部分。部分進開了全，即不成其爲部分。社會的制度及其間的道德的政治的規律，並不是壓迫個人的。這些都是人之所以爲人之理中，應有之義。人必在社會的制度及政治的道德規律中，始能使其所得於人之所以爲人者，得到發展。

在功利境界中，人的行爲，都是以「占有」爲目的。在道德境界中，人的行爲，都是以「貢獻」爲目的。用舊日的話說，在功利境界中，人的行爲的目的是「取」。在道德境界中，人的行爲的目的是「與」。在功利境界中，人即於「與」時，其目的亦是在「取」。在道德境界中，人即於「取」時，其目的亦是在「與」。

天地境界的特徵是：在此種境界中的人，其行爲是「事天」的。在此種境界中的人，了解於社會的全之外，還有宇宙的全，人必於知有宇宙的全時，始能使其所得於人之所以爲人者盡量發展，始能盡性。

在此種境界中的人，有完全的高一層的覺解。此即是說，他已完全知性，因其已知天。他已知天，所以他知人不但是社會的全的一部分，而並且是宇宙的全的一部分。不但對於社會，人應有貢獻；即對於宇宙，人亦應有貢獻。人不但應在社會中，堂堂正正地做一個人；亦應於宇宙間，堂堂正正地做一個人。人的行爲，不僅與社會有干係，而且與宇宙有干係。他覺解人雖只有七尺之軀，但可以「與天地參」；雖上壽不過百年，而可以「與天地比壽，與日月齊光」。

用莊子等道家的話，此所謂道德境界，應稱爲仁義境界。此所謂天地境界，應稱爲道德境界。道家鄙視仁義，其所謂仁義，並不是專指仁及義，而是指我們現在所謂道德。在後來中國言語中，仁義二字聯用，其意義亦是如此。如說某人不仁不義，某人大仁大義，實即是說，某人的品格或行事，是道德的，某人的品格或行事，是不道德的。道德鄙視仁義，因其自高一層的境界看，專以仁義自限，所謂「蹩躠爲仁，踶跂爲義」者，其仁義本來不及道家所謂道德。所以老子說：「失道而後德，失德而後仁，失仁而後義。」但有道家所謂道德的人，亦並不是不仁不義，不過不專以仁義自限而已。不以仁自限的人所有的仁，即道家所謂大仁。

我們所謂天地境界，用道家的話，應稱爲道德境界。《莊子．山木》篇說：「乘道德而浮游」，「浮游乎萬物之祖，物物而不物於物」，此是「道德之鄉」。此所謂道德之鄉，正是我們所謂天地境界。不過道德二字聯用，其現在的意義，已與道德所謂道德不同。爲避免混亂，所以我們用道德一詞的現在的意義，以稱我們所謂道德境界。

境界有高低。此所謂高低的分別，是以到某種境界所需要的人的覺解的多少爲標準。其需要覺解多者，其境界高；其需要覺解少者，其境界低。自然境界，需要最少的覺解，所以自然境界是最低的境界。功利境界，高於自然境界，而低於道德境界。道德境界，高於功利境界，而低於天地境界。天地境界，需要最多的覺解，所以天地境界，是最高的境界。至此種境界，人的覺解，已發展至最高的程度。至此種程度人已盡其性。在此種境界中的人，謂之聖人。聖人是最完全的人，所以邵康節說：「聖人，人之至者也。」

在自然境界及功利境界中的人，對於人之所以爲人者，並無覺解。此即是說，他們不知性，無高一層的覺解。所以這兩種境界，是在夢覺關的夢的一邊的境界。在道德境界及天地境界中的人，知性知天，有高一層的覺解，所以這兩種境界，是在夢覺關的覺的一邊的境界。

因境界有高低，所以不同的境界，在宇宙間有不同的地位。有不同境界的人，在宇宙間亦有不同的地位。道學家所說地位，如聖人地位、賢人地位等，都是指此種地位說。在天地境界中的人，其地位是聖人地位。在道德境界中的人，其地位是賢人地位。孟子說：有天爵、有人爵。人在政治上或社會上的地位是人爵。因其所有的境界，而在宇宙間所有的地位是天爵。孟子說：「君子所性，雖大行弗如焉，雖窮居弗捐焉，分定故也。」此是說：天爵不受人爵的影響。

一個人，因其所處的境界不同，其舉止態度，表現於外者，亦不同。此不同的表現，即道學家所謂氣象，如說聖人氣象，賢人氣象等。一個人其所處的境界不同，其心理的狀態亦不同。此不同的心理狀態，即普通所謂懷抱、胸襟或胸懷。

原文載《三松堂全集》第四卷《新原人》

境界與實際享受的世界

人所實際享受的一部分的世界有大小。其境界高者，其所實際享受的一部分的世界大。其境界低者，其所實際享受的一部分的世界小。公共世界，無限地大，其間的事物，亦是無量無邊地多。但一個人所能實際享受的，是他所能感覺或了解的一部分的世界。就感覺方面說，人所能享受的一部分的世界，雖有大小不同，但其差別是很有限的。一個人周遊環球，一個人不出鄉曲。一個人飽經世變，一個人平居無事。他們的見聞有多寡的不同，但其差別是很有限的。此譬如一個「食前方丈」的人，與一個僅足一飽的人，所吃固有多寡的不同，但其差別，亦是很有限的。但就覺解方面說，各人所能享受的世界，其大小的不同，可以是很大的。有些人所能享受的一部分的世界，就是他所能感覺的一部分的世界。這些人所能享受的一部分的世界，可以說是很小的。因爲一個人所能感覺的一部分的世界，無論如何，總是很有限的。有些人所能享受的，可以不限於實際的世界。這並不是說，一個人可將世界上所有的美味一口吃完，或將世界上所有的美景一眼看盡。而是說，他的覺解，可以使他超過實際的世界。他的覺解使他超過實際的世界，則他所能享受的，即不限於實際的世界。莊子所說：「乘雲氣，御飛龍，而遊乎四海之外。」「乘天地之正，御六氣之變，以遊無窮。」似乎都是用一種詩的言語，以形容在天地境界中的人所能有的享受。

或可問：上文說，在高的境界中的人，其所享受的一部分的世界大；在低的境界中的人，其所享受的一部分的世界小。這種說法，對於在自然境界中的人及在天地境界中的人，是不錯的。在自然境界中的人，只能享受其所感覺的事物。在天地境界中的人所能享受的，則不限於實際的世界。他們所能享受的境界，一個是級小，一個是級大。但道德境界，雖高於功利境界而在功利境界中的人所能享受的一部分的世界，是否必小於在道德境界中的人所能享受的，似乎是一問題。例如一個天文學家，對於宇宙，有很大的知識。但其研究天文，完全是由於求他自己的名利。如此，則他的境界，仍只是功利境界。雖只是功利境界，但他對於宇宙的知識，比普通行道德的人的知識，是大得多了。由此方面看，豈不亦可說，在功利境界中的人所能享受的世界，比道德境界中的人所能享受者大？

於此我們說，普通行道德的人，其境界不一定即是道德境界。他行道德的事，可以是由於天資或習慣。如其是如此，則其境界即是自然境界。他行道德的事，亦可以是由於希望得到名利恭敬。如其是如此，則他的境界，即是功利境界。必須對於道德眞有了解的人，根據其了解以行道德，其境界方是道德境界。這種了解，必須是盡心知性的人，始能有的。我們不可因爲，三家村的愚夫愚婦，亦能行道德的事，遂以爲道德境界，是不需要很大的覺解，即可以得到的，愚夫愚婦，雖可以行道德的事，但其境界，則不必是道德境界。

天文學家及物理學家雖亦常說宇宙，但其所謂宇宙，是物質的宇宙，並不是宇宙中所謂宇宙。物質的宇宙，雖亦是非常的大，但仍不過是哲學中所謂宇宙的微乎其微的一部分。物質的宇宙，並不是宇宙的大全。所以對於物質的宇宙有了解者，不必即知宇宙的大全，不必即知天。在道德境界中的人，已盡心知性，對於人之所以爲人，而異於別的動物者，已有充分的了解。知性，則其所知者，即已不限於實際的世界。所以其所享受的一部分的世界，大於在功利境界中的人所享受的。

原文載《三松堂全集》第四卷《新原人》

境界的保持、發展和識別

境界有久暫。此即是說，一個人的境界，可有變化。……人有道心，亦有人心人欲。「人心惟危，道心惟微」。一個人的覺解，雖有時已到某種程度，因此，他亦可有某種境界。但因人欲的牽扯，他雖有時有此種境界，而不能常住於此種境界。一個人的覺解，使其到某種境界時，本來還需要另一種工夫，以維持此種境界，以使其常住於此種境界。伊川說：「涵養須用敬，進學在致知。」致知即增進其覺解，用敬即用一種工夫，以維持此增進的覺解所使人得到的境界。平常人大多沒有此種工夫，故往往有時一種較高的境界，而有時又無此種境界。所以一個人的境界，常有變化。其境界常不變者，只有聖賢與下愚。聖賢對於宇宙人生有很多的覺解，又用一種工夫，使因此而得的境界，常得維持。所以其境界不變。下愚對於宇宙人生，永只有很少的覺解。所以其境界亦不變。孔子說，「回也三月不違仁，其餘日月至焉而已。」此即是說，至少在三個月之內，顏回的境界，是不變的。其餘人的境界，則是常變的。

上所說的四種境界，就其高低的層次看，可以說是表示一種發展，一種黑格爾所謂辯證的發展。就覺解的多少說，自然境界，需要覺解最少。在此種境界中的人，不著不察，亦可說是不識不知，其境界似乎是一個渾沌。功利境界需要較多的覺解。道德境界，需要更多的覺解。天地境界，需要最多的覺解。然天地境界，又有似乎混沌。因爲在天地境界中的人，最後自同於大全。我們於上文嘗說大全。但嚴格地說，大全是不可說的，亦是不可思議，不可了解的。所以自同於大全者，其覺解是如佛家所謂「無分別智」。因其「無分別」，所以其境界又似乎是混沌。不過此種渾沌，並不是不及了解，而是超過了解。超過了解，不是不了解，而是大了解。我們可以套老子的一句話說：「大了解若不了解。」

再就有我無我說，在自然境界中，人不知有我。他行道德的事，固是由於習慣或衝動。即其爲我的行爲，亦是出於習慣或衝動。在功利境界中，人有我。在此種境界中，人的一切行爲，皆是爲我。他爲他自己爭權奪利，固是爲我，即行道德的事，亦是爲我。他行道德的事，不是以其爲道德而行之，而是以其爲求名求利的工具而行之。在道德境界中，人無我，其行道德，固是因其爲道德而行之，即似乎是爭權奪利的事，他亦是爲道德的目的而行之。在天的境界中，人亦無我。不過此無我應稱之爲大無我。《論語》謂：「子絕四，毋意，毋必，毋固，毋我。」橫渠云：「四者有一焉，則與天地不相似。」象山說：「雖欲自異於天地，不得也。此乃某平日得力。」「與天地相似」，不得「自異於天地」，可以做大無我的注脚。道學家常用「人欲淨盡，天理流行」八字，以說此境界。人欲即人心之有私的成分者，有爲我的成分者。

有私是所謂「有我」的一義。上所說「無我」，是就此義說。所謂「有我」的另一義是「有主宰」。「我」是一個行動的主宰，亦是實現價值的行動的主宰。盡心盡性，皆須「我」爲。「宇宙內事，乃己分內事。」由此方面看，則在道德境界及天地境界中的人，不惟不是「無我」，而且是眞正地「有我」。在自然境界中，人不知有「我」。在功利境界中，人知有「我」。知有「我」可以說是「我之自覺」。「我之自覺」並不是一件很容易的事。有許多小孩子，別人稱他爲娃娃，亦自稱爲娃娃。他知道說娃娃，但不知道於說娃娃時，他應當說「我」。在功利境界中，人有「我之自覺」，其行爲是比較有主宰的。但其做主宰的「我」，未必是依照人之性者。所以其做主宰的「我」，未必是「眞我」。在道德境界中的人知性，知性則「見眞吾」。「見眞吾」則可以發展「眞我」。在天地境界中的人知天，知天則知「眞我」在宇宙間的地位，則可以充分發展「眞我」。上文所說，人在道德境界及天地境界中所無之「我」，並不是人的「眞我」。人的「眞我」，必在道德境界中仍能發展，必在天地境界中，乃能完全發展。上文說，上所說的四種境界，就其高低的層次看，可以說是表示一種發展。此種發展，即是「我」的發展。「我」自天地間之一物，發展至「與天地參」。

所以在道德境界中及天地境界中的人，才可以說是眞正地「有我」。不過這種「有我」，正是上所說的「無我」的成就。人必先「無我」而後可「有我」，必先無「假我」，而後可有「眞我」。我們可以說，在道德境界中的人，「無我」，而「有我」。在天地境界中的人，「大無我」而「有大我」。我們可以套老子的一句話說：「夫惟無我耶，故能成其我。」

在上所說的發展中，自然境界及功利境界是黑格爾所謂自然的產物。道德境界及天地境界是黑格爾所謂精神的創造。自然的產物是人不必努力，而即可以得到的。精神的創造，則必待人之努力，而後可以有之。就一般人說，人於其是嬰兒時，其境界是自然境界。及至成人時，其境界是功利境界。這兩種境界，是人所不必努力，而自然得到的。此後若不有一種努力，則他終身即在功利境界中。若有一種努力，「反身而誠」，則可進至道德境界及天地境界。

此四種境界，以功利境界與自然境界中間的分別，及其與道德境界中間的分別，最易看出。道德境界與天地境界中間的分別，及自然境界與道德境界及天地境界中間的分別，則不甚容易看出。因爲不知有我，有時似乎是無我或大無我。無我有時亦似乎是大無我。自然境界與天地境界，又都似乎是渾沌。道德境界與天地境界中間的分別，道家看得很清楚。但天地境界與自然境界中間的分別，他們往往看不清楚。自然境界與道德境界中間的分別，儒家看得比較清楚。但道德境界與天地境界中間的分別，他們往往看不清楚。

但此各種境界，確是有的，其間的分別，我們若看清楚以後，亦是很顯然的。例如《莊子‧齊物論》說：「若夫乘天地之正，御六氣之變，以遊無窮者，彼且惡乎待哉？故曰：至人無己，神人無功，聖人無名。」此無己是大無我，到此種地位的人，其境界是天地境界。《應帝王》說：「泰氏其臥徐徐，其覺于于。一以己爲馬，一以己爲牛。」「于于」，司馬彪是「無所知貌」。此種人亦可說是無己的，但其無己是不知有己。在此種境界中的人，其境界是自然境界，此兩種境界是絕不相同的。但其不同，道家似未充分注意及之。又例如張橫渠銘其室之兩牖，東曰《砭愚》，西曰《訂頑》，即所謂《東銘》《西銘》也。此二銘，在橫渠心目中，或似有同等的地位，然《西銘》所說，是在天地境界中的話。……《東銘》說戲言戲動之無益，其所說至高亦不過是在道德境界中的話。又如楊椒山就義時所作二詩，其一曰：「浩氣返太虛，丹心照千古。平生未了事，留與後人補。」其二曰：「天王自聖明，製作高千古，平生未報恩，留作忠魂補。」此二詩，在椒山心目中，或亦似有同等地位。但第一首乃就人與宇宙的關係立言，其所說乃在天地境界中的話。第二首乃就君臣的關係立言，其所說乃在道德境界中的話。又如張巡、顏杲卿死於王事，其行爲本是道德行爲，其人所有的境界，大概亦是道德境界。但如文天祥《正氣歌》所說：「爲張睢陽齒，爲顏常山舌」，則此等行爲的意義又不同。此等行爲，本是道德行爲，但《正氣歌》以之與「天地有正氣」聯接起來，則是從天地境界的觀點，以看這些道德行爲。如此看，則這些行爲，又不止是道德行爲了。這些分別，以前儒家的人，似未看清楚。

原文載《三松堂全集》第四卷《新原人》

境界不外於日常行事

或可問：凡物皆本在宇宙中，皆本是宇宙的一部分。本來如是。凡物皆「雖欲自異於天地不得也」，何以象山獨於此「得力」？何以只有聖人的境界，才是天地境界？

於此我們說：不僅人本在宇宙之內，本是宇宙的一部分。人亦本在社會之內，本是社會的一部分，皆本來如是，不過人未必覺解之耳。覺解之則可有如上說的道德境界、天地境界。不覺解之則雖有此種事實而無此種境界。孟子說：「終身由之而不知其道者衆也。」（《盡心》上）此道是人人所皆多少遵行者，雖多少遵行之，而不覺解之，則爲衆人。覺解之而又能完全遵行之，則爲聖人。所以聖人並非能於一般人所行的道之外，另有所謂道。若捨此另求，正可以說是「騎驢覓驢」。

所以雖在天地境界中的人，其所做的事，亦是一般人日常所做的事。伊川說：「後人便將性命別作一般事說了。性命孝悌，只是一統的事。就孝悌中，便可盡性至命，至於灑掃應對，與盡性至命，亦是統一的事。無有本末，無有精粗。」「然今時非無孝悌之人，而不能盡性至命者，由之而不知也。」（《遺書》十八）由之而不知，則一切皆在無明中，所以為凡。知之則一切皆在明中，所以可為聖。聖人有最高的覺解，而其所行之事，則即是日常的事。此所謂「極高明而道中庸」。

所以上文所說的各種境界，並不是於日常行事外，獨立存在者。在不同境界中的人，可以做相同的事，雖做相同的事，但相同的事，對於他們的意義，則可以大不相同。此諸不相同的意義，即構成他們的不相同的境界。所以上文說境界，都是就行為說。在行為中，人所做的事，可以就是日常的事。離開日常的事，而做另一種與眾不同的事，如參禪打坐等，欲另求一種境界，以為玩弄者，則必分所謂「內外」「動靜」。他們以日常的事為外，以一種境界為內，以做日常的事為動，以玩弄一種境界為靜。他們不能超過此種分別，遂重內而輕外，貴靜而賤動，他們的生活，因此即有一種矛盾。

或問：所謂日常的事，各人所做，可不相同，例如一軍人的日常的事是下操做打仗，一個學生日常的事是上課或讀書。上文所說日常的事，果指何種事？

於此我們說：所謂日常的事，就是各色各樣的日常的事。一個人是社會上的某種人，即做某種人日常所做的事。用戰時常用的話說，各人都站在他自己的「崗位」上，做其所應做的事。任何「崗位」上的事，對於覺解不同的人，都有不同的意義。因此，任何日常的事，都與「盡性至命」是「一統的事」，做任何日常的事，都可以「盡性至命」。

或又問：人專做日常的事，豈非不能有新奇的事，有創作、有發現？

於此我們說，所謂做日常的事者，是說，人各站在他自己的「崗位」上做其所應做的事，並不是說，他於做此等事時，只應牢守成規，不可有新奇的創作。無論他的境界是何種境界，他都應該在自己的「崗位」上，竭其智能，以做他應做的事。既竭其智能，則如果他的智能，能使他有新奇的創作，又如果他的境界是天地境界，則他的新奇創作，亦與「盡性至命」是「一統的事」。

這一點我們特別提出，因爲宋明道學家說到「人倫日用」，似乎眞是說，只是一般人所同樣做的事，如「事父事君」等。至於其餘不是一般人所同樣做的事，如藝術創作等，他們以爲均是「玩物喪志」，似乎不能是與「盡性至命」「一統的事」。這亦是道學家所見的不徹的處。灑掃應對，可以盡性至命，作詩寫字，何不可以盡性至命？照我們上文所說，人於有高一層的覺解時，眞是「舉足修途，都趨寶渚；彈指合掌，咸成佛因」。無覺解則空談盡性至命，亦是玩物喪志；有覺解則作詩寫字，亦可盡性至命。

宋明人的語錄中，有許多討論，亦是不必要的。例如他們討論人於用居敬存誠等工夫外，名物制度，是不是亦要講求。這一類的問題，是不成問題的。如果一個人研究歷史，當然他須研究名物制度。如果一個人研究工程，當然他須研究「修橋補路」的方法。他們如要居敬存誠，應該就在這些研究工作中，居敬存誠。道學家的末流，似乎以爲如要居敬存誠，即不能做這些事。他們又蹈佛家之弊，所以有顏、李一派的反動。

我們於新理學中說，凡物的存在，都是一動，動息其物即歸無有。人必須行動，人的境界，即在人的行動中。這是本來如此的。上文說：「極高明而道中庸。」中庸並不是平凡庸俗。對於本來如此的有充分的了解，是「極高明」。不求離開本來如此的而「索隱行怪」，即是「道中庸」。

原文載《三松堂全集》第四卷《新原人》

天地境界與宗教境界

人對於宇宙有進一步的覺解時，他又知他不但是社會的分子，而又是宇宙的分子。從一方面看，此進一步的覺解可以說是「究竟無得」，因爲人本來都是宇宙的分子，而且不能不是宇宙的分子。不但人是如此，凡物都是如此。說人本來是社會的分子，或者尚有人持異議。但說人本來都是宇宙的分子，則沒有人能持異議。所以從此方面看，此進一步的覺解可以說是「究竟無得」。但從另一方面看，此進一步的覺解，又不是「究竟無得」。因爲人雖本來都是宇宙的分子，但他完全覺解其是宇宙的分子，卻又是極不容易的。人都是宇宙的分子，但卻非每個人都完全覺其是宇宙的分子。

人對於宇宙人生有進一步的覺解時，他可知宇宙間的事物，雖都是個體的，暫時的，但都多少依照永恒的理。某種事物，必多少依照某理，始可爲某種事物；必完全依照某理，始可爲完全的某種事物。某理涵蘊有某種規律。依照某理者，必依照某種規律。涵蘊某理者，必涵蘊某種規律。在無量的理中，有人之所以爲人之理，其中涵蘊有人所多少必需遵守的規律。人的生活必須多少是規律的。在自然境界中的人，其生活雖亦必多少是規律的，但並不自覺其是規律的；對於人生中的規律，他亦無了解。在功利境界中的人，以爲人生中的規律（包括道德的規律），都是人所隨意規定，以爲人的生活的方便者。人生中的規律（包括道德的規律），都可以說是人生的工具。在道德境界中的人，對於人生中的規律，尤其是道德的規律，有較深的了解。他了解這些規律，並不是人生的工具，爲人所隨意規定者，而是都在人的「性分」以內的。遵守這些規律，則所以「盡性」。在天地境界中的人有更進一步的了解，他又了解這些規律，不僅是在人的「性分」以內，而且是在「天理」之中。遵守這些規律，不僅是人道而且亦是天道。

從一方面看，此進一步的覺解，亦可說是「究竟無得」。因爲宇宙間的事物，如其存在，本來都多少依照其理，遵循其理所涵蘊的規律。完全如此的事物，固然是絕無僅有，但完全不如此的事物，則簡直是絕對沒有。人的生活，亦都多少是有規律的，都多少遵循道德的規律。完全如此的人，固然亦是很少，但完全不如此的人，亦簡直是絕對沒有。從此方面看，此進一步的覺解，又不是「究竟無得」。因人的生活雖本來都是如此，但他完全覺解其是如此，又是極不容易的。人雖都多少遵循人生中的規律，但卻非每個人都自覺其是如此；亦非每個人對於這些規律，都有完全的了解。

人有進一步的覺解時，他又知他的生活，以及實際事物的變化，又都是道體中所有的程序。道體是萬變之總名，是我們於新理學中所謂「無頭無尾的大事」。此事所依照的理，是整個的太極；所依據的氣，是整個的無極（無極無所謂整個，不過姑如此說）。舊說理是體，實現理之實際事物是用。道體即是所謂大用流行，亦稱大化流行。從此方面看，每一事物的變化，都是大用流行或大化流行中的一程序，亦是道體中的一程序。此進一步的覺解亦可說是究竟無得，亦可說不是究竟無，得上所說。

人有此等進一步的覺解，則可從大全、理及道體的觀點，以看事物。從此等新的觀點以看事物，正如斯賓諾莎所謂從永恒的形式的觀點，以看事物。人能從此種新的觀點以看事物，則一切事物對於他皆有一種新的意義。此種新意義，使人有一種新境界，此種新境界，即我們所謂天地境界。

我們於以上，都是就完全的覺解說。我們說，完全的覺解，是不容易有的。但不完全的覺解，卻是比較容易有的。即平常人對於他與宇宙的關係，亦非全無覺解。這些不完全的覺解，表現爲人的宗教的思想。宗教的思想的歷史是很古老的。人所信仰的宗教，雖隨時隨地不同，但多數的宗教都以爲有一種超人的力量或主宰，以爲其所崇拜的對象，此對象即是所謂神或上帝。超人的力量或主宰的觀念，是人對於宇宙只有模糊的、混亂的知識時所有的觀念。多數的宗教都以爲，人生中的規律，尤其是道德的規律，都不是人所隨意規定，而是神所規定的。人遵循道德的規律，不僅是社會的事，而且是宗教的事。

多教的宗教，又都以爲有所謂天國或天堂，在其中，一切事物，都是完全的。天國或天堂，是人對於理世界只有模糊的、混亂的知識時，所有的觀念。多數的宗教又都有所謂創世之說，以爲神或上帝創造實際的世界。實際的世界是不完全的。但其不完全並非由於神或上帝的技術不高或能力不夠，而是在一切可能的世界中，這個實際的世界，是最好的世界。創世的觀念，是人對於道體只有模糊的，混亂的知識時，所有的觀念。

常人的思想，大概都是圖畫式的。嚴格地說，他們是只能想而不能思。他們彷彿覺得，人以外或人以上，社會以外或社會以上，還有點什麼，但對於這個什麼，他們不能有清楚的、正確的知識。用圖畫式的思想，去想這個什麼，他們即想它爲神爲帝、爲天國、爲天堂。在他們圖畫式的思想中，他們所想像的神帝等所有的性質，大部分是從人所有的性質，類推而來。例如人有知識，許多宗教以爲上帝亦有知識，不過其知是全知。人有能力，許多宗教以爲上帝亦有能力，不過其能是全能。人有意志，許多宗教以爲上帝亦有意志，不過其意志是全善。他們所想像的天堂的情形，亦是從我們這個世界的情形類推而來。這個世界及其中事物，都是具體的。天堂及其中事物，亦都是具體的。不過這個世界及其中事物，都是不完全的。而天堂及其中事物，則都是完全的。在這個世界中，有苦有樂。在天堂中，，則只有樂。天堂是所謂極樂世界。他們所想像的創世的程序，亦是從實際世界中工人製造物品的程序，類推而來。

神或上帝，如一工人，實際的世界，如其所製造的製造品。諸如此類，總而言之，所謂上帝者，不過是人的人格的無限放大。所謂天堂者，不過是這個世界的理想化。這都是人以人的觀點，用圖畫式的思想，以想像那個「什麼」，所得的結果。

這種宗教的思想，其最高處，亦能使人有一種境界，近乎是此所謂天地境界。例如一人辦一醫院，他的目的，若是要想使他自己得名得利，他的行爲，即是求利的行爲。他的境界，即是功利境界。他的目的，若是爲社會服務，他的行爲即是行義的行爲，他的境界，即是道德境界。若有些宗教家，辦醫院「行善事」，不爲求自己名利，亦不是專爲社會服務，而是爲神或上帝服務，爲對於神或上帝的盡職。若他的目的眞是如此，而又純是如此，則他的行爲，即是宗教的行爲，他的境界，即近乎此所謂天地境界。我們說他的目的必需眞是如此，而又純是如此，因爲有些人爲神或上帝服務，其目的是想以此爲手段，以求得神或上帝的恩惠。若其目的是如此，則他的行爲，又只是求利的行爲；他的境界，又只是功利境界。

人由宗教所得的境界，只是近乎此所謂天地境界。嚴格地說，其境界還是道德境界。因爲在圖畫式的思想中，人所想像的神或上帝，是有人格的。上帝以下，還有許多別的有人格的神，共成一社會。例如耶穌教以上帝爲父，耶穌爲子，又有許多有人格的神，如約翰、保羅等，共成一社會。一個耶穌教的信徒，在圖畫式的思想中，想像有如此的社會，又想像其自己亦是此社會的一分子，而爲其服務。在如此的想像中，其行爲仍是道德行爲，其境界仍是道德境界。不過其所服務的社會，不是實際的社會，而是其想像中的社會而已。

原文載《三松堂全集》第四卷《新原人》

天地境界與天民、天職、天倫

孟子說，有所謂「天民」、「天職」、「天地」、「天爵」等。知天的人，覺解他不僅是社會的一分子，而且是宇宙的一分子。所以知天的人，可以謂之天民。當然任何人都是宇宙的一分子，不過一般人雖是如此而不自覺。所以他們在宇宙間，正如一個社會中的奴隸，而不是其中的自由的人民。只有知天的人，對於他與宇宙的關係，及其對於宇宙的責任，有充分的覺解。所以只有知天的人，才可以稱爲天民。天民所應做的，即是天職。他與宇宙間事物的關係，可以謂之天倫。一個人所有的境界，決定他在宇宙間的地位，如道學家所謂賢人地位、聖人地位等。這種地位，即是天爵。孟子說：「有天爵者，有人爵者。仁義忠信，樂善不倦，此天爵也。公卿大夫，此人爵也。」人在宇宙間的地位，謂之天爵，其在社會間的地位，謂之人爵。人的天爵，不隨人的人爵爲轉移。他有何種境界，即有何種地位，有何種地位，即有何種天爵。孟子說：「君子所性，雖大行弗加焉，雖窮居弗損焉，分定故也。」不過人爵雖是人爵，但在天地境界中的人居之，則人爵亦是天位。大行是天位，窮居亦是天位。

天民在社會中居一某位，此位對於他亦即是天位。他於社會中，居一某倫，此倫對於他亦是天倫。他於居某位某倫時所應做的事，亦即是一般人於居某位某倫時所應做的事。不過他的作為，對於他都有事天的意義。所以一般人做其在社會中所應做的事，至多只是盡人職、盡人倫。而天民做其在社會中所應做的事，雖同是那些事，雖亦是盡人職、盡人倫，而卻又是盡天職、盡天倫。

盡人職盡人倫的事，是道德的事。但天民行之，這種事對於他又有超道德的意義。張橫渠的《西銘》，即說明此點。《西銘》云：「乾稱父，坤稱母。余茲藐焉，乃渾然中處。故天地之塞，吾其體；天地之帥，吾其性。民，吾同胞；物，吾與也。」「尊高年，所以長其長；慈孤弱，所以幼其幼。聖，其合德；賢，其秀也。」「違曰悖德，害仁曰賊。」「其踐形，惟肖者也。知化則善述其事，窮神則善繼其志。」「富貴福澤，將厚吾之生也；貧賤憂戚，庸玉汝於成也。存，吾順事；沒，吾寧也。」這篇文章，後人都很推崇。明道說：「《西銘》某得此意。只是須得他子厚有此筆力。他人無緣做得。孟子以後，未有人及此。得此文字，省多少言語。」（《遺書》卷二上）不過此篇的好處，究在何處，前人未有確切的說明。照我們的看法，此篇的眞正的好處，在其從事天的觀點，以看道德的事。如此看，則道德的事，又有一種超道德的意義。由此方面說，就儒家說，這篇確是孟子以後的第一篇文章。因為孟子以後，漢唐儒家的人，未有講到天地境界的。

無論甚麼事物，都是宇宙的一部分。人能從宇宙的觀點看，則其對於任何事物的改善，對於任何事物的救濟，都是對於宇宙的盡職。對於任何事物的了解，都是對於宇宙的了解。從此觀點看，此各種的行爲，都是事天的行爲，《西銘》所說乾坤的觀念，不必與我們所說宇宙的觀念相合。其說「乾稱父，坤稱母」，亦未完全超過圖畫式的思想。但其從事天的觀點，以看道德的行爲，因此與道德的行爲，以超道德的意義，則與我們於此段所說的意思相合。

「尊高年，慈孤弱」，本只是道德的事。但高年孤弱不僅是社會的高年孤弱，而且是宇宙的高年孤弱。由此觀點看，則尊高年，慈孤弱，又不只是道德的事。一個人將其所有的能力，充分發展，謂之踐形。此可以是求利的事，亦可以是行義的事。如他充分發展他的能力，以求得到個人的溫飽舒適，則此事即是求利的事。如他充分發展他的能力，以求能爲社會服務，則此事即是行義的事。但他所有的能力，亦是宇宙的能力。他充分發展他的能力，亦即是充分發展宇宙的能力。他若能由此觀點看，則其充分發展他的能力，又不只是道德的事。窮神知化，本是知識方面的事，而善述其事，善繼其志，則又成爲事天的事。事天亦可以說是贊化。贊是贊助，化是大化。大化流行以太極爲目標。極有二義：一是標準之義，一是目標之義。理是一類事物所依照的標準，亦是一類事物所向以進行的目標。總括衆理，謂之太極，它是實際世界所依照的標準，亦是實際世界所向以進行的目標。它是實際世界的理，亦即是理世界。就其爲形上的，與形下的世界相對說，則謂之理世界。就其爲形下的世界的標準及目標說，則謂之太極。大化流行，以太極爲目標，事天者贊化，亦以太極爲目標。他可說是：「可以贊天地之化育。可以贊天地之化育，則可以與天地參矣。」……我們說，人可以「與天地參」，但必在天地境界中的人，才眞正可以說是「與天地參」。在道德境界中的人，盡倫盡職，是所以窮人之理，盡人之性。在天地境界中的人事天贊化，則是所以窮世界之理，盡世界之性。盡倫盡職所求實現者，是人的目標，可以說是人的好。事天贊化所求實現者，是世界的目標，可以說是天的好。神是宇宙的神，化是宇宙的化。宇宙雖有神化，而尚未被了解。故窮神知化，爲能繼宇宙未竟之功。人能從此觀點看，則窮神知化，又不只是知識方面的事。上所說的這些事，如是都成爲事天的事。

原文載《三松堂全集》第四卷《新原人》

天地境界與知天、事天、樂天

能知天者，不但他所行的事對於他另有新意義，即他所見的事物，對於他亦另意義。如《論語》說：「子在川上，曰：『逝者如斯夫，不捨晝夜。』」宋儒以爲孔子於水之流行，見道體之流行。《中庸》引《詩》：「鳶飛戾天，魚躍於淵。」宋儒以爲於此可見，「化育流行，上下昭著，莫非此理之用。」此說雖未必即《論語》、《中庸》之本意，但水之流行，以及鳶飛魚躍，對於知天者，都可另有意義，這是可以說的。

事物的此種意義，詩人亦有言及者。王羲之蘭亭詩云：「仰觀碧天際，俯瞰綠水濱。寥闃無涯觀，寓目理自陳。大矣造化工，萬化莫不均。羣籟雖參差，適我無非新。」陶淵明飲酒詩云：「結廬在人境，而無車馬喧，同君何能爾，心遠地自偏。采菊東籬下，悠然見南山。山氣日夕佳，飛鳥相與還。此中有眞意，欲辨（或作辯）已忘言。」碧天之際，綠水之濱，以及南山飛鳥，即是一般人所常見者。雖即是一般人所常見者，但對於別有所見的詩人，則另有一種意義。故曰：「此中有眞意，欲辨已忘言。」對於一般人說，此種意義是新的。任何事物，知有此種意義，則亦是新的。故曰：「羣籟雖參差，適我無非新。」

程明道謂觀雞雛可以觀仁，又喜養魚。張橫渠曰：「明道窗前有茂草覆砌，或勸之芟，曰：『不可。欲常見造物生意。』又置盆池，畜小魚數尾，時時觀之。或問其故，曰：『觀萬物自得意。』草之與魚，人所共見。惟明道見草則知生意，見魚則知自得意。此豈流俗之見，可同日而語？」明道從另一觀點以觀事物，所以事物對於他另有意義。此其所以不同於流俗之見也。

於事物中見此等意義者，有一種樂。有此種樂，謂之樂天。《論語》曾皙言志一段，朱子注云：「曾點之學，蓋有以見夫人欲盡處，天理流行，隨處充滿，無少欠缺。故其行動從容如此。而其言志，則又不過即其所居之位，樂其日用之常，初無捨己爲人之意。而其胸次悠然，直與天地萬物，上下同流，各得其所之妙，隱然自見於言外。視三子（子路，冉有，公西華）之規規於事爲之末者，其氣象不侔矣。故夫子嘆息而深許之。」樂天者之樂，正是此種樂。明道說：「周茂叔每令尋孔、顏樂處，所樂何事。」又說：「自再見周茂叔後，吟風弄月而歸，有『吾與點也』之意。」此等「吟風弄月」之樂，正是所謂孔顏樂處。

朱子又云：「是他（曾點）見得聖人氣象如此。雖超乎事物之外，而實不離乎事物之中。」上所說三子者，固亦在事物之中，其所以爲「規規於事爲之末者」，朱子集注於此引程子云：「子路只爲不達爲國以禮道理，是以哂之。若達，卻便是這氣象也？」「爲國以禮」，是一種治國的方法，亦可以說是一種道德的事。若就其本身看，則亦只是一種治國的方法，一種道德的事而已。但若知其理，則又見其又不只是一種治國的方法，一種道德的事，而又是所謂天理的例證。知其爲天理的例證，則此等事即有新意義。從此等新意義看，此等事即不只是事爲之末。

凡人所做的事，以及所見的事物，若專就其本身看，皆可以說是「事爲之末」。知天事天的人，所做的事、所見的事物，仍都是一般人所做的事、所見的事物。但這些事、這些事物，對於他都另有意義。因其另有意義，所以對於他，都不只是「事爲之末」。《中庸》說：「君子之道費而隱。」事物是末、是費。事物所依照之理是本、是隱。在天地境界中的人，即至末見至本，即至費見至隱。所以鳶飛魚躍，「莫非此理之用」；周茂叔「綠滿窗前草不除」，程明道養魚觀雞雛，皆有聖人氣象。此所謂「雖超乎事物之外，而實不離乎事物之中」。

在天地境界中的人的最高的造詣是，不但覺解其是大全的一部分，而並且自同於大全。如莊子說：「天地者，萬物之所一也。得其所一而同焉，則死生終始，將如晝夜，而莫之能滑，而況得喪禍福之所介乎？」得其所一而同焉，即自同於大全也。一個人自同於大全，則「我」與「非我」的分別，對於他即不存在。道家：「與物冥。」冥者，冥「我」與萬物間的分別也。儒家說：「萬物皆備於我。」大全是萬物之全體，「我」自同於大全，故「萬物皆備於我」。此等境界，我們謂之為同天。此等境界，是在功利境界中的人的事功所不能達，在道德境界中的人的盡倫盡職所不能得的。得到此等境界者，不但是與天地參，而且是與天地合一。得到此等境界，是天地境界中的人的最高的造詣。亦可說，人惟得到此境界，方是眞得到天地境界。知天事天樂天等，不過是得到此等境界的一種預備。

於上文，我們說：事天的人贊化，以太極為目標。同天的人，則不但以太極為目標而贊化，而且他已有了太極。天是大全，是萬有之總名。所以太極亦在天中。所以同天者亦有整個的太極。在新理學中，我們說，我們不以朱子的「人人有一太極」之說為然。但在同天境界中的人，卻眞可以說是「人人有一太極」。太極在所有的在同天境界中的人的心中，眞可以說是如「月印萬川」。

原文載《三松堂全集》第四卷《新原人》

天地境界的思議與不可思議

或可問：人是宇宙的分子。即對於宇宙人生有覺解者，亦不過覺解其是宇宙的分子。宇宙的分子，是宇宙的一部分。部分如何能同於全體？

於此我們說：人的肉體，七尺之軀，誠只是宇宙的一部分。人的心，雖亦是宇宙的一部分，但其思之所及，則不限於宇宙的一部分。人的心能做理智的總括，能將所有的有，總括思之。如此思即有宇宙或大全的觀念。由如此思而知有大全。既知有大全，又知大全不可思。知有大全，則似乎如在大全之外，只見大全，而不見其中的部分。知大全不可思，則知其自己亦在大全中。知其自己亦在大全中，而又只見大全，不見其中的部分，則可自覺其自同於大全。自同於大全，不是物質上的一種變化，而是精神上的一種境界。所以自同於大全者，其肉體雖只是大全的一部分，其心雖亦只是大全的一部分，但在精神上他可自同於大全。

同天境界，儒家稱之爲仁。蓋覺解「萬物皆備於我」，則對於萬物，即有一種痛癢相關的情感。程明道說：「學者須先識仁。仁者渾然與物同體，義禮智信皆仁也。」「此道與物無對，大不足以明之。天地之用，皆我之用。孟子言萬物皆備於我。須反身而誠，乃得大樂。若反身未誠，則猶是二物有對，以己合彼，終未有之，又安得樂？」在普通人的經驗中，人與己，內與外，我與萬物，是相對待的。此所謂「二物有對」。如「二物有對」，則無論如何「以己合彼」，其間總有隔閡，所以「終未有之」。但仁者「渾然與物同體」，他與萬物，無此等隔閡。在仁者的境界中，人與己，內與外，我與萬物，不復是相對待的。在這種境界中，仁者所見有一個「道」，「此道與物無對，大不足以名之」。與物無對者，即是所謂絕對。

同天的境界，儒家亦稱之爲誠。《中庸》說：「誠者，天之道也。誠之者，人之道也。」又說：誠是「合內外之道」。天是絕對，即是絕對，即無與之相對者。天當然是同天，所以誠是天之道。人與物間，則有內外人己之界限。有此等界限，而欲取消此等界限，未誠而欲求誠，即所謂「誠之者」。「誠之者」是人之道。所謂人之道者，言其是文化的產物，精神的創造也。

在同天境界中的人，是有知而又是無知的。同天的境界，是最深的覺解所得。但同天的境界，卻是不可了解的。佛家的最高境界，是證眞如的境界。照佛家的說法，眞如是非有相，非無相，非非有相，非非無相，是不可思議的。眞如是不可思議的。所以證眞如的境界亦是不可思議的。所謂「言語路絕，心行道斷」。道家的最高境界，是「得道」的境界。「無思無慮如得道」。得道的境界，亦是不可思議的。「證眞如」的境界以及「得道」的境界，都是所謂同天的境界。同天的境界，是不可思議的。但人之得之必由於最深的覺解。人必有最深的覺解，然後可有最高的境界。

同天的境界，本是所謂神秘主義的。佛家所謂眞如，道家所謂道，照他們的說法，固是不可思議的。即照我們的說法，我們所謂大全，亦是不可思議的。大全無所不含，眞正是「與物無對」。但思議中的大全，則是思議的對象，不含此思議，而是與此思議相對的。所以思議中的大全，與大全必不相符。此即是說，對於大全的思議，必是錯誤的思議。所以對於大全，一涉思議，即成錯誤。《莊子・齊物論》說：「即已爲一矣，且得有言乎？既已謂之一矣，且得無言乎，一與言爲二。」郭象注說：「一既一矣，言又二之。」此所謂一者，是總一切而爲一。一既總一切，則言說中之一，因其不能總此言說，所以即不是總一切之一。總一切之一，是不可言說的。此意與我們以上所說相同。

大全是不可思議的。同於大全的境界，亦是不可思議的。佛家的證眞如境界，道家的得道境界，照他們的說法，是不可思議的。儒家的最高境界，雖他們未明說，亦是不可思議的。他們說：「渾然與物同體」，「與物無對」，「合內外之道」，則在此種境界中的人，必不可對於「物」有思議。如其有之，則即是「與物有對」，「以己合彼，終未有之」。有思議必有思議的對象。思議的對象即是外，有外則非「合內外之道」矣。旁觀的人，如思議此種境界，其所思議的此種境界，必不是此種境界。

不可思議的亦是不可了解的。所謂不可了解者，並不是說其是渾沌混亂，而是說其是不可爲了解的對象。例如大全，是不可思議的，亦是不可了解的。一個了解中的大全，不含此了解。所以此了解中的大全，並不是大全。大全是不可了解的。

但不可思議者，仍須以思議得之，不可了解者，仍須以了解了解之。但思議得之，然後知其是不可思議的。以了解了解之，然後知其是不可了解的。不可思議的，亦是不可言說的。然欲告人，亦必用言語言說之。不過言說以後，須又說其是不可言說的。有許多哲學的著作，皆是對於不可思議者的思議，對於不可言說者的言說。學者必須經過思議，然後可至不可思議的，經過了解，然後可至不可了解的。不可思議的、不可了解的，是思議了解的最高獲得。哲學的神秘主義是思議了解的最後的成就，不是與思議了解對立的。

由思議了解所得者，得之者有自覺，不由思議了解所得者，得之者無自覺。所以天地境界，與自然境界，確乎不同。同天的境界，雖是不可思議了解的，在其中的人，雖不可對於其境界有思議了解，然此種境界是思議了解之所得。所以在天地境界中的人，自覺其是在天地境界中，但在自然境界中的人，必不自覺其是在自然境界中。如其自覺，其境界即不是自然境界。在天地境界中的人，自覺其是在天地境界中。就此方面說，他是有知的。在同天的境界的人不思議大全，而自同於大全。就此方面說，在此種境界中的人，是無知的。

道家於此點，見不甚清，所以常將天地境界與自然境界相混，常將在自然境界中的人所有的原始的渾沌，與在天地境界中的人的渾然與物同體，混爲一談。佛家於此點，則所見甚清。佛家說涅槃有四德，即「常、樂、我、淨」。在涅槃中的人有樂。此即表示其人有自覺。在涅槃中的人，不但自覺在涅槃中，而且自覺其享受在涅槃中之樂。在天地境界中的人，亦必有自覺。他不但自覺在天地境界中，而且自覺其享受在天地境界中的樂。孟子亦說：「萬物皆備於我矣，反身而誠，樂莫大焉。」

原文載《三松堂全集》第四卷《新原人》

天地境界的無「我」與有「我」

在天地境界中的人是無「我」的，而又是有「我」的。……我們說：所謂「我」有「有私」及「主宰」二義。在天地境界中的人，自同於大全，「體與物冥」。「我」與「非我」的分別，對於他已不存在。就所謂「我」的「有私」之義說，他是無「我」的。但身同於大全者，可以說是「體與物冥」，亦可說是「萬物皆備於『我』」。由此方面說，自同於大全，並不是「我」的完全消滅，而是「我」的無限擴大。在此無限擴大中，「我」即是大全的主宰。孟子說浩然之氣云：「其爲氣也，至大至剛，以直養而無害，則塞於天地之間。」有浩然之氣的境界，是同天的境界。「塞於天地之間」，是就有此種境界者的「我」的無限擴大說。「至大至剛」是就有此種境界者的「我」是大全的主宰說。橫渠《西銘》說：「天地之塞吾其體，天地之帥吾其性。」亦是就此二方面說。橫渠又說：聖人「爲天地立心，爲生民立命」，此是專就有此種境界者的「我」是大全的主宰說。我們於上文說，宗教以上帝爲宇宙的主宰。

在天地境界中的人則自覺他的「我」即是宇宙的主宰。如說是宇宙的主宰者即是上帝，則他的「我」即是上帝。

孟子說「浩然之氣，至大至剛」，是說在天地境界中的人有主宰。「居天下之廣居」、「富貴不能淫」等，是說在道德境界中的人有主宰。「居天下之廣居，立天下之正位，行天下之大道」，不能說是不大。「富貴不能淫，貧賤不能移，威武不能屈」，不能說是不剛。不過這只是在道德境界中的人的大與剛，不是至大至剛。《易・繫辭》說：「聖人與天地合其德，與日月合其明，與四時合其序，與鬼神合其吉凶。」孟子說：「上下與天地同流。」莊子說：「遊心於無窮。」「與天地精神往來。」「上與造物者遊，而下與外死生無終始者爲友。」「乘天地之正，御六氣之變，以遊無窮。」這是在天地境界中人的大。《易・繫辭》說：「先天而天弗違。」《中庸》說：「建諸天地而不悖。質諸鬼神而無疑。」莊子說：「大澤焚而不能熱，河漢沍而不能寒，疾雷破山風振海而不能驚。」這是在天地境界中人的剛。他的大與剛，與只在人與人的社會關係中有大與剛者不同。所以朱子論孟子所說浩然之氣，亦說：「富貴貧賤威武，不能移屈之類，皆低，不足以語此。」（《語類》五十二）何以皆低，朱子未明言。但就上文所說，則其是皆低，可以概見。所以在天地境界中的人，總是至大至剛的。就所謂「我」的主宰之義說，至大至剛的人，是有「我」的。

道家常說：「至人無己」，「聖人無我」，而亦常說聖人有「我」。如郭象說：「夫神全形具，而體與物冥者，雖涉萬變，而未始非我。」佛家所說涅槃四德：「常、樂、我、淨」，常、樂、淨、對生死中的無常、苦、染。這是很易了解的。但涅槃是由「二無我」所得到者，應有「無我」一德，以對生死中的「我」。何以涅槃四德中，無「無我」而反有「我」？蓋佛在證眞如的境界中，自同於眞如，眞如就是他的「法身」。就其是他的「身」說，他是有「我」的。

在天地境界中的人，是「物物而不物於物」的。我們說：英雄才人的爲人行事，如奇花異草，鷙鳥猛獸，是可玩賞，可讚美的。其可玩賞可讚美，是如其爲自然中之一物。聖人在其最高的境界中，從宇宙的觀點，以看事物。他自同於大全。所以就其肉體方面說，他雖亦是自然中的一物；但就其覺解說，他已超過自然、籠罩自然，不是自然中的一物。莊子說：「浮遊於道德之鄉」的人，「物物而不物於物」。「物物而不物於物」者，言其可以別物爲物，而別物則不能以其爲物。明道亦說：「事有善有惡」。「蓋物之不齊，物之情也。但當察之，不可自入於惡，流於一物。」

在天地境界中的人，是有爲而無爲的。程明道說：「天地無心而成化，聖人有心而無爲。」又說：「君子之學，莫若廓然而大公，物來而順應。」（《定性書》）朱子說：「廓然大公，只是順他道理應之。」在天地境界中的人，正是「廓然大公，物來順應」。事物之來，他亦應之，這是有爲。他應之是

順位，這是無爲。朱子說：「至於聖人，則順理而已，復何爲哉？」（《語類》卷一）

在天地境界中的人，能順理應事。此所謂理，是關於倫職的理。此所謂事，是關於盡倫盡職的事。順關於倫職的理，爲盡倫或盡職，或爲盡某倫，或盡某職，應該做些什麼事，是不難知道的。陽明說：人人都有良知，良知見善即知其爲善，見惡即知其爲惡。這是「不學而知，不慮而能」的。我們的說法，雖不必與陽明同；但人應該做些什麼事，以盡某倫，或盡某職，並不很難知道，這似乎是不成問題的。知道人應該做些什麼事以盡某倫或盡某職，則即一直做去，不再有別的計較，此即是道學家所謂順應，所謂無爲。

或可問：在同天境界中的人，對於大全不可有思議，則如何可有爲而應付事物？應付事物，至少對之必有思議。

於此我們說，在同天境界中的人，應付事物，其所應付的事物，只是某事物。應付某事物，至少對於某事物，必有思議。但對於某事物有思議，不必對於一切事物有思議。不必對於一切事物有思議，則與某事物外之一切事物，仍是渾然同體。仍是渾然同體，其境界仍是同天的境界。所以在同天境界中的人，雖渾然與物同體，而亦能有爲而應付事物。

爲盡某倫或盡某職，應該做些什麼事，即平常人亦很容易知之。他們雖知之而不能行之。這是因爲他們是「自私」的。就所謂「我」的「自私」之義說，他們是有「我」的。明道《定性書》又說：「人之患莫過於自私而用智。」人有時雖明知某事應該做，但因受「自私」的牽扯，而不能做之。他有時雖明知某事不應該做，但因受「自私」的牽扯而不能不做之。人於此等時，往往要找許多理由以爲自己解釋。這找許多理由就叫「用智」。爲自己解釋，若向別人說，即是欺人。若向自己說，即是自欺。在天地境界中的人，即自同於大全，當然是無私的。即無私，所以亦不用智，「事物之來，只順他道理應之」。

知盡某倫或盡某職，應該做些甚麼事，即一直做，不計較對於其自己所可能有的利害，不用智自欺，在道德境界中的人亦是如此。不過在道德境界中的人，於不計較對於其自己的利害，以有道德時，他須做一種特別有意的選擇，須有一種努力。在道德境界中的人，「富貴不能淫，貧賤不能移，威武不能屈」。他並不是不知富貴是可欲的，貧賤是可厭的，威武是可畏的。他並不是不知利可以使他自己快樂，害可以使他自己苦痛。他明知其是如此，而他的行爲，卻「只是成就一個是」，既不爲其能使他自己得利而如此，亦不因其能使他自己受害而不如此。生亦所欲，義亦所欲，如二者不可得兼，則捨生而取義。這種取捨之間，有一種特別有意的選擇，有一種努力。但在天地境界中的人，行道德的事，則無須乎此。於上文，我們說，在天地境界中的人，至大至剛。他有最深的覺解，以「遊心於無窮」。從「無窮」的觀點以看事物，則「人間世」中的利害，都是渺小無足道。在他的眼界中，「死生無變於己，而況利害之端乎」。利害不足以介其意，並不是由於他是冥頑不靈，而是由於他的覺解深，眼界大。對於有這一種境界的人，眞是如莊子所說，無莊失其美，據梁失其力，黃帝亡其知。他固然亦是「富貴不能淫，貧賤不能移，威武不能屈」，但他如此並不是出於一種特別有意的選擇，亦不需要一種努力。

在這一點，在天地境界中的人，又有似於在自然境界中的人。在自然境界中的人，亦可以不待努力而自然不慕富貴，不畏威武。不過他不慕富貴，不畏威武，可以是由於他的頭腦簡單，如所謂「初生之犢不畏虎」者。在天地境界中的人不慕富貴，不畏威武，則是由於他的覺解深、眼界大。程明道說：「泰山爲高矣。然泰山之上亦不屬泰山。雖堯舜事業，亦只如太虛中一點浮雲過目。」對於有這種眼界的人，富貴威武，自然亦如草芥浮雲。至人「疾雷破山風振海而不能驚」。此不驚與「初生之犢不畏虎」之不畏不同。「初生之犢不畏虎」，是由於它不知虎之可畏；至人之不驚，是由於他能「死生無變於己，而況利害之端乎」。

在天地境界中的人的道德行爲，不是由一種特別有意的選擇，所以行之亦不待努力。《論語》：「如有所立卓爾。」程子說這是「大段著力不得」。朱子云：「所以著力不得，像聖人不勉而中，不思而得了。賢者若著力，要不勉不思，便是思勉了。此所以說，大段著力不得。今日勉之，明日勉之，勉而至於不勉。今日思之，明日思之，思而至於不思。正如寫字一般。會寫的固是會，初寫的須學他寫。今日寫，明日寫，自生而至熟，自然寫得。」聖人是在天地境界中的人，其道德行爲不是出於特別有意的選擇，此所謂不思而得；亦不待努力，此所謂不勉而中。說聖人不勉而中，不思而得，這是不錯的。但如所謂賢人是指在道德境界中的人，則說賢人與聖人的不同，在於生熟的不同，則是大錯的。賢人思而後得，勉而後中。聖人不思而得，不勉而中。這是由於他們的覺解的深淺不同，而不是由於他們的練習的生熟不同。出於習慣的行爲，可有練習的生熟不同。但在道德境界及天地境界中的人的道德行爲，都不是出於習慣。出於習慣的行爲，只可以是合道德的行爲。有此等行爲者的境界，亦只是自然境界。

在天地境界中的人，有最深的覺解，有最大的眼界，所以不以利害介意，但他卻又非不知一般人都是求利避害的。他求「萬物各得其所」，所以他雖不以利害爲利害，而卻亦爲一般人興利除害。譬如，對於一個小孩子，一塊糖是一個很大的引誘。不應該吃一塊糖時，他需做一種特別有意的選擇，需要一種努力，然後他才能不吃。但成人於不應吃一塊糖時，眞可以棄如敝屣，並不需做一種特別有意的選擇，並不需要一種努力。但他仍非不知，一塊糖可以使一個小孩子有很大的快樂。所以他能吃一塊糖與否，對於他雖是無關輕重，但他知給予他自己的小孩一塊糖，其行爲可以是慈。他如亦與別人的小孩一塊糖，

「幼吾幼以及人之幼」，其行爲可以是義，可以是仁。如他的行爲是行義行仁，他的行爲是道德行爲，他的境界是道德境界。如「幼吾幼以及人之幼」對於他的意義，是如《西銘》所說：「慈孤弱所以幼其幼」，則他的道德行爲，又有超道德的意義，又是贊化，他的境界是天地境界。

以上所說的意思，如用另一套話說之，我們可以說：在道德境界中的人，其高一部分的「我」，須常統制其低一部分的「我」。所謂「道心爲主，而人心每聽命焉」。人心雖常聽命，但道心於其統制，仍需一種努力。所謂「天人交戰」或「理欲交戰」，亦是在道德境界中的人所常經驗的，不過交戰的結果，總是「理」勝「欲」屈而已。在天地境界中的人，其低一部分的「我」，不待其高一部分的「我」的統制，而自爾無力。他可以說是「從心所欲不逾矩」。在自然境界中的人，有自發的合乎道德的行爲者，其低一部分的「我」，亦是自爾無力。但他能如此是自然的禮物；而在天地境界中的人能如此，則是精神的創造。

若就有「我」無「我」說，我們可以說，就所謂「我」的「有私」之義說，在自然境界中的人不知有「我」，在功利境界中的人有「我」，在道德境界中的人無「我」。在天地境界中的人亦無「我」。不過在道德境界中的無「我」是需要努力的。而在天地境界中的無「我」，是不需要努力的。就所謂

「我」的「主宰」之義說，在自然境界中的人無「我」，在功利境界中的人有「我」。在道德境界中的人眞正地有「我」。在天地境界中的人，亦眞正地有「我」。不過在道德境界中的「眞我」，是他自己的主宰，而在天地境界中的「眞我」，不僅是他自己的主宰，而且又是全宇宙的主宰。

原文載《三松堂全集》第四卷《新原人》

天地境界與內外動靜的化滅

在天地境界中的人，並不需要做些與衆不同的事。他可以只做照他在社會中所有的倫職所應做的事。他爲父，他即做爲父者所應做的事。他爲子，他即做爲子者所做的事。不過因爲他對於宇宙人生，有深的覺解，所以這些事對於他都有一種意義，爲對於在別的境界中的人所無者。此所謂「即其所居之位，樂其日用之常」。這一點是道學家與所謂「二氏」的基本不同之處。

道家與佛家都有所謂方內方外之分。用道家的話說，方外之人「與造物者爲人，而遊乎天地之一氣。彼以生爲附贅懸疣，以死爲決疣潰痈」，「茫然彷徨乎塵垢之外，逍遙乎無爲之業」，這種人謂之畸人。「畸人者，畸於人而侔於天」。故曰：「天之小人，人之君子。人之君子，天之小人也。」（《莊子・大宗師》）此以人倫日用的事爲方內的事。畸人可以是在天地境界中的人。但他的行事，必畸於人而後可侔於天。

一部分道家，亦有以爲聖人不必是在方外者。上所引《莊子・大宗師》文，郭象注云：「夫理有至極，外內相冥。未有極遊外之致，而不冥於內者也。未有能冥於內而不游於外者也。故聖人常游外以宏內，無心以順有。故雖終日揮形，而神氣無變。俯仰萬機，而淡然自若。」聖人雖「與群物並行」，而仍「遺物而離人」；雖「體化而應務」，仍「坐忘而自得」。郭象此說，比於以爲聖人必須在方外者，固已圓通，但仍以爲有方內方外之分，不過以爲聖人可在方內，而不爲所累。

道家的人，總以爲有方內方外之分。晉人多受道家的影響，故多以爲，自然與名數，是對立的；玄遠與俗務，是不能並有的。《世說新語・簡傲》篇云：「王子猷（徽之）作桓車騎（衝）騎兵參軍。桓問曰：『卿何署？』曰：『不知何署，時見牽馬來，似是馬曹。』桓又問：『官有幾馬？』曰：『不問馬，何由知其數。』又問：『馬比死多少？』曰：『未知生，焉知死？』」又云：「王子猷作桓車騎參軍。桓謂王曰：『西山朝來，致有爽氣。』」晉人往往自矜玄遠，不屑俗務。這是道家以爲有方內方外之分的流弊。

方內方外之分，佛家尤重視之。佛家的人的最高境界，亦是此所謂同天的境界。但佛家以爲，人必須做些與衆不同的事，然後可至此種境界。在此種境界中的人，所做的事，亦與衆不同。佛家的人，必須出家入山，打坐參禪。其所重視的方外，比道家所謂方外者尤外。其去人倫日用，比道家尤遠。

又有所謂動靜的對立。在方外玩弄一種境界是靜，在方內做社會中的事是動。道家的人，心齋坐忘。佛教的人，參禪入定。他們都注重於方外的靜。但人必須在社會中始能生活。這些人雖生活而卻不做社會中的事，這就是一種矛盾。例如一個在深山窮谷中修行的和尚自耕自食，自謂與世絕緣。但其實並未絕緣。有山可入，有田可耕，這亦是在社會的組織下而始能如此的。若無社會組織，則雖有山而亦無可入，有田而亦無可耕，雖欲生活，而亦不能一日生活。不過這些和尚，以社會中的事為外，以不做這些事為靜。不做這些事，而卻要倚靠別人做這些事。這就是他們的生活中的一種矛盾。伊川說：「釋氏有出家出世之說。家本不可出，卻為他不父其父，不母其母，自逃去可也。至於世，則怎生出得？既道出世，除是不戴皇天，不履后土始得。既道出世，然卻又渴飲而飲食，戴天而履地。」（《遺書》卷十八）道學家對於佛家的批評，如此類者甚多，大都是不錯的。

道學家批評「二氏」，以為他們是「智者過之」，「失之於過高」，此批評是不錯的。明道云：「《訂頑》（《西銘》）一篇，意極完備，乃仁之體也。學者其體此意，常有諸己，其地位已高。到此地位，自別有見處，不可窮高極遠，恐於事無補也。」「二氏」所以是「失之過高」者，因為他們都要離開人倫日用，做些與衆不同的事，以求一最高境界而有之。他們的說法，是很微妙，但不是很平易。

古代儒家中，只有孟子及《易·繫辭》的作者說到人的天地境界。但其所說，遠不及道家及後來的佛家所說的多而詳。不過道家與佛家，都有上所說的一種矛盾。晉唐以來的思想家，都注重於解決這種矛盾。上所引郭象之說，以及僧肇所說「寂而恒照，照而恒寂」，禪宗所說「擔水砍柴，無非妙道」，雖都很圓通，但總尚有一間未達。擔水砍柴，尚無非妙道，何以事父事君，反不能是妙道？此一轉語，便轉到道學家。明道說：「居處恭，執事敬，與人忠，此是徹上徹下語，聖人元無二語。」由此觀點看，在天地境界中的人，即至未見至本。道德的事，對於他亦有超道德的意義。以仁義自限者，其境界固低於天地境界，但在天地境界中的人所做的事，亦可以只是在道德境界中的人所做的事。由此觀點看，則所謂方內方外的對立亦已不存。對於聖人，方內之事，即是方外之事。灑掃應對，即可以盡性至命。

內外的對立，既已化除，動靜的對立，亦即消滅。周濂溪說：「聖人定之以中正仁義而主靜，立人極焉。」有人以爲道學家主靜，這是大錯的。濂溪的說法，是早期道學尚未完全化除動靜對立時的說法，後來的道學家，論學養則不說靜而說敬，論境界則不說靜而說定。靜是與動相對的，而定則不是與動相對的。明道《定性書》說：「所謂定者，動亦定，靜亦定，無將迎，無內外。苟以外物爲外，牽己而從之，是以己性爲有內外也。既以內外爲二本，則又烏可遽語定哉？夫天地之常，以其心普萬物而無心。聖人之常，以其情順萬物而無情。故君子之學，莫若廓然而大公，物來而順應。」陽明說：「君子之學，無間於動靜。其靜也常覺而未嘗無也，故常應。其動也常定，而未嘗有也，故常寂。」所謂動亦定，靜亦定者也。定是貫徹動靜的，所以與佛家謂入定之定不同。用我們的話說，所謂定者，即是常住於同天的境界，做事時是如此，不做事時亦是如此。常住於同天的境界，而又能酬應萬變。此所謂「動亦定，靜亦定」，亦即所謂「寂然不動，感而遂通」。此即超過內外動靜的分別，「不以內外爲二本」。以內外爲二本，還是由於了解的不徹的。

道學家受佛道二家的影響，接孟子之續，說一最高境界。但此最高境界，不必於人倫日用外求之，亦不必於人倫日用外有之。人各即其在社會中所居之位，做日用的事，於灑掃應對之中，至盡性至命之地。他們的說法，可以說是極其平易，亦可說是極其微妙。這是道學家的最大的貢獻。不過他們亦尚有未達處……。

按：道學家所謂二氏，指佛教與道教。我們於上文，則只論及道家，未論及道教。道教中的人，若只以求長生爲目的，則其境界只是功利境界。道教只可說是失之於過低，不能說是失之於過高。不過道學家心目中的道教，兼有道家。其批評二氏，有些實是批評道家，而不是批評道教。

原文載《三松堂全集》第四卷《新原人》

「死」之覺解：不知怕死到超越生死

死是生的反面，所以能了解生，即能了解死。《論語》說：「子路問死，曰：『未知生，焉知死。』」孔子此答，似乎答非所問。孔子似乎想避免子路所提出的問題，但其實或不是如此。死是一種否定，專就其是否定說，死又有什麼可說？欲說死必就其所否定者說起。欲了解死，必先了解生，能了解生則亦可以了解死。

從另一方面說，死雖是人生的否定，而有死卻又是人生中的一件大事。因爲一個人的死是他的一生中的最後一件事，比如一齣戲的最後一幕。最後一幕雖是最後的，但總是一齣戲的一部分，並且可以是其中的最重要的一部分。從此方面看，我們可以說，「大哉死乎」！從此方面說，我們亦可說，欲了解死必先了解生，能了解生則亦能了解死。所以程子亦說：「知生之道則知死之道。」朱子亦說：「非原始而知所以生，則必不能反終而知所以死。」

對於生的了解到某種程度，則生對於有此等了解的人，有某種意義。生對於有此等了解的人有某種意義，則死對於有此等了解的人，也有某種與之相應的意義。……對於在自然境界中的人，生沒有很清楚的意義，死也沒有很清楚的意義。對於在功利境界中的人，生是「我」的存在繼續，死是「我」的存在的斷滅。對於在道德境界中的人，生是盡倫盡職的（所以使人能盡倫盡職者），死是盡倫盡職的結束。對於在天地境界中的人，生是順化，死亦是順化。

在死的某種意義下，死是可怕的。人對於死的怕，對於死的憂慮，即是人所受的死對於人的威脅。人怕死則受死的威脅，不怕死則不受死的威脅。

怕死者，都是對於生死有相當的覺解者。對於生死完全無覺解，或無相當的覺解者，不知怕死。對於生死有較深的覺解者不怕死。對於生死有徹底的覺解者，無所謂怕死不怕死。不怕死及無所謂怕死不怕死者均不受死的威脅。不怕死者不受死的威脅，因爲他能拒絕死的威脅。無所謂怕死不怕死者，不受死的威脅，因爲他能超過死的威脅。不知怕死者，亦可說是不受死的威脅。不過他不受死的威脅是因爲他不及受死的威脅。就人的境界說，在自然境界中的人，不知怕死。在功利境界中的人，怕死。在道德境界中的人，不怕死。在天地境界中的人，無所謂怕死不怕死。

一般動物，對於生死，都是全無覺解的。它們都是有死的，雖都是有死的，但自然都已爲它們預備好了一種方法以繼續它們的生命。凡生物都可以有子。它們的子即是它們生命的繼續。生物不能不死，而卻有此一種方法，以繼續它們的生命。所以柏拉圖說：這是「不死的動之影像」。一般動物，除人而外，都在不知不覺中，用這一種方法，以繼續它們的生命。就它們自己的個體的生存說，它們雖有生而不自覺其有生，雖將來有死，不知其將來有死，不知其將來有死，所以亦不知怕死。

人對於生死有相當的覺解。對於生死有相當的覺解者，知自然爲一般動物所預備的方法，以繼續其生命者，實只能得一不死的動之影像。不死的動之影像，並不即是不死。人有子雖能繼續他的生命，但不繼續他的意識。從個體的觀點看，一個人是一個個體，他的子又是一個個體。他的子雖是他的子，但並不就是他。他可以以他自己爲「我」，但只能以他的子爲「我的」。他是個體，他自覺他是個個體。他有他的個體的意識。他的個體的意識，是任何別人所不能知，而只有他自己能知者，可以說是他的「獨」。就此方面看，生是一個人「我」的存在繼續，他的「獨」的存在繼續。死是一個人「我」的存在斷滅，他的「獨」的存在斷滅。由此方面看，死是可怕的。

人對於生死的覺解，到此種程度者最是怕死。在自然境界中的人，對於生死雖有覺解，但尚未到此種程度。對於在自然境界中的人，生沒有很淸楚的意義，死也沒有很淸楚的意義。這並不是說，他於生時，不能有什麼活動。他亦可以有活動，並且可有很多的活動，不過他的活動都是順才或順習而行。所以他雖有活動，而對於許多活動，他並無覺解。他雖亦知他將來有死，但對於死，他並不預先注意，至少也是不預先憂慮。對於死所能有的後果，他了解甚少，他可以說有「赤子之心」。小孩子見人死，以爲人死似不過是睡著不醒而已。或以爲人死似不過是永遠不能吃飯而已。在自然境界中的人，對於死的了解，雖不必即如此地天眞，然亦是天眞的。對於死的了解，既如此地少，所以他亦不知怕死。他不知怕死與一般動物不知怕死不同。一般動物不知怕死，是因爲它不知有死。在自然境界中的人，不知怕死，是因爲不知死之可怕，如所謂「初生牛犢不怕虎」者。

不知怕死者，雖亦可不受死的威脅，但不能有不受死的威脅之樂。因爲他不受死的威脅，乃是由於他的覺解的不及。他本不知死之可怕，所以他雖不受死的威脅，而不能有不受死的威脅之樂。他不受死的威脅，可以說是「爲他的」，而不是「爲自的」。《莊子·大宗師》說：至人「不知悅生，不知惡死。其出不欣，其入不距。翛然而往，翛然而來而已矣」。道家常將自然境界與天地境界相混。此所說「至人」，但就其不知說，此所說的境界是一種自然境界。

在自然境界中的人，不知怕死。所以他亦不有目的地，有計劃地，設法對付死。在功利境界中的人，一切行爲，都是「爲我」，死是「我」的存在的斷滅，所以在功利境界中的人，最是怕死。他們有目的地、有計劃地，設法對付死。他們對付死的辦法約有四種。

第一種辦法是求避免死。例如秦始皇、漢武都是蓋世英雄，做了些驚天動地的大事，但他們的境界，都是功利境界。他們的事業愈大，他們愈不願他們的「我」失其存在，他們愈不願死。《晏子春秋》及《韓詩外傳》說：「齊景公遊於牛山，北臨其國城而流涕曰：『奈何去此堂堂之國而死乎。』」秦始皇、漢武的晚年，大概都有這種情感。所以他們都用方士，求長生藥。所謂「尙採不死藥，茫然使心哀」。他們費很大的力，以求避免死，不過結果還是「但見三泉下，金棺葬寒灰」。（李白〈古風〉）

秦漢時代的方士，是後來道士的前身。道士所主持的宗教是道教。宋明道學家，常將道家與道教相混，實則二者中間，分別甚大，道家一物我，齊死生，其至人的境界是天地境界。道家講修煉的方法，以求長生爲目的，欲使修煉的人維持其自己的「形」，使之不老，或維持自己的「神」，使之不散。道教所注意者，是「我」的繼續存在，其人的境界是功利境界。

道教承認，有生者有死，生死是一種自然的程序。但以爲，他們有一種「逆天」的方法，可以阻止或改變這種程序。他們可以說是有一種「戰勝自然」的精神。但無論是從理論，或從經驗方面說，自然在此點，似乎是不可戰勝的。不過在功利境界中的人，亦不感覺，在此點，有戰勝自然的必要。道學家常說：人不可「在軀殼上起念」。道教中的人，正是常「在軀殼上起念」。

人的身體，本如一機器。一機器，善用之，則可以經用較久，不善用之，則不能經久用，或致於立時損壞。這是一般人都知道的。道教中的人，常住山林，使其身體，得營養多而受損害少，長生不老雖不可能，而因此可以不速老、享大壽是可能的。不過這一種的生活，往好處說，固可以說是清靜無爲。往壞處說，亦未嘗不可說是空虛無味。李白詩：「太白何蒼蒼，星辰上森列。去天三百里，邈爾與世絕。中有綠髮翁，披髮臥冰雪。不笑亦不語，冥棲在岩穴。」有這種生活的人，如只以求長生爲目的，即令能得長生，其長生亦可說是半死。

在功利境界中的人，對付死的第二種辦法是求立名。有些在功利境界中的人以爲死固不可避免，但若有名留於身後，則亦可以雖死而不死。因此他們極力求名。《離騷》說：「老冉冉其將至兮，恐修名之不立。」老之將至是無可奈何的事。人所能努力者，是於老之未至之前，先立了名，庶幾身雖死而名不滅，則他的「我」仍於相當程度內，有一種的繼續。古詩：「人生非金石，豈能長壽考，奄忽隨物化，榮名以爲寶。」桓溫說：「大丈夫不能留芳百世，亦當遺臭萬年。」小說上的英雄常說：「人過留名，雁過留聲。」此諸所說，其用意均同。

俠義一流的人，是這一類的人。他們視他們的名譽，比他們的身體，更爲重要，因爲身體總是「奄忽隨物化」，而名譽則似乎是可以「常留天地間」。所以他們常犧牲他們的身體，以求名譽。《漢書·遊俠傳·序》說：遊俠「殺身成名」。賈誼《鵩鳥賦》說：「烈士殉名」。現在有些人說：「名譽是軍人的第二生命。」俠義一流的人，簡直是以名譽爲其第一生命。這一類的人，所希望的是「身死名垂」。能夠身死名垂，亦是戰勝死的一種辦法。死能死人的身體，但不能死人的名。這一類的人，在表面上似乎是輕生，但其輕生實由於貴生。老子說：「民之輕死，以其生生之厚。」正可引以說此。

在功利境界中的人，對付死的第三種辦法，是急求眼前的快樂。有些人以爲，人即令有名，但他如已死，他即無知，既已無知，即令有名，於他又有什麼好處？所以古詩說：「良無磐石固，虛名復何益？」從此方面看，則不如於未死之前，急求眼前的快樂，得些實受，古詩說：「浩浩陰陽移，年命如朝露。」「萬歲更相送，賢聖莫能度。服食求神仙，多爲藥所誤。不如飲美酒，被服紈與素。」《列子・楊朱》篇即將此意，做有系統的發揮。這亦是對付死的一種辦法。怕死的人，憂慮死將要來，但現在死尚未來。在現在死尚未來，應盡力享受。死若果來，則人即死。即死無知覺，則亦不知覺其威脅矣。

但現在的快樂，如其有之，亦是人於過去所努力以求而始得到箸。人欲求快樂，亦須先努力。於其努力時，死亦可於其未得快樂時而先來臨。求快樂的人，可以有此等憂慮。此等憂慮，亦即是他所受的死的威脅。

在功利境界中的人對付死的第四種辦法，是相信靈魂不死。此可以說是以信仰抵制死的威脅。有些宗教，也可以說大多數的宗教，以爲人死以後，此身體雖不存在，但此身體的主人，即所謂靈魂者，仍繼續存在，且永遠繼續存在。此所謂形死而神不滅。死雖能與人一種損失，但人所損失者是其糟粕，其精華是不受損失的。人皆有此不死者存。此不死者，於身體死後，或升入天堂，或入地獄，或仍托生爲人。無論碧落黃泉，此不死者總是不死。這種說法，與道教不同。道教是近乎自然主義的。它是近乎普通所謂科學，而不近乎普通所謂宗教。道教中的人，以爲若隨順自然變化的程序，則形死神亦滅。但他們可用一種「逆天」的方法，使形不死，或形雖死而神不滅。大多數的宗教，則以爲形死神不滅，本來是如此的。有些人以爲人若有此種信仰，則死對於他的威脅，即可免去大半。不過信仰只是信仰，信仰是不可以理論證明的。

以上所說，是在功利境界中的人應付死的辦法。其辦法果能減少死的威脅與否，及其果能減少至如何程度，似乎是因人而異。無論如何，在道德境界及天地境界中的人，並不需要此諸種辦法。

在道德境界中的人知性。他知性，所以在社會中盡倫盡職以盡性。盡倫盡職必於事中盡之。所以在道德境界中的人，必不做「自了漢」，必於社會中做事。他所做的事，都是爲在社會中盡倫盡職而做的，亦可說，都是爲社會而做的。所以他所做的事，在他的了解中，都是社會的事，這就是說，他所做的事，對於他，都是社會的意義。人的才有大小，命運有好壞。在道德境界中的人，就其才之所能，命運之所許，盡力以做其所能做及所應做的事。無論他所做的事，是大是小，他都盡其力之所能，以使其成功。

他做事時，無論其是大是小，他都自覺，他是在「承先啓後」、「繼往開來」。他所做的事，無論其是大是小，對於他的意義，都是「爲往聖繼絕學，爲萬世開太平」。於此等的意義中，他自覺他在精神上，上與古代相感應，下與後世相呼應。孔子說：「文王既沒，文不在茲乎！」這是孔子自覺他在精神上，上接先王。孟子說：「聖人復起，不易吾言。」這是孟子自覺他在精神上，下接後聖。陳子昂詩：「前不見古人，後不見來者，念天地之悠悠，獨愴然而涕下。」在道德境界中的人，則前亦見古人，後亦見來者，往古來今，打成一片。在這一片中，他覺解他的個體的死亡，並不是十分重要的。如此，他不必設法對付死，而自可不受死的威脅。

在道德境界中的人，做事所以盡倫盡職。他竭其力之所能以做其所應做的事。他一日未死，則一日有他所應做的事。這是他的任務。他一日既死，則他的任務，即時終了。就盡倫盡職說，在道德境界中的人，可能於死後尚有經手未完之事，但不可能於死後尚有未盡之倫、未盡之職。他可先其父母而死，尚有孝養之事未了。但他如於生前已盡爲子之道，則他雖有孝養之事未了，但不能說他尚未盡倫、未盡職。盡倫盡職的人，都是「鞠躬盡瘁，死而後已」。死而後已，亦即是死了即已。

所以對於在道德境界中的人，死是盡倫盡職的結束。《禮記・檀弓》記子張將死之言，說：「君子曰終，小人曰死。」宋儒說：「終者所以成其始之辭，而死則澌盡無餘之義。」對於小人，死是其個人的身體的不存在，所以死對於他是死。對於君子，死是其在社會中的任務終了，所以死對於他是終。在道德境界中的人，是此所謂君子。死對於他是盡倫盡職的結束。所以死對於他也是終。終即是結束之義。

在道德境界中的人，不注意死後，只注意生前。只注意於其一生行事，皆充分表現道德價值，使其一生，如一完全的藝術品，自始至終，全幅無一敗筆。所以《論語》記曾子將死，曰：「啓予足，啓予手，而今而後，吾知免夫，小子。《詩》云：『戰戰兢兢，如臨深淵，如履薄冰。』」《禮記·檀弓》記曾子將死，待疾的童子，忽發現曾子所用的席是大夫所用的。曾子一聽，命曾元快換。曾元說：「夫子之疾革矣，不可以變。幸而至於旦，請敬易之。」曾子說：「爾之愛我也不知彼。君子之愛人也以德，細人之愛人也以姑息。吾何求哉？吾得正而斃焉斯已矣。」曾元等於是「舉扶而易之，反席未安而沒」。這些行爲初看似迂闊，但一個人的一生，如想在道德方面，始終完全，他是一刻不可疏忽的。在一個人未死之前，他隨時都可能有過的可能。所以曾子將死才可以說：「而今而後，吾知免夫。」然幸而還有一個童子，指出他的最後的一個過錯。於是他的一生，才能如一完全的藝術品，不致於最後來了一個敗筆。可見一個人想成爲完人，是極不容易的。

所以在道德境界中的人，於必要時，寧可犧牲其身體的存在，而不肯使其行爲有在道德方面的不完全。孔子說：「有殺身以成仁，無求生以害仁。」孟子說：「生，吾所欲也；義，亦吾所欲也。二者不可得兼，捨生而取義者也。」殺身成仁，捨生取義，與上所說殺身成名，是不同的。殺身成仁的人所做的事，可以即是殺身成名的人所做的事。但殺身成仁的人做此事，其行爲是道德的行爲，其境界是道德境界。殺身成名的人做此事，其行爲是合乎境界的行爲，其境界是功利境界。

殺身成仁，在事實上，亦可得名，道德境界中的人，並不要「成名」。所以他雖努力使其一生如一完全的藝術品，但此藝術品是否有人欣賞，如有人欣賞，他自己是否知之，這是他所不問的。在道德境界中的人，有某種行爲，並不求爲人所知。其行爲是「爲己的」，不是「爲人的」。知其爲求爲人所知而有某種行爲，則其行爲雖合乎道德，而只是合乎道德的行爲，不是道德的行爲。其人的境界，亦只是功利境界，而不是道德境界。

依照在道德境界中人的看法，一個人於未死之前，總有他所應做的事。這些事，他如不用心注意去做，都有做錯的可能。所以在未死之前，無論於何時何地，他都應該兢兢業業，去做他所應該做的事。直到死，方可休息。龔定庵詩：「絕業名山幸早成，更何方法遣今生。」又說：「設想英雄垂暮日，溫柔不住住何鄉。」這都是才人英雄的設想。照這種想法，一個人的一生中，似乎有一部分，可以稱爲「餘生」，如同普通以爲。聖賢的想法，不是如此。聖賢的有生之日，都是盡倫盡職之日。才人需要遣生的方法，以遣其餘生。聖賢則無餘生可遣。英雄有垂暮。聖賢則無垂暮，聖賢盡其力之所能，以盡倫盡職，

「鞠躬盡瘁，死而後已」。此所謂「存，吾順事；歿，吾寧也」。

對於在天地境界中的人，生是順化，死亦是順化。知生死都是順化者，其身體雖順化而生死，但他在精神上是超過死的。

實際的事物，無時不在生滅中。實際的世界，無時不在變化中。實際的世界及其間事物的生滅變化的洪流，舊說謂之大化流行，亦謂之大用流行。人亦是實際的事物，亦隨大化流行而生滅。無人不隨大化流行而生滅。不過一般人雖隨大化洪流而生滅，而不覺解其是如此。他們只知他們的個體有生滅，而不覺解其生滅是隨順大化。覺解個體的生滅是隨順大化，則亦覺解個體的生滅，是大化的一部分，是道體的一部分。有此等覺解，則可「與造化爲一」。郭象說：「與造化爲一，則無往而非我矣。將何得何失，孰死孰生哉？」與造化爲一，則能自大化的觀點以看生滅。自大化的觀點以看生滅，則生滅只是變化，不是死生。郭象說：「死生者，無窮之變耳，非始終也。」大化是無始無終的。自同於大化者，自覺其自己亦是無始無終的。

自同於大化者，亦自同於大全，大全永遠是存在的。我們這個地球可以不存在，但宇宙則是不能不永遠存在的。《莊子．大宗師》說：「藏小大有宜，猶有所遁。若夫藏天下於天下，而不得所遁，是恒物之大情也。」「故聖人將遊於物之所不得遁而皆存。」郭象注說：「無所藏而都任之，則與物無不冥，與化無不一。故無內無外，無生無死，體天地而合變化，索所遁而不得矣。」物之所不得遁，是莊子所謂天地，我們所謂宇宙，所謂大全。凡事物皆是大全的一部分，不過他們不覺解其是如此。在天地境界中的人，覺解其是如此。他們有此種覺解，所以能自同於大全。自同於大全，則大全永遠存在，他亦自覺他自己亦是永遠存在。

宇宙是一個無盡藏，不僅包括現在所有的一切事物，並且包括過去所有的一切事物，以及將來所有的一切事物。任何事物的存在，都是無常的。但其曾經存在的事實，則不是無常的。宇宙間已有的事實，既已有之，則即永遠有之，不可變動，不可磨滅。可能有的事物，雖於過去現在尚未有者，將來如其有之，亦必在宇宙中。所以在天地境界中的人，自同於大化，自同於大全者，亦感覺到他自己是上包萬古，下攬方來。在無限的空間時間中，「萬象森然」，他均在精神上與相感通。佛家說：「三世一切劫，了之即一念。」在同天境界中的人，亦可如此說。在道德境界中的人，使其一生，如一完全的藝術品，而並不希望有人欣賞之。在天地境界中的人，又可見，如果有一完全的藝術品，則曾有此完全的藝術品的事實，眞正是長留天地間，其對於人生，正如柏拉圖所謂其共和國，「有目者必見之，見之則必奉以爲法」。……在道德境界中的人，上見古人，下見來者。他所見者是古人及將來的人。在天地境界中，亦是上包萬古，下攬方來。他所見者，又不只是人，而是一切萬有。

在天地境界中的人，能同天者，亦可自同於理世界。理是永恒的，在天地境界中的人覺解一切事物，都不只是事物，而是永恒的理的例證。這些例證，是有生滅的，是無常的。但其所爲例證的理，則是永恒的、是超時間的。對於理無所謂過去，亦無所謂現在。在天地境界中的人，覺解理不但不是無常的，而且是無所謂有常或無常的，不但不是有生滅的，而且是無所謂有生滅或無生滅的。他有此等覺解，所以自同於理世界者，自覺其自己亦是超生滅、超死生的。《莊子·大宗師》說：「見獨則無古今。」理世界是無古今的，自同於理世界者，自覺其自己亦是無古今的。

在此種境界中的人，其身體隨順大化，以爲存亡，但在精神上他可以說是超死生。《莊子·大宗師》說：「無古今則入於不死不生。」郭象《逍遙遊注》說：「齊死生者，無死無生者也。苟有乎死生，則雖大椿之與蟪蛄，彭祖之與朝菌，均於短折耳。」所謂不死不生及無死無生，亦是超死生之義。

我們說：在天地境界中的人，在精神上可以說是超死生的。我們並不說：人的精神可以超死生。人的精神不能離開身體而存在。身體既不能超死生，則精神亦不能超死生。所以我們不能說，人的精神，可以超死生，而只能說，人在精神上可以超死生。所謂人在精神上可以超死生者，是就一個人在天地境界中所有的自覺說。他在天地境界中自覺他是超死生的。若其身體不存，他固亦無此自覺。但此自覺使其自覺，不但身體的存亡，對於他沒有重要，即有此自覺與否、對於他亦沒有重要。

人的精神不能離開身體而存在，所以一個人於今生之後，並無來生。以為於今生之後有來生者，大概有兩種說法。照一種說法，以為來生之有，雖不可證明，但信來生之有，則為理性所需要。康德持此種說法。他以為道德與幸福的聯合，有道德的人，必有幸福，是理性所認為最合理的事。最合理的事，不能於人的今生得到，則必有來生以得到之。不過照我們於第六章中所說，道德不必與幸福聯合。有些道德價值，且涵蘊逆境，必於人的不幸中，始能實現。此點我們於第六章中已經證明。此點既已證明，則康德所說，理性需要信來生之有的論證，即不能成立。中國哲學，向以為無來生。康德所謂的理性的需要者，不過是受耶教影響的人的心理習慣而已。

依照另外一種說法，有來生是一種無證明的事實。多數宗教，皆持此種看法。佛教於此有一特點，即承認人有來生，而以為人應該設法取消其來生。佛教以生死輪迴為苦，故教人修行以出離死生。佛家的形上學與我們不同。但其所說出離死生的人的境界，與我們以上所說在精神上超死生的人的境界，則似異而實異大異。

佛家所說出離生死的人的境界，是他們所謂證眞如的境界。我們上文所說在精神上超生死的人的境界，是我們所謂同天的境界。就其似異說，佛家是一種唯心論，以為心可以離身體而存在。所以照一般人的想法，佛家修行的人，得佛果，證眞如者，可以永遠有證眞如的自覺。我們於上文說，精神不能離開身體而存在，所以在同天地境界中的人，只於其有身體時，有同天的自覺。

但一般人的這種想法，是錯誤的。唯心論者固以爲心可離開身體而存在。但離開身體而存在的心，是不能有所謂「覺」的。佛家所謂眞如，即是所謂常住眞心，又即是所謂法界。就其是常住眞心說，常住眞心是我們所謂宇宙的心。宇宙的心，是不能有所謂覺的，所謂覺，如感覺、知覺、自覺等，都是依人的身體而始有的。海格爾亦說，宗教中的人，自覺其與宇宙的精神爲一者，其自覺即是宇宙精神的自覺。宇宙的精神，不能離開人而有自覺。就眞如即是法界說，法界即我們所謂宇宙，宇宙亦是不能有所謂覺的。常住眞心或法界既不能有所謂覺，即所謂證眞如者所有的自覺，亦只是於其能有自覺時有之。所謂涅槃四德：常、樂、我、淨，亦是證眞如者，於其有自覺時所自覺者。有自覺必依身體，所以照我們的看法，證眞如者所有的自覺，及同天者所有的自覺，都只於其有身體時有之。

或可說，如果如此，則此等自覺的有，豈不太暫時？但既已證眞如，既在同天境界中的人，自同於大全，自同於永恒，則其對於此等境界的自覺的久暫，對於他亦已不成問題，而他亦已不知有此等問題矣。斤斤於此等自覺的久暫者，仍有「我」有「私」。有「我」有「私」者，不能證眞如，亦不能有同天的境界。

如果眞有如佛家所說出離生死，則我們所說在精神上超死生者，自然亦是出離死生的。佛家所說得出離生死的方法是「破執」，在同天境界中的人，「體天地而合變化」，亦是徹底地無執的。

或可說：佛家所破，有我法二執。在天地境界中的人，誠無我執，但本書以上所說所根據的形上學，不以爲「萬法唯心」，以爲離心實有所謂外界。照佛家的看法，執實有外界，即是法執。上所說在精神上超生死者，是否仍執實有外界？如仍執實有外界，則照佛家的看法，他仍有法執。仍有法執，則他即不能出離生死。

於此我們說，本書以上所說所根據的形上學，誠以爲離心有所謂外界。但在同天地境界中的人，「與物冥」，「渾然與物同體」，所以對於他，所謂內外之分，所謂主觀客觀的對立，亦已冥除。我們說：大全是不可思議的；同天的境界，亦是不可思議的。大全「至大無外」，在同天境界中的人，自同於大全，所以對於他亦無所謂外界。對於他無所謂外界，故他亦無所謂法執。

於此我們又須聲明，哲學講至此，已講到所謂「言語路絕，心行道斷」的地步。哲學講至此等地步，所謂唯心論與實在論的分別，亦已不存在矣。

所以在天地境界中的人，無所謂怕死不怕死。有意於不怕死者，仍是對於死生有芥蒂。伊川云：「邵堯夫臨終時，只是諧謔，須臾而去。以聖人觀之，則猶未是，蓋猶有意也。比之常人，甚懸絕矣。他疾革，頤往視之，因警之曰：『堯夫平日所學，今日無事否？』他氣微不能答。次日見之，卻有聲如絲髮來，大答云：『你道生姜樹上生，我亦只得依你說。』」伊川疾革，門人進曰：「先生平日所學，正今日要用。」伊川曰：「道著用便不是。」「道著用」亦是有意。所謂有意，亦謂對於死生常有芥蒂。

在天地境界中的人，不有意地不怕死，亦不有意玩視生。道家中有些人對於人生中的事，多玩視，如所謂「以生爲附贅懸疣，以死爲決疣潰痈」者，是只了解死爲順化，而未了解生亦爲順化。了解生亦爲順化，則於人生中做人所應做的事，亦爲順化。所以在天地境界中的人所做的事，亦正是在道德境界中的人所做的事。對於做這些事，他亦是「生，吾順事；歿，吾寧也」。

原文載《三松堂全集》第四卷《新原人》

中國哲學：即世間而出世間的人生智慧

對於每一種人，都可能有的最高的成就。例如從事於政治工作的人，所可能有的最高成就是成爲大政治家。從事於藝術的人，所可能有的最高成就是成爲大藝術家。人雖有各種，但各種的人都是人。專就一個人是人說，他的最高的成就，是成爲聖人。這就是說，他的最高的成就，是得到我們所謂天地境界。

人如欲得到天地境界，是不是必須離開社會中一般人所公共有的，所普通有的生活，或甚至必須離開「生」？這是一個問題。講到天地境界的哲學，最容易有的傾向，是說：這是必須的。如佛家說：生就是人生的苦痛的根源。如柏拉圖說：肉體是靈魂的監獄。如道家中的有些人，「以生爲附贅懸疣，以死爲決疣潰痈」。這都是以爲，欲得到最高的境界，須脫離塵羅世網，須脫離社會中一般人所公共有的，所普通有的生活，甚至脫離「生」，才可以得到最後的解脫。有這種主張的哲學，即普通所謂出世間的哲學。出世間的哲學，所講到的境界極高，但其境界是與社會中的一般人所公共有的，所普通有的生活，不相容的。社會中一般人所公共有的，所普通有的生活，就是中國哲學傳統中所謂人倫日用。照出世間的哲學說法，最高的境界，與人倫日用是不相容的。這一種哲學，我們說它是「極高明而不道中庸」。

有些哲學，注重人倫日用，講政治、說道德，而不講或講不到最高的境界。這種哲學，即普通所謂世間的哲學。這種哲學，或不眞正值得稱爲哲學。這種哲學，我們說它是「道中庸而不極高明」。

從世間的哲學的觀點看，出世間的哲學是太理想主義的，是無實用的、是消極的，是所謂「淪於空寂」的。從出世間的哲學的觀點看，世間的哲學是太現實主義的、是膚淺的。其所自以爲是積極者，是如走錯了路的人快跑，越跑得快，越錯得很。

有許多人說，中國哲學是世間的哲學。這話我們不能說是錯，也不能說是不錯。

從表面看中國哲學，我們不能說這話是錯。因爲從表面上看中國哲學，無論哪一派，哪一家，都講政治、說道德。在表面上看，中國哲學所注重的，是社會，不是宇宙，是人倫日用，不是地獄天堂，是人的今生，不是人的來世。孟子說：「聖人，人倫之至也。」照字面講，這句話是說，聖人是社會道德完全的人。在表面上看，中國哲學中的理想人格，也是世間的。中國哲學中所謂聖人與佛教中所謂佛，以及耶教中所謂聖人，是不在一個範疇中的。

不過這只是在表面上看而已，中國哲學不是可以如此簡單地了解的。專就中國哲學中主要傳統說，我們若了解它，我們不能說它是世間的，固然也不能說它是出世間的。我們可以另用一個新造的形容詞以說中國哲學。我們可以說，中國哲學是超世間的。所謂超世間的意義是即世間而出世間。

中國哲學有一個主要的傳統，有一個思想的主流。這個傳統就是求一種最高的境界。這種境界是最高的，但又是不離乎人倫日用的。這種境界，就是即世間而出世間的。這種境界以及這種哲學，我們說它是「極高明而道中庸」。

「極高明而道中庸」，是我們借用《中庸》中的一句話。我們說「借用」，因爲我們此所謂「極高明而道中庸」，不必與其在《中庸》中的意義相同。中國哲學所求的最高境界，是超人倫日用而又即在人倫日用之中。它是「不離日用常行內，直到先天未畫前」。這兩句詩的前一句，是表示它是世間的。後一句是表示它是出世間的。這兩句就表示即世間而出世間。即世間而出世間，就是所謂超世間。因其是世間的，所以說是「道中庸」；因其又是出世間的，所以說是「極高明」。即世間而出世間，就是所謂「極高明而道中庸」。有這種境界的生活，是最理想主義的，同時又是最現實主義的。它是最實用的，但是並不膚淺。它亦是積極的，但不是如走錯了路而快跑的人的積極。

世間與出世間是對立的。理想主義的與現實主義的是對立的。這都是我們所謂高明與中庸的對立。

在古代中國哲學中，有所謂內與外的對立，有所謂本與末的對立，有所謂精與粗的對立。漢以後哲學中，有所謂玄遠與俗務的對立，有所謂出世與入世的對立，有所謂動與靜的對立，有所謂體與用的對立。這些對立或即是我們所謂高明與中庸的對立，或與我們所謂高明與中庸的對立是一類的。在超世間的哲學及生活中，這些對立都已不復是對立。其不復是對立，並不是這些對立，都已簡單地被取消，而是在超世間的哲學及生活中，這些對立雖仍是對立，而已被統一起來。「極高明而道中庸」，此「而」即表示高明與中庸，雖仍是對立，而已被統一起來。如何統一起來，這是中國哲學所求解決的一個問題。求解決這個問題，是中國哲學的精神。這個問題的解決，是中國哲學的貢獻。

原文載《三松堂全集》第五卷《新原道》

孔孟：仁義禮智與浩然之氣

儒家與儒者不同。儒者是社會中的教書匠、禮樂專家。這是孔子孟子以前原來有的。儒家是孔子所創立的一個學派。他們亦講詩書禮樂，他們亦講「古之人」。但他們講「古之人」，是「接著」「古之人」講的。不是「照著」古之人講的。孔子說：他「述而不作，信而好古」。（《論語・述而》）一般儒者本來都是如此。不過孔子雖如此說，他自己實在是「以述爲作」。因其以述爲作，所以他不只是儒者，他是儒家的創立人。

儒家是以「說仁義」見稱於世的。在中國舊日言語中，仁義二字若分用，則各有其意義，若聯用，則其意義，就是現在所謂道德。《老子》說「絕仁棄義」，並不是說，只不要仁及義，而是說：不要一切道德。後世說，某人大仁大義，就是說：某人很有道德。說某人不仁不義，就是說：某人沒有道德。儒家以說仁義見稱，也就是以講道德見稱。

儒家講道德，並不是只宣傳些道德的規律，或道德格言，叫人只死守死記。他們是眞正了解道德之所以爲道德，道德行爲之所以爲道德行爲。用我們《新原人》中所用的名詞說，他們是眞正了解人的道德境界與功利境界的不同，以及道德境界與自然境界的不同。

我們於以下先說明儒家所講仁、義、禮、智。後人以仁、義、禮、智、信，爲五常。但孟子講「四端」則只說到仁義禮智。此四者亦是孔子所常講的，但將其整齊地並列爲四，則始於孟子。

先從義說起。孟子說：「仁，人心也。義，人路也。」（《孟子・告子上》）義是人所當行之路，是所謂「當然而然，無所爲而然」者（陳淳語）。所謂當然的意義，就是應該。說到應該，我們又須分別：有功利方面的應該、有道德方面的應該。功利方面的應該是有條件的。因其是有條件的，所以亦是相對的。例如我們說，一個人應該講究衛生，此應該是以人類願求健康爲條件。求健康是講究衛生的目的。講究衛生是求健康的手段。這種手段，只有要達到這種目的人，方「應該」用之。如一人願求健康，他應該講究衛生。如他不願求健康，則講究衛生，對於他即是不必是應該的了。這種應該，亦是「當然而然」，但不是「無所爲而然」。義不是這種應該。

義是道德方面的應該。這種應該是無條件的。無條件的應該，就是所謂「當然而然，無所爲而然」。因其是無條件的，所以也是絕對的。無條件的應該，就是所謂義。義是道德行爲之所以爲道德行爲之要素。一個人的行爲，若是道德行爲，他必須是無條件地做他所應該做的事。這就是說，他不能以做此事爲一種手段，以求達到其個人的某種目的。如他以做此事爲一種達到其個人的某種目的的手段，則做此事，對於他，即不是無條件的。他若願求達到這種目的，做此事，對於他，是應該的。但他若不願求達到這種目的，做此事，對於他，即是不應該的了。他必須是無條件的做他應該做的事。若是有條件地，他雖做了他所應該做的事，但其行爲亦只是合乎義的行爲，不是義的行爲。

這並不是說，在道德境界中的人，做他所應該做的事，是漫無目的隨便做之。他做他所應該做的事，有確定的目的。他亦盡心竭力，以求達到此目的，但不以達到此目的爲達到其自己的另一目的的手段。例如一個有某種職務的人，忠於他的職守。凡是他的職守內所應該做的事，他都盡心竭力去做，以求其成功。從這一方面說，他做事是有目的的。但他的行爲，如果眞是忠的行爲，則他之所以如此做，必須是他應該如此做，並不是他欲以如此做得到上司的獎賞，或同僚的贊許。所謂無條件做應該做的事，其意如此。一個人必須無條件地做他所應該做的事，然後他的行爲，才是道德行爲。他的境界，才是道德境界。

一個人無條件地做他所應該做的事，其行爲是「無所爲而然」。一個人以做某種事爲手段，以求達到其自己的某種目的，其行爲是「有所爲而然」。用儒家的話說，有所爲而然的行爲是求利。無所爲而然的行爲是行義。這種分別，就是儒家所謂「義利之辨」。這一點，是儒家所特別注重的。孔子說：「君子喻於義。小人喻於利。」（《論語・里仁》）孟子說：「雞鳴而起，孳孳爲善者，舜之徒也。雞鳴而起，孳孳爲利者，跖之徒也。欲知舜與跖之分，無他，利與善之間也。」（《孟子・盡心上》）求利與行義的分別，就是我們於《新原人》中所謂功利境界與道德境界的分別。一個人的行爲若是有所爲而然的，他的行爲，盡可以合乎道德，但不是道德行爲。他的境界也只是功利境界，不是道德境界。

後來董仲舒說：「正其誼（義）不謀其利，明其道不計其功。」他的此話，也就是上述的意思。但是有些人對此不了解。例如顏習齋批評這話說：「世有耕種而不謀收穫者乎？有荷網持鈎，而不計得魚者乎？」「這不謀不計兩個字，便是老天釋空之根。」（《言行錄教及門》）此批評完全是無的放矢。既耕種當然謀收穫，既荷網持鈎當然謀得魚。問題在於一個人爲什麼耕種，爲什麼謀得魚。若是爲他自己的利益，他的行爲不能是道德行爲。不過不是道德行爲的行爲，也不一定就是不道德的行爲。它可以是非道德的行爲。

儒家所謂義，有時亦指在某種情形下辦某種事的在道德方面最好的辦法。《中庸》說：「義者，宜也。」我們說：一件事宜如何辦理，宜如何辦理的辦法，就是辦這一件事的最好的辦法。某一種事，在某種情形下，亦有其宜如何辦理的辦法。這一種辦法，就是，在某種情形下，辦這一種事的最好的辦法。

所謂最好又有兩種意思。一種意思，是就功利方面說，在某種情形下，一種事的最好的辦法，是能使辦此種事的人，得到最大的個人利益。就道德方面說，一種事的最好的辦法，是能使辦此種事的人，得到最大的道德成就。我們說「在某種情形下」，因爲所謂「義者，宜也」的宜，又有「因時制宜」的意義。所以孟子說：「大人者，言不必信，行不必果，惟義所在。」（《孟子·離婁下》）

照此所說，儒家所謂義有似乎儒家所謂中，辦一件事，將其辦到恰到好處，就是中。所以說中，亦是說辦一件事的最好的辦法。不過義與中亦有不同。中亦可就非道德的事說，義只專就道德的事說。非道德的事，並不是不道德的事，是無所謂道德或不道德的事。例如，在平常情形下，吃飯是非道德的事。一個人吃飯，不太多，亦不太少，無過亦無不及。這可以說是合乎中，但不可以說是合乎義。這裡沒有義不義的問題。

我們可以說，以上所說二點，都是對於義的一種形式的說法。因爲以上所說二點，並沒有說出，哪些種的事，是人所無條件地應該做的事。也沒有說出，對於某種事，怎樣做是此種事的在道德方面的，最好的做法。如果有人提出這個問題，我們可以說，儒家說：與社會有利或與別人有利的事，就是人所無條件地應該做的事，做某種事，怎樣做，能與社會有利，能與別人有利，這樣做就是做此種事的在道德方面的最好的做法。

……

有人說：儒家主張義利之辨，但他們也常自陷於矛盾。如《論語》云：「子適衛，冉有僕。子曰：『庶矣哉！』冉有曰：『既庶矣，又何加焉？』曰：『富之。』曰：『既富矣，又何加焉？』曰：『教之。』」（《論語・子路》）孔子亦注意於人民的富庶。人民的富庶，豈不是人民的利？又如《孟子》云：「孟子見梁惠王，王曰：『叟，不遠千里而來，亦將有以利吾國乎？』孟子曰：『王何必曰利，亦有仁義而已矣。』」孟子不以梁惠王言利為然。但他自己卻向梁惠王提出一現代人所謂經濟計劃，欲使人可以「衣帛食肉」，「養生送死無憾」。孟子豈不亦是言利？

發此問者之所以提出此問題，蓋由於不知儒家所謂義利之辨之利，是指個人的私利。求個人的私利的行為，是求利的行為。若所求不是個人的私利，而是社會的公利，則其行為即不是求利，而是行義。社會的利，別人的利，就是社會中每一個人所無條件地應該求的。無條件地求社會的公利，別人的利，是義的行為的目的，義是這種行為的道德價值。凡有道德價值的行為，都是義的行為；凡有道德價值的行為，都涵蘊義。因為凡有道德價值的行為，都必以無條件地利他為目的。如孝子必無條件地求利其親。慈父必無條件地求利其子。無條件地求利其親或子，是其行為的目的。孝或慈是這種行為的道德價值。

所以所謂利，如是個人的私利，則此利與義是衝突的。所謂利，如是社會的公利，他人的利，則此利與義不但不衝突，而且就是義的內容。儒家嚴義利之辨，而有時又以爲義利有密切的關係，如《易傳・乾・文言》云：「利者，義之和也。」其理由即在於此。後來程伊川云：「義與利，只是個公與私也。」（《遺書》卷十七）求私利，求自己的利，是求利；求公利，求別人的利，是行義。

孟子說：「仁，人心也。」（《孟子・告子上》）《中庸》說：「仁者，人也。」程伊川說：「公而以人體之謂之仁。」（《遺書》卷十七）無條件地做與社會有利，與別人有利的事是行義。若如此做只是因爲無條件地應該如此做，則其行爲是義的行爲。若一個人於求社會的利，求別人的利時，不但是因爲無條件地應該如此做，而且對於社會，對於別人，有一種忠愛惻怛之心，如現在所謂同情心，則其行爲即不只是義的行爲，而且是仁的行爲。此所謂「公而以人體之謂之仁」。體是體貼之體，人就是人的心，就是人的惻隱之心、同情心。以惻隱之心行義謂之仁。所以說「仁，人心也」，「仁者，人也」。孟子亦說：「惻隱之心，仁之端也。」（《孟子・公孫丑上》）義可以包仁，是仁的行爲，必亦是義的行爲。仁涵蘊義，是義的行爲，不必是仁的行爲，儒家說無條件地應該，有似乎西洋哲學史中的康德。但康德只說到義，沒有說到仁。

仁人必善於體貼別人。因己之所欲體貼別人，知別人之所欲；因己之所不欲體貼別人，知別人之所不欲。因己之所欲，知別人之所欲，所以「己欲立而立人，己欲達而達人」（《論語・雍也》）。「老吾老以及人之老，幼吾幼以及人之幼」（《孟子・梁惠王上》）。此即所謂忠。因己之所不欲，知別人之所不欲，所以「己所不欲，勿施於人」（《論語・衛靈公》）。此即所謂恕。合忠與恕，謂之忠恕之道。朱子《〈論語〉注》說：「盡己之謂忠，推己之謂恕。」其實應該說：「盡己爲人之謂忠。」忠恕皆是推己及人。忠是就推己及人的積極方面說，恕是就推己及人的消極方面說。忠恕皆是「能近取譬」（《論語・雍也》），「善推其所爲」（《孟子・梁惠王上》）。朱子注云：「譬，喻也。近取諸身，譬之他人，知其所欲，亦就是也。」此正是所謂忠。人亦可以己之所不欲，譬之他人，知其所不欲亦猶是。此是所謂恕。如是「推其所爲」，以及他人，就是爲仁的下手處。所以孔子說：「能近取譬，可謂仁之方也已。」（《論語・雍也》）仁是孔子哲學的中心。而忠恕又是「爲仁」的下手處。所以孔子說：「吾道一以貫之。」曾子解釋之云：「夫子之道，忠恕而已矣。」（《論語・里仁》）

禮是人所規定行爲的規範，擬以代表義者，於上文我們說，義的內容是利他。禮的內容亦是利他。所以《禮記・曲禮》說：「夫禮，自卑而尊人，先彼而後已。」於上文我們說：義有似乎中。我們可以說：義是道德方面的中。所以儒家常以中說禮。《禮記・仲尼燕居》說：「子曰：『禮乎禮！夫禮所以制中也。』」我們於上文說「義者，宜也」的宜，有「因時制宜」的意思。儒家亦以爲禮是隨時「變」

的。《禮記・禮器》說：「禮，時爲大。」《樂記》說：「五帝殊時，不相沿樂。三王異世，不相襲禮。」

智是人對於仁義禮的了解。人必對於仁有了解，然後才可以有仁的行爲。必對於義有了解，然後才可以有義的行爲。必對於禮有了解，然後他的行爲，才不是普通的「循規蹈矩」。如無了解，他的行爲，雖可以合乎仁義，但嚴格地說，不是仁的行爲，或義的行爲。他的行爲，雖可以合乎禮，但亦不過是普通的「循規蹈矩」而已。無了解的人，只順性而行，或習慣而行，他的行爲雖可合乎道德，但只是合乎道德的行爲，不是道德行爲。他的境界，亦不是道德境界，而是自然境界。人欲求高的境界，必須靠智。孔子說：「智及之，仁不能守之，雖得之，必失之。」（《論語・衛靈公》）用我們於《新原人》中的話說，人的了解，可使人到一種高的境界，但不能使人常住於此種境界。雖是如此，但若沒有了解，他必不能到高的境界。

依照以上所說，則仁義禮智，表面上雖是並列，但實則仁義與禮智，不是在一個層次的。這一點，似乎孟子也覺察到。孟子說：「仁之實，事親是也。義之實，從兄是也。智之實，知斯二者，弗去是也。禮之實，節文斯二者。」（《孟子・離婁上》）這話就表示仁義與禮智的層次不同。

儒家注重「義利之辨」。可見功利境界與道德境界的分別，他們認識甚清。求利的人的境界是功利境界。行義的人的境界是道德境界。他們注重智。可見自然境界與其餘境界的分別，他們亦認識甚清。

孔子曰：「民可使由之，不可使知之。」（《論語・泰伯》）孟子曰：「行之而不著焉，習矣而不察焉，終身由之而不知其道者，衆也。」（《孟子・盡心上》）「由之而不知」的人的境界，正是自然境界。

不過道德境界與天地境界的分別不甚清楚。因此儒家常受道家的批評。其批評是有理由的。不過道家以爲儒家所講，只限於仁義；儒家所說到的境界，最高亦不過是道德境界。這「以爲」是錯的。儒家雖常說仁義，但並非只限於仁義。儒家所說到的最高的境界，亦不只是道德境界。此可於孔子孟子自述其自己的境界之言中見之。我們於以下引《論語》「吾十有五而志於學」章，及《孟子》「養浩然之氣」章，並隨文釋其義，以見孔子孟子的境界。

孔子曰：「吾十有五，而志於學。三十而立。四十而不惑。五十而知天命。六十而耳順。七十而從心所欲不逾矩。」（《論語・爲政》）這是孔子自叙其一生的境界的變化。所謂三十、四十等，不過就時間經過的大端說，不必是，也許必不是，他的境界，照例每十年必變一次。

「志於學」之學，並不是普通所謂學。孔子說：「朝聞道，夕死可矣。」（《論語・里仁》）又說：「士志於道，而恥惡衣惡食者，未足與議也。」（同上）又說：「志於道。」（《論語・述而》）此所謂志於學，就是有志於學道。普通所謂學，乃所以增加人的知識者。道乃所以提高人的境界者。《老子》說：「爲學日益。爲道日損。」其所謂學，是普通所謂學，是與道相對者。孔子及以後儒家所謂學，則即是學道之學。儒家所謂學道之學，雖不必是日損，但亦與普通所謂學不同。……人生於世，以聞道爲最重要的事。所以說：「朝聞道，夕死可矣。」（《論語・里仁》）孔子又說：「後生可畏，焉知來者之不如今也。四十、五十而無聞焉，斯亦不足畏也已。」（《論語・子罕》）無聞即無聞於道，並非沒有聲名。

「三十而立」。孔子說：「立於禮。」（《論語・泰伯》）又說：「不知禮，無以立也。」（《論語・堯曰》）上文說：禮是一種行爲的規範，擬以代表義，代表在道德方面的中者，能立即循禮而行。能循禮而行，則可以「克己復禮」。「復禮」即「非禮勿視，非禮勿聽，非禮勿言，非禮勿動」。（《論語・顏淵》）克己即克去己私。在功利境界中的人，其行爲皆爲他自己的私益。這種人，就是有己私的人。行道德必先克去己私，所以「顏淵問仁」，孔子答以「克己復禮爲仁」。

「四十而不惑」，孔子說：「智者不惑。」（《論語・憲問》）上文說：智是對於仁義禮的了解。孔子三十而立，是其行爲皆已能循禮。禮是代表義者，能循禮即能合乎義。但合乎義的行爲，不必是義的行爲。必至智者的地步，才對於仁義禮有完全的了解。有完全的了解所以不惑。不惑的智者才可以有眞正的仁的行爲，及義的行爲。其境界才可以是道德境界。孔子學道至此，始得到道德境界。

孔子說：「可與共學，未可與適道。可與適道，未可與立。可與立，未可與權。」（《論語・子罕》）

有人有志於學，但其所志之學，未必是學道之學。有人雖有志於學道，但未必能「克己復禮」。有人雖能「克己復禮」，但對於禮未必有完全的了解。對於禮無完全的了解，則不知「禮，時爲大」。如此，則如孟子所謂「執中無權，猶執一也」（《孟子・盡心上》）。執一即執著一死的規範，一固定的辦法，以應不同的事變。孟子說：「言不必信，行不必果，惟義所在。」這就是所謂「可與權」。人到智者不惑的程度，始「可與權」。孔子此所說，亦是學道進步的程序，與我們現所解釋的一章，可以互相發明。

「五十而知天命」。仁義禮都是社會方面的事。孔子至此又知於社會之上，尚有天，於是孔子的境界，又將超過道德境界。所謂天命，可解釋爲人所遭遇的宇宙間的事變，在人力極限之外，爲人力所無可奈何者。這是以後儒家所謂命的意義。所謂天命亦可解釋爲上市的命令。此似乎是孔子的意思。如果如此，則孔子所謂知天命，有似於我們於《新原人》中所謂知天。

「六十而耳順」。此句前人皆望文生義，不得其解。「耳」即「而已」，猶「諸」即「之乎」或「之於」。徐言之曰而已，急言之曰耳。此句或原作「六十耳順」，即「六十而已順」。後人不知「耳」即「而已」。見上下諸句中間皆有「而」字，於此亦加一「而」字，遂成爲「而耳順」。後人解釋者，皆以耳爲耳目之耳，於是此句遂費解（此沈有鼎先生說）。六十而已順，此句蒙上文而言，順是順天命，順天命有似於我們於《新原人》中所謂事天。

「七十而從心所欲不逾矩」。於《新原人》中，我們說：在道德境界中的人，做道德的事，是出於有意的選擇，其做之需要努力。在天地境界中的人做道德的事，不必是出於有意的選擇，亦不必需要努力。這不是說，因爲他已有好的習慣，而是說，因爲他已有高的了解。孔子從心所欲不逾矩，亦是因有高的了解而「不思而得，不勉而中」。此有似於我們於《新原人》中所謂樂天。

於《新原人》中，我們說：宇宙大全，理及理世界，以及道體等觀念都是哲學的觀念。人能完全了解這些觀念，他即可以知天。知天然後能事天，然後能樂天，最後至於同天。此所謂天即宇宙或大全。我們於上文說：知天命有似於知天；順天命有似於事天；從心所欲不逾矩，有似於樂天。我們說「有似於」，因爲孔子所謂天，似乎是「主宰之天」，不是宇宙大全。若果如此，孔子最後所得的境界，亦是「有似於」天地境界。

孟子自述他自己的境界，見於《孟子》論浩然之氣章中。此章前人多不得其解，茲隨文釋之。

《孟子》云：「（公孫丑問曰：）『敢問夫子惡乎長？』曰：『我知言，我善養吾浩然之氣。』『敢問何謂浩然之氣？』曰：『難言也。其爲氣也，至大至剛，以直養而無害，則塞於天地之間。其爲氣也，配義與道，無是，餒也。是集義所生者，非義襲而取之也。行有不慊於心，則餒矣。我故曰：『告子未嘗知義，以其外之也。必有事焉而勿正，心勿忘，勿助長也。』』」（《孟子·公孫丑上》）

「浩然之氣」是孟子所特用的一個名詞。「何謂浩然之氣」？孟子亦說是「難言」，後人更多「望文生義」的解釋。本章上文從北宮黝、孟施舍二勇士的養勇說起。又說孟施舍的養勇的方法是「守氣」，由此我們可知本章中所謂氣，是勇氣之氣，亦即所謂士氣，如說「士氣甚旺」之氣。孟子說：「我善養吾浩然之氣。」浩然之氣，與孟施舍等守氣之氣，在性質上是一類的。其不同在於其是浩然。浩然者大也。其所以大者何？孟施舍等所守之氣，是關於人與人的關係者。而浩然之氣，則是關於人與宇宙的關係者。有孟施舍等的氣，則可以堂堂立於社會間而無懼。有浩然之氣，則可以堂堂立於宇宙而無懼。浩然之氣，能使人如此，所以說：「其爲氣也，至大至剛，以直養而無害，則塞於天地之間。」

孟施舍等的氣，尙須養以得之，其養勇就是養氣，浩然之氣，更須養以得之。孟子說：「其爲氣也，配義與道，無是，餒也。」配義與道，就是養浩然之氣的方法。這個道，就是上文所說，孔子說「志於道」之道，也就是能使人有高的境界的義理。養浩然之氣的方法有兩方面。一方面是了解一種義理，此可稱爲明道。一方面是常做人在宇宙間所應該做的事，此可稱爲集義。合此兩方面，就是配義與道。此兩方面的工夫，缺一不可。若集義而不明道，則是所謂「不著不察」或「終身由之而不知其道」。若明道而不集義，則是所謂「智及之，仁不能守之，雖得之，必失之」。若無此二方面工夫，則其氣即餒，所謂「無是，餒也」。

明道之後，集義既久，浩然之氣，自然而然生出，一點勉強不得。所謂「是集義所生者，非義襲而取之也」。朱子說：「襲如用兵之襲，有襲奪之意。」（《朱子語類》卷五十二）下文說：「我故曰告子未嘗知義，以其外之也。」告子是從外面拿一個義來，強制其心，使之不動。孟子則以行義爲心的自然的發展。行義既久，浩然之氣，即自然由中而出。

「行有不慊於心，則餒矣。」《左傳》說：「師直爲壯，曲爲老。」壯是其氣壯，老是其氣衰。我們常說：「理直氣壯。」理直則氣壯，理屈則氣餒。平常所說勇氣是如此。浩然之氣亦是如此，所以養浩然之氣的人，須時時明道集義，不使一事於心不安。此所謂「必有事焉而勿正，心勿忘」，「正之義通於止」（焦循《孟子正義》說）。「勿正」就是「勿止」，也就是「心勿忘」。養浩然之氣的人所須用的工夫，也只是如此。他必須時時明道集義，久之則浩然之氣，自然生出。他不可求速效，另用工夫。求速效，另用工夫，即所謂助長。忘了，不用功夫，不可。助長，亦不可。養浩然之氣，須要「明道集義，而忘勿助」。這八個字可以說是養浩然之氣的要訣。

有浩然之氣的人的境界，是天地境界。孟子於另一章中云：「居天下之廣居，立天下之正位，行天下之大道。得志，與民由之。不得志，獨行其道。富貴不能淫，貧賤不能移，威武不能屈，此之謂大丈夫。」（《孟子・滕文公下》）我們如將此所謂大丈夫與有浩然之氣者比，便可知此所謂大丈夫的境界，不如有浩然之氣者高。此所謂大丈夫，「居天下之廣居，立天下之正位，行天下之大道」，不能說是不大。但尙不能說是至大。他「富貴不能淫，貧賤不能移，威武不能屈」，不能說是不剛，但尙不能說是至剛。何以不能說是至大至剛？因爲此所謂大丈夫的剛大，是就人與社會的關係說。有浩然之氣者的剛大，則是就人與宇宙的關係說。此所謂大丈夫所居的，是「天下」的廣居，所立的是「天下」的正位，所行的是「天下」的大道。有浩然之氣者，則「以直養而無害，則塞於天地之間」。「天下」與「天地」這兩個名詞是有別的。我們可以說治國平天下，而不能說治國平天地。我們可以說天下太平，或天下大亂，不能說天地太平，或天地大亂。天下是說人類社會的大全，天地是說宇宙的大全。此所說大丈夫的境界是道德境界。有浩然之氣者的境界是天地境界。此所說大丈夫的境界，尙屬於有限。有浩然之氣者，雖亦只是有限的七尺之軀，但他的境界已超過有限，而進於無限矣。

到此地位的人，自然「大行不加，窮居不損」；自然「富貴不能淫，貧賤不能移，威武不能屈」。但其不淫、不移、不屈的意義，又與在道德境界的人的不淫、不移、不屈不同。朱子說：「浩然之氣，清明不足以言之。才說浩然，便有個廣大剛果意思，長江大河浩浩而來也。富貴、貧賤、威武、不能移屈之類皆低，不可以語此。」（《語類》卷五十二）朱子此言，正是我們以上所說的意思。到此地位者，可以說已到同天的境界。孟子所謂「塞於天地之間」、「上下與天地同流」（《孟子・盡心上》），可以說表示同天的意思。

就以上所說，我們可以說：孟子所說到的境界，比孔子所說到的高。孔子所說的天是主宰的天，他似乎未能完全脫離宗教的色彩。他的意思，似乎還有點是圖畫式的。所以我們說：他所說到的最高境界，只是「有似於」事天樂天的境界。孟子所說到的境界，只是「有似於」事天樂天的境界。孟子所說到的境界，則可以說是同天的境界。我們說「可以說是」，因爲我們還沒有法子可以斷定，孟子所謂「天地」的抽象的程度。

孔子是早期儒家的代表。儒家於實行道德中，求高的境界。這個方向，是後來道學的方向。不過他們所以未能分清道德境界與天地境界，其故亦由於此。以「極高明而道中庸」的標準說，他們於高明方面，尚未達到最高的標準。用向秀、郭象的話說，他們尚未能「經虛涉曠」。

原文載《三松堂全集》第五卷《新原道》

老莊：物我爲一與遺世獨立

道家是經過名家的思想而又超過之的。他們的思想比名家的思想，又高一層次。名家講有名，道家經過名家對於形象世界的批評，於有名之外，又說無名。無名是對著有名說的。他們對著有名說，可見他們是經過名家的。

《老子》說：「道可道，非常道；名可名，非常名。無名，天地之始；有名，萬物之母。」（一章）「道常無名，樸。」「始制有名。」（三十二章）「道隱無名。」（四十一章）《莊子》說：「泰初有無，無有無名。」（《天地》）在道家的系統中，有與無是對立的。有名與無名是對立的。這兩個對立，實則就是一個對立。所謂有與無，實則就是有名與無名的簡稱。「無名，天地之始；有名，萬物之母。」或讀爲「無，名天地之始；有，名萬物之母。」這兩個讀法，並不使這兩句話的意思，有什麼不同。在道家的系統中，道可稱爲無，天地萬物可稱爲有。說道可稱爲無，就是說：道是「無名之樸」（三十七章），「道隱無名」。說天地萬物可稱爲有，就是說：天地萬物都是有名的。天可名爲天，地可名爲地。某種事物可名爲某種事物。有天即有天之名。有地即有地之名。有某種事物，即有某種事物之名。此所謂：「始制有名」。道是無名，但是是有名之所由以生成者。所以說：「無名，天地之始；有名，萬物之母。」

「道常無名，樸。」所以，常道就是無名之道。常道既是無名，所以不可道。然而，既稱之曰「道」，道就是個無名之名。「自古及今，其名不去，以閱衆甫。」（三十一章）道是任何事物所由以生成者，所以，其名不去。不去之名，就是常名。常名實在是無名之名，實則是不可名的。所以說，「名可名，非常名。」

「無名，天地之始；有名，萬物之母。」這兩個命題，只是兩個形式命題，不是兩個積極命題。這兩個命題，並不報告什麼事實，對於實際也無所肯定。道家以爲，有萬物，必有萬物所由以生存者。萬物所由以生存者，無以名之，名之曰道。道的觀念，亦是一個形式的觀念，不是一個積極的觀念。這個觀念，只肯定一萬物所由以生成者。至於此萬物所由以生成者是什麼，它並沒有肯定。不過它肯定萬物所由以生成者，必不是與萬物一類的物。因爲所謂萬物，就是一切的事物，道若是與萬物一類的物，它即不是一切事物所由以生成者，因爲所謂一切的事物已包括有它自己。《莊子・在宥篇》說：「物物者非物。」道是物物者，必須是非物。《老子》中固然說「道之爲物」，不過此物，並不是與萬物一類的物，並不是任何的事物。任何事物，都是有名。每一種事物，總有一名。道不是任何事物，所以是「無名之樸」，「樸散，則爲器」。（二十八章）器是有名，是有；道是無名，是無。

萬物之生，必有其最先生者，此所謂最先，不是時間上的最先，是邏輯上的最先。……天地萬物都是「有」，所以有天地萬物涵蘊「有」，「有」爲天地萬物所涵蘊，所以，「有」是最先生者。《老子》說：「天地萬物生於有，有生於無。」（四十章）這不一定是說，有一個時候只有「無」，沒有「有」。然後有時，從無生出。這不過是說，若分析天地萬物之有，則見必須先有「有」，然後，可有天地萬物。所以在邏輯上，「有」是最先生者，此所謂最先不是就時間方面說。此所謂「有」，也不是就事實方面說。就事實方面說，所有的「有」，必是事某物的「有」，不能只是「有」。

《老子》又說：「道生一，一生二，二生三，三生萬物。」（四十二章）道所生之一，就是「有」，有道，有「有」，其數是二。有一有二，其數是三。此所謂一二三，都是形式的觀念。這些觀念，並不肯定一是什麼，二是什麼，三是什麼。

以上所講的道家思想，也可以說是「專決於名，而失人情」。道家所受名家的影響，在這些地方是很顯然的。

道、無、有、一，都不是任何種類的事物，所以都是超乎形象的。《莊子・天下篇》說：關尹、老聃，「建之以常、無、有，主之以太一」。太一就是道。《莊子》說：「泰初有無，無有無名，一之所起，有一而未形。」（《天地》）道是一之所起。這也就是說：「道生一」，所以道是太一。此所謂「太」，如太上皇，皇上后，老太爺之太。言其比一更高，所以是太一。

常是與變相對的。事物是變的，道是不變的。所以道可稱爲常道。事物的變化所遵循的規律也是不變的。所以《老子》說到事物的變化所遵循的規律時，亦以常稱之。如說：「取天下常以無事。」（四十八章）「民之從事，常於幾成而敗之。」（六十四章）「常有司殺者殺。」（四十七章「天道無親，常與善人。」（七十九章）這些都是不變地如此，都是所謂自然的法律，所以都稱之曰常。

在自然界的法律中，最根本的法律，是「反者，道之動」（四十章）。一事物的某性質，若發展至於極點，則必變爲其反面，此名曰反。《老子》說：「大曰逝。逝曰遠。遠曰反。」（二十五章）

這是老子哲學中的一個根本意思。《老子》書中許多話是不容易了解的。但若了解了老子這一個根本意思，則《老子》書中不容易了解的話，也易了解了。因爲「反」爲道之動。故「禍兮，福之所倚；福兮，禍之所伏」。「正復爲奇，善復爲妖」。（五十八章）……

這都是所謂常。「知常曰明，不知常，妄作凶。」（十六章）《莊子・天下篇》說：關尹、老聃「以濡弱謙下爲表」，「知其雄，守其雌」，「知其榮，守其辱」。他們所以如此，因爲照以上所說的常，守雌，正是所以求雄。守辱，正是所以避辱。這是老子所發現的全生避害的方法。

莊子所受名家的影響，是極其明顯的。有許多地方，他是完全接著惠施講的。……

《齊物論》的第一層意思，是指出，一般人對於形象世界所做的分別是相對的。人對於形象世界所做的分別，構成人對形象世界的見解。這些見解是萬有不齊，如有風時之「萬竅怒號」，如《齊物論》開端所說者。在這些見解中，當時最引人注意的，是儒墨二家的見解。當時最引人注意的爭執，亦是儒墨二家中間的辯論。《齊物論》說：「道惡乎隱而有眞僞？言惡乎隱而有是非？道惡乎往而不存？言惡乎存而不可？道隱於小成，言隱於榮華。故有儒墨之是非，以是其所非，而非其所是。」《齊物論》下文云：「道未始有封，言未始有常。」道不限於是一物，所以「未始有封」。眞理之全，必須從多方面言之。所以言眞理之言，必須從多方面說，所以「未始有常」。所以「道惡乎往而不存？言惡乎存而不可？」知此則知各方面的言，都可以說是眞理的一方面。各方面的言，都不必互相是非。是非之起，由於人各就其有限的觀點，以看事物，而不知其觀點是有限的觀點，因此各有其偏見。有限是所謂小成。不知有限是有限，以爲可以涵蓋一切。如此則道爲有限所蔽，此所謂「道隱於小成」。不知偏見是偏見，又加以文飾，以期「持之有故，言之成理」。如此則表示眞理言之不可見。此所謂「言隱於榮華」。儒墨二家中間的辯論，亦是如此之類。

儒墨二家相互是非。此之所是者，彼以爲非。彼之所是者，此以爲非。此種辯論，如環無端，沒有止境。亦沒有方法，可以決定，誰是眞正是、誰是眞正非。辯者認爲辯可以定是非。但辯怎麼能定是非？《齊物論》說：「旣使我與若辯矣。若勝我，我不若勝。若果是也，我果非也耶？我勝若，若不我勝，我果是也，若果非也耶？其或是也，其或非也耶？其俱是也，其俱非也耶？我與若不能相知也，則人固受其黮暗，吾誰使正之？使同乎若者正之？旣與若同矣，惡能正之？使同乎我者正之？旣同乎我矣，惡能正之？使異乎我與若者正之？旣異乎我與若矣，惡能正之？使同乎我與若者正之？旣同乎我與若矣，惡能正之？然則我與若與人，俱不相知也，而待彼也耶？」《齊物論》的這一段話，頗有辯者的色彩。這一段話，也是「然不然，可不可」。不過辯者的「然不然，可不可」是與常識立異。《齊物論》的「然不然，可不可」是與辯者立異。

若知是非之起，起於人之各就其有限的觀點，以看事物，則若能從一較高的觀點，以看事物，則見形象世界中的事物，「方生方死，方死方生，方可方不可，方不可方可，因是因非，因非因是」。（《齊物論》）事物是變的，是多方面的。所以對於事物的各方面的說法，本來是都可以說的。如此看，則所有的是非之辯，均可以不解決而自解決。此所謂「是以聖人不由，而照之於天」。（《齊物論》）「不由」是不如一般人站在他自己的有限的觀點以看事物。「照之於天」是站在天的觀點，以看事物。天的觀點，是一種較高的觀點。道的觀點也是一種較高的觀點。各站在有限的觀點，以看事物，則「彼亦一是非，此亦一是非」。彼此相互對待，謂之有偶。站在一較高的觀點，以看事物，則既不與彼相對待，亦不與此相對待。此所謂「彼是莫得其偶，謂之道樞。樞始得其環中，以應無窮。是亦一無窮，非亦一無窮也」。（《齊物論》）彼此互相是非，如環無端，是無窮的。得道樞者，從道的觀，以看事物，不與彼此相對待，此所謂「得其環中，以應無窮」。司空圖《詩品》云：「超以象外，得其環中。」雖能「超以象外」，然後能「得其環中」。

從道的觀點以看事物，就是《秋水》篇所謂「以道觀之」。「以道觀之」則一切事物皆有所可，有所然。《齊物論》說：「可乎可，不可乎不可。道行之而成，物謂之而然。惡乎然，然於然。惡乎不然，不然於不然。物固有所然，物固有所可。無物不然，無物不可。故爲是舉莛與楹，厲與西施，恢詭譎怪，道通爲一。」事物雖不同，但同於皆有所可，有所然；同於皆出於道。所以不同的事物，「以道觀之」皆「通爲一」。

人對於事物所做的分別，亦是相對的。《齊物論》說：「其分也，成也。其成也，毁也。凡物無成與毁，複通爲一。」雲變爲雨，就雨說謂之成，就雲說謂之毁。所謂成毁，都是就一方面說。從有限的觀點看，有成與毀；從道的觀點看，無成與毀，「復通為一」。

從道的觀點看人對於事物所做的分別，是相對的，亦可說，一切事物所有的性質，亦是相對的。「我」與別的事物的分別亦是相對的。我與別的事物同出於道。所以「我」與萬物，道亦「通為一」。《齊物論》說：「天下莫大於秋毫之末，而泰山為小。莫壽於殤子，而彭祖為夭。天地與我並生，而萬物與我為一。」這個結論，也就是惠施說「泛愛萬物，天地一體也」的結論。

以上諸段所說，是《齊物論》的第一層的意思。我們說，這個意思是與惠施的意思是一類的。因為這個意思，亦是教人從一較高的觀點，以看事物，以批評人對於事物的見解。不過我們不說，《齊物論》的這個意思，與惠施的意思，完全相同。因為惠施所批評的是一般人的常識。《齊物論》則並批評名家的批評。其批評名家也是從道的觀點以做批評。所以其批評是比名家高一層次的。

……

《齊物論》於「萬物與我為一」一句之下，又轉語云：「既已為一矣，且得有言乎？既已謂之一矣，且得無言乎？一與言為二，二與一為三，自此以往，巧歷不能得，而況其凡乎？故自無適有，以至於三，而況自有適有乎？無適焉，因是已。」此一轉語，是莊子比惠施更進一步之處。這是《齊物論》的第二層意思。「萬物與我為一」之一，是超乎形象的，亦是不可思議，不可言說的。因為如對一有言說有思議，則言說思議中的一，即是言說思議的對象，是與言說思議相對的，亦即是與「我」相對的。如此的一不是「萬物與我爲一」之一。莊子說，一不可說。他是眞正了解一。惠施說：「至大無外，謂之大一。」他只知說大一，不知大一是不可說的。道家知一是不可說的。這就是他們對於超乎形象的知識比名家更進了一步。

名家以爲一般人的常識是錯的。名家的這種見解，亦是錯的。「道未始有封」，「言未始有常」。「道惡乎往而不存？言惡乎存而不可？」一般人對於事物的見解，亦是眞理的一方面。他們可以批評之處，只是其不知其只是眞理的一方面。他們不知，所以他們見解成爲偏見。若知偏見是偏見，則它立時即不是偏見。再講一步說，人之互相是非，亦是一種自然的「化聲」。凡物無不各以其自己爲是，以異於己者爲非。這亦是物性的自然。從道的觀點看，這亦是應該是聽其自爾的。所以「得其環中」的人，並不是要廢除一般人的見解，亦不要廢除是非，他只是「不由而照之於天」。這就是不廢之而超過之。《齊物論》說：「是以聖人和之以是非，而體乎天鈞。此謂之兩行。」天鈞是自然的運行。是非是相對的。一般人對於事物的見解，其是眞亦是相對的。一切事物所有的性質亦是相對的。但「萬物與我爲一」之一是絕對的，不廢相對而得絕對，此亦是「兩行」。

這又是莊子比惠施更進一步之處。惠施只知辯，而不知不辯之辯；只知言，而不知不言之言。惠施、公孫龍只知批評一般人對於事物的見解，以爲他們是錯的，而不知其亦無所謂錯。所以名家「與衆不適」（《天下》篇謂惠施語），而道家則「與天地精神往來而不傲倪於萬物」，「不譴是非以與世俗處」（《天下》篇謂莊子語）。所以我們說：道家經過名家而又超過之。

不過道家只知無名是超乎形象的，不知有名亦可以是超乎形象的。名之所指，若是事物，則是在形象之內的。名之所指，若是共相，則亦是超乎形象的。公孫龍所說，堅、白、馬、白馬等亦是有名，但亦是超乎形象的。由此方面說，道家雖對立於名家所說的有名，而說無名，但他們對於名家所說的有名，尚沒有完全的了解。在他們的系統中，他們得到超乎形象的，但沒有得到抽象的。

《齊物論》又云：「是不是，然不然。是若果是也，則是之異乎不是也亦無辯。然若果然也，則然之異乎不然也亦無辯。化聲之相待，若其不相待。和之以天倪，因之以曼衍，所以窮年也。忘年忘義，振於無竟，故寓諸無竟。」這是得道樞的人的境界。上文說到「道通爲一」。又說到「天地與我並生，萬物與我爲一」。此尚是就得道樞的人的知識方面說。得道樞的人，不僅有此種知識，且有這種經驗。他的經驗中的此種境界，就是《新原人》中所謂同天的境界。有這種境界的人，忘了一切的分別。在他的經驗中，只有渾然的「一」。「忘年忘義」，就是說，忘分別。「寓諸無意」就是寓諸渾然的「一」。

因爲要忘分別，所以要去知，去知是道家用以達到最高境界的方法。此所謂知，是指普通所謂知識的知，這種知的主要工作，是對於事物做分別。知某物是某種物，即是對於某物做分別，有分別即非渾然。所謂渾然，就是無分別的意思。去知就是要忘去分別。一切分別盡忘，則所餘只是渾然的一。《老子》說：「爲學日益，爲道日損。」爲學要增加知識，所以日益；爲道要減少知識，所以日損。

所謂道，有兩意義：照其一意義，所謂道，是指一切事物所由以生成者。照其另一意義，所謂道是指對於一切事物所由以生成者的知識。一切事物所由以生成者，是不可思議不可言說的。因爲若思議言說之，則即加以一種性質，與之一名。但它是無名，不可以任何名名之。它既是如此，所以它是不可知的。所以對於道的知識，實則是無知之知。《齊物論》說：「故知止其所不知，至矣。孰知不言之辯，不道之道。」不知之知，就是知之至。《莊子・天地》篇云：「黃帝遊乎赤水之北，登乎昆侖之丘，而南望還歸，遺其玄珠，使知索之而不得，使離朱索之而不得，使喫詬索之而不得也。乃使像罔，像罔得之。」知是普通所謂知識，離朱是感覺，喫詬是言辯。這些均不能得道，只有像罔能得之。像網就是無像，無像是超乎形像。「超以像外」，然後可以「得其環中」。這種知識，就是無知之知，無知之知是最高的知識。

求最高的境界，須去知。去知然後得渾然的一。求最高的知識，亦須去知。去知然後能得無知之知。總之，爲道的方法，就是去知。在《莊子》書中，有數次講「爲道」的程序，亦即是「爲道」的進步的階段。《大宗師》云：「『南伯子葵問乎女偊曰：『子之年長矣，而色若孺子，何也？』曰：『吾聞道矣。』南伯子葵曰：『道可得學耶？』曰：『惡，惡可？子非其人也。夫卜梁倚有聖人之才，而無聖人之道；我有聖人之道，而無聖人之才。吾欲以教之，庶幾其果爲聖人乎？不然，以聖人之道，告聖人之才，亦易矣。吾猶守而告之，三日，而後能外天下。已外天下矣，吾又守之七日，而後能外物。已外物矣，吾又守之九日，而後能外生。已外生矣，而後能朝徹。朝徹而後能見獨。見獨而後能無古今。無古今而後能入於不死不生。殺生者不死，生生者不生。其於物也，無不將也，無不迎也，無不毀也，無不成也。其名爲攖寧，攖寧也者，攖而後成者也。』」所謂「外天下」「外物」之外，是不知或忘的意思。外天下即是不知有天下，或忘天下。天下亦是一某物。一某物比較易忘，物比較難忘，所以於外天下之後，又七日始能外物。外物即是不知有物或忘物。人的生最難忘，所以於外物之後，九日而後能不知有生或忘生。已外物，又外生，則所謂「我」與「物」的分別，「我」與「非我」之間的鴻溝，在知識上已不存在。如此則恍然於己與萬物渾然爲一。此恍然謂之朝徹。言其「恍然如朝陽初起，謂之朝徹」（成玄英疏語），如所謂豁然貫通者。此時所見，惟是渾然的一。此謂之見獨。獨就是一。一包括一切，亦即是大全。大全是無古今的。古今是時間上的衡量。大全亦包括時間，所以不能於大全之外，另有時間，以衡量其是古是今。大全是不死不生的，因爲大全不能沒有，所以無死。大全亦不是於某一時始有，所以無生。大全是如此，所以與大全爲一的人，亦無古今，不死不生。在此種境界中的人，從大全的觀點，以看事物，則見「凡物無成與毀」，亦可說是：凡物「無不成無不毀」。此之謂攖寧。攖是擾動，寧是寧靜。攖寧是不廢事物的擾動，而得寧靜。

《大宗師》又一段說：「顏回曰：『回益矣。』仲尼曰：『何謂也？』曰：『回忘仁義矣。』曰：『可矣，猶未也。』他日復見，曰：『回益矣。』曰：『何謂也？』曰：『回忘禮樂矣。』曰：『可矣，猶未也。』他日復見，曰：『回益矣。』曰：『何謂也？』曰：『回坐忘矣。』仲尼曰：『何謂坐忘？』顏回曰：『墮肢體，黜聰明，離形去知，同於大通，是謂坐忘。』仲尼曰：『同則無好也，化則無常也，而果其賢乎？丘也，請從而後也。』」忘仁義禮樂，相當前段所說「外物」。仁義是抽象的，故較易忘。禮樂是具體的，故較難忘。「墮肢體，黜聰明，離形去知」，相當於前一段所說的「外生」。「同於大通」，相當於前一段所說「朝徹見獨」。「同則無好」，相當於前一段所說「其於物也，無不將也，無不迎也」。「化則無常」，相當於前一段所說「無不成也，無不毀也」。「同於大通」，「朝徹見獨」，是坐忘的人所有的境界。「同則無好」，「化則無常」，是坐忘的人所可能有的活動。

或可問：上文說：道家不廢是非而超過之，此之謂兩行。今又說「爲道」須去知，忘分別。去之忘之，豈不是廢之？於此我們說：說去知忘分別，是就聖人的境界說。這是屬於「內聖」一方面的。不廢是非，不廢分別，這是就他應付事物說，這是屬於「外生」一方面的。他不廢應付事物，而仍能有他的境界。這就是所謂攖寧，也就是所謂兩行。

聖人有最高的境界，也可有絕對的逍遙。莊子所謂逍遙，可以說是自由的快樂。《莊子・逍遙遊》篇首說大鵬、小鳥；小知、大知；小年、大年。這些都是大小懸殊的。但它們如各順其性，它們都是逍遙的。但它們的逍遙都是有所待的。《逍遙遊》說：「列子御風而行，泠然善也」，「此雖免乎行，猶有所待者也。若夫乘天地之正，而御六氣之辯，以遊無窮者，彼且惡乎待哉？」列子御風而行，無風則不能行，所以其逍遙有待於風。大鵬一飛九萬里，其逍遙有待於遠飛。大椿以八千歲爲春，八千歲爲秋，其逍遙有待於久生。這都是有所待，其逍遙是有待的逍遙。聖人遊於無窮。遊於無窮，就是《齊物論》所說：「振於無竟，故寓諸無竟。」「其於物也，無不將也，無不迎也，無不成也，無不毁也。」所以他無所待而逍遙，他的逍遙是無待的，所以亦是絕對的。

早期道家中的人原只求全生、避害。但人必須到這種最高的境界，始眞爲害所不能傷。《莊子・田子方》篇云：「夫天下也者，萬物之所一也。得其所一而同焉，則四肢百體將爲塵垢，而死生終始將爲晝夜，而莫之能滑，而況得喪禍福之所介乎？」人又必到這種最高境界，而後可以眞能全生。《大宗師》篇云：「夫藏舟於壑，藏山於澤，謂之固矣。然而夜半有力者負之而走，昧者不知也。藏小大有宜，猶有所遁。若夫藏天下於天下，而不得所遁，是恒物之大情也。」「故聖人遊於物之所不得遁而皆存。」這是眞正的全生避害之道。這是莊子對於早期道家的問題的解決。從世俗的觀點看，莊子並沒有解決什麼問題。他所說的並不能使人在事實上長生不死，亦不能使人在事實上得利免害。他沒有解決問題，不過他能取消問題。照他所說的，所謂全生避害的問題，已不成問題。他對於這問題，可以說是以不解決解決之。

道家求最高知識及最高境界的方法是去知。去知的結果是無知。但這種無知，是經過知得來的，並不是未有知以前的原始的無知。爲分別起見，我們稱這種無知爲後得的無知。有原始無知的人，其境界是自然境界。有後得無知的人，其境界是天地境界。

後得的無知有似乎原始的無知，天地境界有似乎自然境界。自然境界是一個混沌。天地境界亦似乎是一個渾沌。在自然境界中的人，不知對於事物做許多分別；在天地境界中的人，忘其對於事物所做的分別。道家說忘，因爲在天地境界中的人，不是不知，亦不是沒有，對事物做分別。他是已做之又忘之。不知對於事物做分別，是其知不及此階段。忘其對於事物所做的分別，是其知超過此階段。王戎說：「聖人忘情，最下不及情。」（《世說新語・傷逝》）就知識方面說，亦是如此。原始的無知是不及知。有原始無知的人，亦可說是在知識上與萬物渾然一體，但他並不自覺其是如此。無此種自覺，所以其境界是自然境界。後得的無知是超過知。有後得的無知的人，不但在知識上與萬物渾然一體，並且自覺其是如此。有此種自覺，所以其境界是天地境界。

此點道家往往不能認識淸楚。他們論社會則常讚美原始社會。論個人修養，則常讚美赤子、嬰兒，以及愚人。因爲在原始社會中的人及嬰兒、愚人等，渾沌無知，有似乎聖人。其實這種相似是表面的。其境界的差別，是兩個人極端的差別。道家的聖人的境界，是天地境界。但他們有時所讚美的，卻只是自然境界。

道家反對儒家講仁義。他們並不是說，人應該不仁不義。他們是說，只行仁義是不夠的。因爲行仁義的人的境界，是道德境界。自天地境界的觀點，以看道德境界，則見道德境界的，見行道德的人，是拘於社會之內的。道家做方內方外之分。拘於社會之內的人，是「遊方之內」的人。超乎社會之外的人，是「遊方之外」的人。「遊方之外」的人，「與造物者爲人（王引之曰：人，偶也；爲人，猶爲偶），而遊乎天地之一氣。以生爲附贅懸疣，以死爲決疜潰痈。假於異物，托於同體。忘其肝膽，遺其耳目。反復終始，不知端倪。茫然彷徨乎塵垢之外，逍遙乎無爲之業」。「遊方之內」的人，「憒憒然爲世俗之禮，以觀衆人之耳目」。（《莊子・大宗師》）道家以爲孔孟是如此的「遊方之內」的人。如果眞是如此，則孔孟的境界是低的。

不過孔孟並不是如此的「遊方之內」的人，孔孟亦求最高境界，不過其所用方法與道家不同。道家所用的方法是去知。由去知而忘我，以得與萬物渾然一體的境界。孔孟的方法是集義，由集義而克己，以得與萬物渾然一體的境界。孔孟用集義的方法，所得到的是在情感上與萬物爲一。道家用去知的方法，所得到的是在知識上與萬物爲一。所以儒家的聖人，常有所謂「民胞物與」之懷。道家的聖人，常有所謂「遺世獨立」之慨。儒家的聖人的心是熱烈的。道家的聖人的心是冷靜的。

用集義的方法，不致有方內方外之分。用去知的方法，則可以有方內方外之分。道家作方內方外之分。「遊方之外」的人，他們稱爲「畸人」。「畸人者，畸於人而侔於天」。「天之小人，人之君子，人之君子，天之小人也」。（《大宗師》）道家的哲學中有這種對立，其哲學是極高明，但尚不合乎「極高明而道中庸」的標準。

固然道家亦主張所謂「兩行」。「其一與天爲徒，其不一與人爲徒。天與人不相勝也，是之謂眞人」。（《大宗師》）這是人與天的兩行。「獨與天地精神往來」，而又「不譴是非，以與世俗處」。（《天下》）這是方內與方外的兩行。不過就「極高明而道中庸」的標準說，「兩行」的可批評之處，就在於其是「兩」行。在「極高明而道中庸」的標準下，高明與中庸，並不是兩行，而是一行。

原文載《三松堂全集》第五卷《新原道》

禪宗：無修之修與妙道頓悟

禪宗的來源，可以推到道生。道生與僧肇同時同學。立有「善不受報義」、「頓悟成佛義」。又有「辯佛性義」。他的這些「義」是唐代禪宗的理論基礎。

道生的著作，今多不存。其「善不受報義」的詳細理論，今亦不可知。但與道生同時的慧遠，有《明報應論》，亦主「善不受報義」。其說或受道生的影響。照慧遠所說，所謂報應，就是心的感召。心有所貪愛，則即有所滯、有所著。有所滯者，則其作爲即是有爲。有爲即在佛家所謂生死輪迴中造因，有因即有果。果即是其所受的報應。慧遠《明報應論》云：「無用（當作明）掩其照，故情想凝滯於外物。貪愛流其性，故四大結而成形。形結則彼我有封。情滯則善惡有主。有封於彼我，則私其身而身不忘。有主於善惡，則戀其生而生不絕。於是甘寢大夢，昏於所迷。抱疑長夜，所存惟著。是故失得相推，禍福相襲。惡積而天殃自至，罪成則地獄斯罰。此乃必然之數，無所容疑矣。」（《弘明集》卷五）聖人應物，出於無心。所以雖應物而無所滯著。無所滯著則其應物，雖似有爲，實是無爲。所以雖有作爲，而不於佛家所謂輪迴中造因。無因亦無果。慧遠《明報應論》云：「（聖人）乘去來之自遠，雖聚散而非我。寓群形於大夢，雖處有而同無。豈復有封於所受，有系於所戀哉？」「若彼我同得，心無兩對，遊刃則泯一玄觀，交兵則莫逆相遇。傷之豈唯無害於神，固亦無生可殺。」「若然者」，「雖功被猶無賞，何罪罰之有耶？」聖人雖有作爲而不於佛家所謂生死輪迴中造因。無因即無果，所以雖殺人亦「無生可殺」。他「雖處有而同無」，所以雖有作爲，而不受佛家所謂生死輪迴中的因果律的支配。

道生的「頓悟成佛義」，見於謝靈運的《辯宗論》。聖人「雖處有而同無」，同無是聖人的境界。劉遺民與僧肇書云：「夫聖心冥寂，理極同無。」「雖處有名之中，而遠與無名同。」（見《肇論》）謝靈運《辯宗論》亦說：「體無鑒周，理歸一極。」無就是無相，無相就是諸法實相。對於諸法實相的知識，謂之般若。然諸法實相，不可爲知的對象。所以般若是無知之知。得般若者之知諸法實相，實是與諸法實相同爲一體。此即所謂「理極同無」。亦即所謂「體無鑒周，理歸一極」。鑒是鑒照。周是周遍。與無同體者，普照諸法。故體無則鑒周。體無同無的境界，就是涅槃。涅槃與般若，是一件事的兩個方面。涅槃是得般若者的境界。般若是得涅槃者的智慧。得涅槃則得般若。得般若則得涅槃。

因爲同無是一同即同，所以涅槃般若，亦是一得即得。修行者不能今日同一部分無，明日又同一部分無。無不能有部分。他同無即一下同無，不同無即不同無。涅槃般若，亦是得即一下得，不得即不得。一下同無即一下得涅槃般若。此所謂頓悟成佛。頓悟是得般若。成佛是得涅槃。《辯宗論》謂：「有新論道士，以爲寂鑒微妙，不容階級。」又說：「階級教愚之談，一悟得意之論矣。」新論道士，即謂道生。

所謂「無」究竟是什麼，關於此問題，有兩種說法。一種說法：無不是什麼，無就是「畢竟空」。空諸所有，又空其空。無是無相，無相故不能說是什麼。聖人的心與無同體。所以說聖人心如虛空。另一種說法是：無是能生諸法的心，諸法都由心造。心生則種種法生，心滅則種種法滅。法的生滅，就是心的生滅。諸法實相，就是衆生的本心，或稱本性，或稱佛性。見諸法實相，就是明心見性。道生稱爲「反迷歸極，歸極得本」。（《涅槃經集解》卷一引）僧肇持第一種說法。道生的佛性義，則似是持第二種說法。後來禪宗中亦有二種說法。有一派持第一種說法，常說：非心非佛。有一派持第二種說法，常說：即心即佛。用我們的標準說，第二種說法不如第一種說法之完全超乎形象。

禪宗中的人，無論持第一種說法或第二種說法，大概都主張下列五點：(1)第一義不可說，(2)道不可修，(3)究竟無得，(4)「佛法無多子」，(5)「擔水砍柴，無非妙道」。

第一義不可說：因第一因義所擬說者，都在「攀緣之外，絕心之域」（僧肇語）。禪宗相傳，神秀所作偈云：「身如菩提樹，心如明鏡台。時時勤拂拭，莫使染塵埃。」反對此偈，慧能作偈云：「菩提本無樹，明鏡亦非台，本來無一物，何處染塵埃。」（《六祖壇經》）神秀的偈前二句，是對於第一義所擬說者有所說。有所說，則即與無相者以相。神秀的偈的後兩句是說，欲得到第一義所擬說者，須用修行的工夫。慧能的偈前二句，是說：對於第一義所擬說者，不能有所說。後二句是說：欲得到第一義所擬說者，不可修行。不可修行，不是不修行，而是以不修行爲修行。禪宗的人，大都以不說第一義爲表顯第一義的方法，其方法是「不道之道」。他們以不修行爲修行的方法，其方法是「無修之修」。

慧能的大弟子懷讓《語錄》云：「馬祖（道一）居南岳傳法院，獨處一庵，惟習坐禪，凡有來訪者都不顧。」「（師）一日將磚於庵前磨，馬祖亦不顧。時既久，乃問曰：『做什麼？』師云：『磨做鏡。』馬祖云：『磨磚豈能成鏡？』師云：『磨磚既不成鏡，坐禪豈能成佛？』」（《古尊宿語錄》卷一）說坐禪不能成佛，是說道不可修。馬祖《語錄》云：「問，『如何是修道？』師云：『道不屬修。若言修得，修成還壞，如同聲聞。若言不修，即同凡夫。』」得道的方法，是非修非不修。非修非不修，就是無修之修。

有修之修，是有心的作爲，就是所謂有爲。有爲是生滅法，是有生有滅的，所以修成還壞。黃檗（希運）云：「設使恒沙劫數，行六度萬行，得佛菩提，亦非究竟。何以故？爲屬因緣造作故。因緣若盡，還歸無常。」又說：「諸行盡歸無常。勢力皆有盡期。猶如箭射於空，力盡還墜。都歸生死輪迴。如斯修行，不解佛意，虛受辛苦，豈非大錯？」（《古尊宿語錄》卷三）有心的修行，是有爲法，其所得，亦是萬法中之一法，不是超乎萬法者。超乎萬法者，就是禪宗所謂不與萬法爲侶者。龐居士問馬祖：「不與萬法爲侶者是什麼人？」馬祖說：「待汝一口吸盡西江水，即向汝道。」（《古尊宿語錄》卷一）不與萬物爲侶者，是不可說的。因爲說之所說，即是一法，即是與萬法爲侶者。馬祖說「待汝一口吸盡西江水，即向汝道」，即是說：不能向汝道。說不能向汝道，亦即是有所道。此即是「不道之道」。欲說不與萬法爲侶者，須以「不道之道」。欲得不與萬物爲侶者，須用「無修之修」。

有修之修的修行，亦是一種行。有行即是於佛法所謂生死輪迴中造因。造因即須受報。黃檗云：「若未會無心，著相皆屬魔業。乃至做淨土佛事，並皆成業。乃名佛障，障汝心故。被因果管束，立住無自由分。所以菩提等法，本不是有。如來所說，皆是化人。猶如黃葉爲金錢，權止小兒啼。故實無法，名阿耨菩提。如今既會意，何用驅驅？但隨緣消舊業，莫更造新殃。」（《古尊宿語錄》卷三）不造新業，所以無修。然此無修，正是修。所以此修是無修之修。

不造新業，並不是不做任何事，而是做事以無心。馬祖云：「自性本來具足，但於善惡事上不滯，喚做修道人。取善捨惡，觀空入定，即屬造作。更若向外馳求。轉疏轉遠。」「經云：但以衆法，合成此身。起時唯法起，滅時唯法滅。此法起時，不言我起；滅時，不言我滅。前念，後念，中念，念念不相待，念念寂滅，喚作海印三昧。」（《古尊宿語錄》卷一）於善惡事上不滯，就是無心。不滯就是不著，也就是不住，也就是無情繫。百丈懷海《語錄》云：「問：『如何是有情無佛性，無情有佛性？』師云：『從人至佛，是聖情執；從人至地獄，是凡情執。只如今但於凡聖二境，有染愛心，是名有情無佛性。只如今但於凡聖二境及一切有無諸法，都無取捨心，亦無取捨知解，是名無情有佛性。只是無其情繫，故名無情。不同木石太虛，黃華翠竹之無情。』」又云：「若踏佛階梯，無情有佛性。若未踏佛階梯，有情無佛性。」（《古尊宿語錄》卷一）

無心也就是無念。《壇經》云：「我此法門，從上以來，先立無念爲宗，無相爲體，無著爲本。無相者，於相而無相。無念者，於念而無念。無住者」，「念念之中，不思前境」。「於諸法上念念不住，即無縛也」。「此是以無住爲本」。所謂無念，不是「百物不思，念盡除卻」。若「百物不思」，亦是「法縛」。（《壇經》）神會云：「聲聞修空，住空，被空縛；修定，住定，被定縛；修靜，住靜，被靜縛；修寂，住寂，被寂縛。」（《神會遺集語錄》卷一）「百物不思」，即「修空，住空」之類也。無念是「於諸境上心不染」，「常離諸境」。（《壇經》）「於諸境上心不染」，即是「於諸法上念念不住」，此即是無住。此亦即是「於相而離相」，亦即是「無相」。所以《壇經》所謂「無念爲宗，無相爲體，無住爲本」，實只是「無念」。「前念著境即煩惱，後念離境即菩提」，（《壇經》）此即是「善不受報」，「頓悟成佛」之義。

臨濟（義玄）云：「如今學者不得，病在甚處？病在不自信處。你若自信不及，便茫茫地徇一切境轉，被它萬境回換，不得自由。你若歇得念念馳求心，便與祖佛不別。你欲識得祖佛麼？只你面前聽法的是。」（《古尊宿語錄》卷四）又說：「道流佛法無用功處。只是平常無事，屙屎送尿，著衣吃飯，困來即臥。愚人笑我，智乃知焉。」（同上）學者要自信得及，一切放下。不必於日用平常行事外，別有用功，別有修行，只於日用平常行事中，於相而無相，於念而無念。這就是不用功的用功，也就是無修之修。

臨濟又云：「有時奪人不奪境，有時奪境不奪人，有時人境俱奪，有時人境俱不奪。」人是能知的主體，境是所知的對象。禪宗傳說：「明上座向六祖（慧能）求法。六祖云：『汝其暫時斂欲念，善惡都莫思量。』明上座乃稟言。六祖云：『不思善，不思惡，正當與麼時，還我明上座父母未生時面目來。』明上座於言下忽然默契，便禮拜云：『如人飲水，冷暖自知。』」（六祖《壇經》）父母未生明上座時，並無明上座。無明上座之人，亦無對此人之境。令明上座還其父母未生時面目，就是令其人境俱奪。人境俱奪，與「無」同體，謂之默契。契者契合，言其與無契合爲一，並不是僅知有「無」。

忽然默契，就是所謂頓悟，所謂「一念相應，便成正覺」（《神會語錄》）。悟與普通所謂知識不同。普通所謂知識，有能知與所知的對立。悟無能悟與所悟的對立。因其無對象，可以說是無知。但悟亦並不是普通所謂無知。悟是非有知非無知，是所謂無知之知。

趙州（從諗）《語錄》云：「師問南泉（普願）：『如何是道？』泉云：『平常心是道。』師云：『還可趣向不？』泉云：『擬即乖。』師云：『不擬爭知是道？』泉云：『道不屬知不知。知是妄覺，不知是無記。若眞達不疑之道，猶如太虛廓然，豈可強是非也。』」（《古尊宿語錄》卷十三）舒州佛眼禪師（清遠）云：「先師（法演）三十五，方落髮，便在成都聽習唯識百法。因聞說：菩薩入見道時，智與理冥，境與神會，不分能證所證。外道就難，不分能所證，卻以何爲證？時無能對者。不鳴鐘鼓，返披袈裟。後來唐三藏至彼，救此義云：『智與理冥，境與神會，如人飲水，冷暖自知。』遂自思惟，冷暖則可矣，生是自知的事？無不深疑。因問師，不知自知之理如何。講師不能對。後來浮渡山見圓鑑，看他升堂入室，所說者盡皆說著心下事。遂住一年，令看『如來有密語，迦葉不覆藏』之語。一日云：『子何不早來，吾年老矣，可往參白雲端和尙。』先師到白雲，一日上法堂，便大悟：『如來有密語，迦葉不覆藏』，果然果然。智與理冥，境與神會，如人飲水，冷暖自知，誠哉是言已。乃有投機頌云：『山前一片閒田地，叉手叮嚀問祖翁。幾度賣來還自買，爲憐松竹引青風。』端和尙覷了點頭。」（《古尊宿語錄》卷三十二）理爲智之對象，境爲神之對象。智與神爲能，理與境爲所。「智與理冥，境與神會」即是知對象之能，與對象之所，冥合不分。不分而又自覺其是不分，此所謂「如人飲水，冷暖自知」。南泉云：「道不屬知不知。」普通所謂知識之知，有能知所知之分。知道之知不能有此等分別。故曰：「知是妄覺。」道不屬知。然人於悟中所得的能所不分，亦不是不自覺的。如其是不自覺的，則即是一個混沌，一個原始的無知，一個「頑空」。所以說：「不知是無記。」道不屬不知。

禪宗人常形容悟「如桶的子脫」。桶的子脫，則桶中所有之物，均一時脫出。得道的人於悟時，以前所有的各種問題，均一時解決。其解決並不是積極地解決，而是在悟中了解此等問題，本來都不是問題。所以悟後所得的道，爲「不疑之道」。

悟之所得，並不是一種積極地知識，原來亦不是得到什麼東西。舒州云：「如今明得了，向前明不得的，在什麼處？所以道，向前迷的，便是即今悟的。即今悟的，便是向前迷的。」（《古尊宿語錄》卷三十二）禪宗人常說：山是山，水是水。在你迷中，山是山，水是水。在你悟中，山還是山，水還是水。「山前一片閒田地」，「幾度賣來還自買」。田地本來就只是那一片田地，而且本來就是你的。除此外另找田地，謂之「騎驢覓驢」。既得驢之後，自以爲眞有所得，謂之「騎驢不肯下」。舒州云：「只有二種病，一是騎驢覓驢，一是騎驢不肯下。你道騎卻驢了，更覓驢，可殺，是大病。山僧向你道，不要覓，靈利人當下識得。除卻覓驢病，狂心遂息。既識得驢了，騎了不肯下，此一病最難醫。山僧向你道，不要騎。你便是驢，盡山河大地是個驢，你做麼生騎。你若騎，管取病不去。若不騎，十方世界廓落地。此二病一時去。心下無一事，名爲道人，復有什麼事？」（《古尊宿語錄》卷三十二）

於悟前無道可修。於悟後亦無佛可成。黃檗《語錄》云：「問：『今正悟時，佛在何處？』師云：『語默動靜，一切聲色，盡是佛事。何處覓佛？不可更頭上安頭，嘴上安嘴。』」（《古尊宿語錄》卷三）不但無佛可成，且亦無悟可得。「對迷說悟。本既無迷，悟亦不立。」（馬祖語，見《古尊宿語錄》卷一）此所謂「得無所得」。亦謂爲「究竟無得」。

所以聖人的生活，無異於平常人的生活。禪宗人常說：「著衣吃飯，屙屎送尿。」平常人所做的，是此等平常的事。聖人所做的，亦是此等平常的事。《續傳燈錄》載靈隱慧遠禪師與宋孝宗談話：「師云：昔時葉縣省禪師有一法嗣，住漢州什邡方水禪院，曾作偈示衆曰：『方水潭中鱉鼻蛇，擬心相向便揶揄。何人拔得蛇頭出？』上曰：『更有一句。』師曰：『只有三句。』上曰：『如何只有三句？』師對：『意有所待。』後大隋元靖長老舉前三句了，乃著語云：『方水潭中鱉鼻蛇。』」（《續傳燈錄》卷二十八）拔得蛇頭出以後，還是方水潭中鱉鼻蛇。此所謂「究竟無得」。

禪宗的主要意思，說穿點破，實是明白簡單。舒州云：「先師只道，參禪喚作金屎法。未會一似金，會了一似屎。」（《古尊宿語錄》卷三十二）此主要意思，若說穿點破，亦毫無奇特秘密。所以禪宗人常說：「如來有密語，迦葉不覆藏。」雲居（道膺）云：「汝若不會，世尊密語。汝若會，迦葉不覆藏。」（《傳燈錄》卷十七）密語之所以是密，因衆人不會也。佛果云：「迦葉不覆藏，乃如來眞密語也。當不覆藏即密，當密即不覆藏。」（《佛果禪師語錄》卷十五）不覆藏的密，即所謂公開的秘密。

原來佛法中的宇宙論、心理學等，都可以說是「戲論之類」（百丈語，見《古尊宿語錄》卷二），亦可以說是「閒家具」（藥山（惟儼）禪師語，見《傳燈錄》卷十四）。戲論之類是需要「運出」的。閒家具是用不著的。把這些一掃而空之後，佛法所剩，就是這一點的公開秘密。臨濟云：「在黃蘗先師處，三度問佛法大意，三度被打。後於大愚處大悟云：『元來黃蘗佛法無多子。』」（《古尊宿語錄》卷四）不只黃蘗佛法無多子。佛法本無多子。《傳燈錄》卷十一，記臨濟此言，正作佛法無多子。

自迷而悟，謂之從凡入聖。入聖之後，聖人的生活，也無異於平常人的生活。「平常心是道」，聖人的心也是平常心。此之謂從聖入凡。從聖入凡謂之墮。墮亦可說是墮落，亦可說是超聖。（此皆曹山（良價）《語錄》中語）超聖是所謂「百尺竿頭，更進一步」。南泉云：「眞向那邊會了，卻來這裡行履。」（《古尊宿語錄》卷十二。《曹洞語錄》引作「先過那邊知有，卻來這裡行履」）「直向那邊會了」，是從凡入聖。「卻來這裡行履」，是從聖入凡。

因爲聖人做平常人所做的事，是從聖入凡，所以他所做的事雖只是平常人所做的事，而其做此等事，又與平常人所做此等事不同。百丈懷海云：「未悟未解時名貪嗔，悟了喚做佛慧。故云：『不異舊時人，只異舊時行履處。』」（《古尊宿語錄》卷一）黃檗云：「但無一切心即名，無漏智。每日行住坐臥，一切言語，但莫著有爲法，出言瞬目，盡同無漏。」（《古尊宿語錄》卷二）龐居士偈云：「神通並妙用，擔水及砍柴。」擔水砍柴，平常人做之，只是擔水砍柴；聖人做之，即是神通妙用。

因有此不同，所以聖人雖做平常人所做的事，而不受所謂生死輪迴中的果報。黃檗《語錄》云：「問：『斬草伐木，掘地墾土，爲有罪相否？』師云：『不得定言有罪，亦不得定言無罪。有罪無罪，事在當人。若貪染一切有無等法，有取捨心在，透三句不過，此人定言有罪。若透三句外，心如虛空，亦莫作虛空道，此人定言無罪。』『禪宗下相承，心如虛空，不停留一物，亦無虛空相，罪何處安著？』」（《古尊宿語錄》卷二）聖人雖做平常人所做的事，但不沾滯於此等事，不爲此等事所累。黃檗云：「但終日吃飯，未曾咬著一粒米。終日行，未曾踏著一片地。與麼時，無人無我相等。終日不離一切事，不被諸境惑，方名自在人。」（《古尊宿語錄》卷三）云門（文偃）亦說：「終日說事，未嘗掛著唇齒，未曾道著一字。終日著衣吃飯，未曾觸著一粒米，掛著一縷絲。」（《古尊宿語錄》卷十六）《洞山語錄》云：「師與密師伯過水次，乃問曰：『過水事做麼生？』伯曰：『不濕脚。』師曰：『老老大大，做這個話。』伯曰：『爾做麼生道？』師曰：『脚不濕。』」過水而脚不濕，謂做事而不沾滯於事，不爲事所累。聖人就是這一種的自在人，禪宗亦稱爲自由人。

這是「無修之修」所得的成就。於修時，也是要念念不著於相，於相而無相；於成就時，也是念念不著於相，於相而無相。不過於修行時如此，是出於努力；於成就時如此，則是不用努力，自能如此。這不是說，因爲修行的人，養成了一種習慣，所以不必努力，自能如此。而是因爲修行的人於成就時，頓悟「同無」，所以不必努力，自能如此。

聖人的境界，就是所謂「人境俱不奪」的境界。在此等境界中，山還是山，水還是水，但人已不是舊日的，從凡入聖的人了。百丈所引：「不異舊時人，只異舊時行履處。」嚴格地說應該說：「只異舊時人，不異舊時行履處。」人是從聖入凡，所以雖有人有境，而仍若無人無境。「人境俱奪」，是從凡入聖的工夫。「人境俱不奪」，是從聖入凡的境界。

玄學家所說：聖人亦應務應世，不過是說，聖人亦能應務應世。僧肇所謂：「聖人居動用之域，而止無爲之境。」不過是說：「居動用之域」無礙於「止無爲之境」。若此說，則聖人的玄遠，與其應務應世，動用之域，與無爲之境，仍是兩行，不是一行。如照禪宗所說，則應務應世，對於聖人，就是妙道：「動用之域」，就是「無爲之境」。如此說，則只有一行，沒有兩行。

禪宗更進一步，統一了高明與中庸的對立。但如果擔水砍柴，就是妙道，何以修道的人，仍須出家？何以「事父事君」不是妙道？這又須下一轉語。宋明道學的使命，就在再下這一轉語。

原文載《三松堂全集》第五卷《新原道》

道學：極高明而道中庸與孔顏樂處

張橫渠的《西銘》，是道學家的一篇重要文章。《西銘》云：「乾稱父，坤稱母；予茲藐焉，乃混然中處。故天地之塞，吾其體；天地之帥，吾其性。民吾同胞，物吾與也。」「尊高年，所以長其長；慈孤弱，所以幼其幼。聖其合德，賢其秀也。」「知化則善述其事，窮神則善續其志。」「富貴福澤，將厚吾之生也；貧賤憂戚，庸玉汝於成也。存，吾順事；歿，吾寧也。」（《正蒙・乾稱》）當時及以後的道學家，都很推崇這篇文章。程明道說：「《西銘》某得此意，只是須得他子厚有此筆力。他人無緣做得。孟子後未有人及此。得此文字，省多少言語。」（《二程遺書》卷二上）

……

乾坤是天地的別名。人物俱生於天地間。天地可以說是人物的父母。《西銘》說：「乾稱父，坤稱母。」人與物同以乾坤爲父母。不過人與物有不同者，就是人於人的形體之外，還得有「天地之性」。

我與天地萬物，都是一氣之聚，所以我與天地萬物本是一體。所以說「天地之塞吾其體」。「天地之性」是天地的主宰。我的性就是我所得於「天地之性」者，所以說：「天地之帥吾其性」。就我的七尺之軀說，我在天地之間，是非常渺小的；就我的形體及心性的本源說，我是與天地萬物爲一體的。了解至此，則知「民吾同胞，物吾與也」。……

人之性發爲知覺。「合性與知覺，有心之名。」（《正蒙・太和》）人有心所以能覺解，性與氣都是萬物之一源，聖人有此覺解，所以「立必俱立，知必周知，愛必兼愛，成不獨成」。此即是所謂能盡心、能盡性。橫渠說：「大其心，則能體天下之物。物有未體，則心爲有外。世人之心，止於聞見之狹。聖人盡性，不以聞見梏其心。其視天下無一物非我。孟子謂盡心，則知性、知天。天大無外，故有外之心，不足以合天心。」（《正蒙・大心》）

無外者是至大，是大全，天無外。「大其心」者「合天心」，故亦無外。合天心者，一舉一動都是「贊天地之化育」。所以《西銘》說：「尊高年，所以長其長；慈孤弱，所以幼其幼。」篇中諸「其」字，都指天言。尊高年，慈孤弱，若只是長社會的長，幼社會的幼，則其事是道德的事，做此等事的行爲，是道德行爲。但社會的長，亦是天的長。社會的幼，亦是天的幼。合天心者本其覺解，以尊高年，慈孤弱，雖其事仍是尊高年，慈孤弱，但其行爲的意義則是長天之長，幼天之幼。其行爲的意義，是超道德的，科學上所謂研究自然，利用自然，在合天心者的覺解中，都是窮神知化的工作。窮神是窮天的神，知化是知天的化。天有神化，而人窮之知之。人繼天的未繼之功。合天心者做此等事，亦如子繼其父之志，述其父之事。所以亦有事天的意義。合天心者本其覺解，做其在社會中所應該做的事。富貴亦可，貧賤亦可，壽亦可，夭亦可。一日生存，一日繼續做其在社會中應做的事。一日死亡，即做永久的休息。此所謂「存，吾順事；歿，吾寧也」。

此所說的是一種生活態度，亦是一種修養方法。此種修養方法，亦是所謂「集義」的方法。道學家的「聖功」都是用這一種方法。所以他們以為他們是直接孟子之傳。合天心者，所做的事，雖仍是道德的事，但因他所做的事對於他的意義，是超道德的，所以他的境界亦是超道德的。他並不是拘於社會之內，但對於他並沒有方內方外之分。高明與中庸的對立，如是統一起來。橫渠《西銘》講明了這個義理。這就是這篇的價值之所在。

程明道說：「《西銘》某得此意。」此意就是「萬物一體」之意。……我們說：用道家的去知的方法，所得到的渾然的一，是知識上的渾然的一；用儒家的集義的方法，所得到的渾然的一，是情感上的渾然的一。明道所謂「渾然與物同體」之仁，正是情感上的渾然的一。仁者在情感上與萬物渾然一體。此一體是包括一切的。此一體是一個大全。不過此大全不只是一個形式的全，在實際上，大全中的一切，在其生意上，是彼此息息相通的。明道說：「天地之大德曰生。」「萬物之生意最可觀。斯所謂仁也。仁與天地一物也，而人特自小人，何哉？」（《遺書》卷十一）萬物的生意就是天地的仁。在情感上「渾然與萬物同體」，就是仁者的仁，仁者的仁，與天地同其廣大，所以說：「仁與天地，一物也。」

仁與天地同其廣大，所以說：「此道與物無對，大不足以名之。」就實際上說，任何事物，皆在天地的一團生意中，皆在天地的仁中，但不是任何事物皆覺解其是如此。大部分的人亦不覺解其是如此。此所謂「物自小之」。聖人在天地一團生意中，而又覺解其眞是如此。此所謂「反身而誠」。反者如所謂「迴光返照」，是人的覺解的自反。自反而眞覺解「萬物皆備於我」，是所謂反身而誠。若反身未誠，則仍有人我之分。我是我，天地是天地，「以己合彼」，終未能與之相合，此所謂「終未有之」。「識得此理」，即《新原人》所謂知天。又以實心實意，時時注意此理，即所謂「以誠敬存之」。如此久之，則可得到「渾然與物同體」的經驗，是即《新原人》所謂同天。孟子養浩然之氣的方法是集義。集義是孟子謂「必有事焉」。時時集義，不可間斷。此所謂無忘。集義既久，浩然之氣，自然而生。不可求速效、助之長。此所謂無助。「必有事焉，勿忘無助」，是集義的方法。明道於此說：「以誠敬存之而已，更有何事？」「以誠敬存之」，是「必有事焉」，是「勿忘」。「更有何事」，是「勿助」。

眞正的仁者，就是聖人。聖人與天地萬物爲一體，所以天地萬物，對於他不是外，他亦不是內。他與天地萬物，不是「二物有對」，所以中間沒有內外之分。他於應物處世，亦無所謂內外之分。明道答張橫渠書云：「所謂定者，動亦定，靜亦定，無將迎，無內外。苟以外物為外，牽己而從之，是以己性為有內外也。且以己為隨物於外，則當其在外時，何者為在內？是有意於絕外誘，而不知性之無內外也。既以內外為二本，則又烏可遽語定哉？夫天地之常，以其心普萬物而無心。聖人之常，以其情順萬事而無情。故君子之學，莫若廓然而大公，物來而順應。」「人之情各有所蔽，故不能適道。大率患在於自私而用智。自私則不能以有為為應迹；用智則不能以明覺為自然。與其非外而是內，不若內外之兩忘也。兩忘則澄然無事矣。無事則定，定則明，明則尚何應物之為累哉？」（《明道文集》卷三）明道的這一封信，後人稱為《定性書》，此書中所說的意思，有許多與禪宗相同。將禪宗的意思，推至其邏輯的結論，即有明道《定性書》的意思。

道學家所謂動靜的對立，就是我們於上數章中所說入世出世，「遊於方之內」及「遊於方之外」的對立。出世的人，「遊於方之外」，離俗玄遠是主於靜。入世的人，「遊於方之內」，推應付世事，是主於動。老莊及原來的佛家，都是主於靜。早期的道學家，亦注重靜。周濂溪說：「聖人定之以中正仁義而主靜，立人極焉。」（《太極圖說》）後來道學家，說境界，則不說靜，而說定；說方法，則不說靜而說敬。這是一個很大的改變。靜是與動對立的。定與敬不是動的對立，而是靜與動的統一。就境界說，「動亦定，靜亦定」。就方法說，動亦敬，靜亦敬。

聖人動亦定，靜亦定，對於他無所謂內外之分。因爲他已「渾然與物同體」。「萬物皆備於我」，「天地之用，皆我之用」，故對於他無所謂「外物」。主靜者以世間的事爲「外物」，視之爲一種引誘，可以擾亂他的靜者。但對於聖人，即無所謂外物，故亦不「有意於絕外誘」。他的心與天地同其廣大，亦與天地同其無私。其心是如「鑒空衡平」。有事來則順心的明覺的自然反應以應之。此所謂「廓然而大公，物來而順應」。

聖人不自私亦不用智。這就是玄學家及禪宗所謂無心。玄學家及禪宗都說聖人無心。道學家說：天地無心，聖人有心。明道說：「天地之常，以其心普萬物而無心。聖人之常，以其情順萬物而無情。」伊川說：「天地無心而成化。聖人有心而無爲。」不過玄學家及禪宗所謂聖人無心，亦是說聖人有心而無所沾滯繫著。其意亦是如明道所說，「聖人之常，以其情順萬物而無情」；如伊川所說，「聖人有心而無爲」。《定性書》說：「自私則不能以有爲爲應迹。用智則不能以明覺爲自然。」聖人廓然大公，物來順應，應物以無心，這就是「以有爲爲應迹」。「以明覺爲自然」，應順物於明覺之自然，就是於念而無念；「以有爲爲應迹」，就是於相而無相。如此則有爲即是無爲。

說至此，可見明道《定性書》的意思，有許多與禪宗的意思相同。不過禪宗仍要出家出世，這就是他有「惡外物之心」，而「求照無物之地」。他們還不能「內外兩忘」。他們有了一個意思，但還沒有把那個意思，推到它的邏輯的結論。他們還不十分徹底。若眞正內外兩忘的人，則世間的事，與出世間事，對於他並無分別。不僅擔水砍柴是妙道，即事父事君亦是妙道。就他的境界說，他是廓然大公，如「天地心普萬物而無心」。就他的行爲說，他是物來順應，對於物無所選擇，無可無不可。高明與中庸的對立如此即統一起來。

伊川與明道，舊日稱爲二程，舊日並以爲二程的思想，是相同的。其實明道近於道家與禪宗，是道學中的心學一派的鼻祖。伊川是注重於《易傳》所說的「道」，他重新闡發了理世界，爲道學中的理學一派的領袖。

……

理學的系統，至朱子始完全建立。形上形下，朱子分別更清。朱子說：「形而上者，無形無影，是此理。形而下者，有情有狀，是此器。」（《語類》九十五）在形上方面，必先有某理，然後在形下方面，始能有某種事物。……

一類事物的理，是一類事物的最完全的形式，亦是一類事物的最高的標準。標準亦稱爲極。《語錄》云：「事物皆有個極，是道理極至。蔣元進曰：『如君之仁，臣之敬，便是極。』先生曰：『此是一事一物之極。總天地萬物之理，便是太極。』」（《語類》九十四）太極是萬理的總和，亦就是天地萬物的最高標準。

太極是本來如此的。朱子云：「要之理之一字，不可以有無論。未有天地之時，便已如此了也。」（《答楊志仁》，《文集》卷五十八）我們亦不能問：太極在什麼地方。朱子說：「太極無方所，無形體，無地位，可頓放。」（《語類》九十四）太極亦無動靜。「太極理也，理如何動靜？有形則有動靜。太極無形，不可以動靜言。」（鄭子上問語，朱子以爲然。見《文集》卷五十六）太極亦不能造作。朱子云：「若理則只是個潔靜空闊的世界，無形迹，它卻不會造作。」（《語類》卷一）

這是一個超乎形象的世界，「人看它不見」，但它卻不是空的。朱子常稱理爲「實理」，言其確是有的，其有是無妄的。……

道家、佛家均未說及理世界，他們說到超乎形象的。但其所說超乎形象的，均是不可言說，不可思議的。所以他們只能說無、只能說空。理是超乎形象的，但卻是可言說、可思議的。嚴格的說，只有理才是可言說、可思議的。理才眞正是言說思議的對象。嚴格的說：具體的事物，亦是不可言說，不可思議的。它只是可感覺的。理眞正是有名。具體的事物，亦不是有名，它是可以有名。它是個「這」，不過「這」是可以有名的。我們可以說：有不可感覺，亦不可思議的。這是無名。有只可思議，不可感覺的。這是有名。有不可思議，只可感覺的。這是可以有名。

理世界的重新發現，使人得一個超乎形象的、潔淨空闊的世界。它是不增不減、不生不滅、無動無靜。有某種實際的事物，必有某理。但有某理，不一定有某種實際的事物。人「見」此世界，方知其以前所見，拘於形象之內者，是如所謂井蛙之見。這個新「見」，可以「開拓萬古之心胸」。這是一個精神的極大的解放。

理不會造作，無動無靜。其能動而「會造作」者是氣。氣是形下世界所以能構成的原質。朱子說：「天地之間，有理有氣。理也者，形而上之道也，生物之本也。氣也者，形而下之器也，生物之具也。是以人物之生，必稟此理，然後有性；必稟此氣，然後有形。」（《答黃道夫》，《文集》卷五十八）

……

氣凝聚爲某物，此某物必是某種物，必是稟受某理。其所稟受的某理，即是其性。所以說：「人物之生，此稟此理，然後有性。」某形則是氣所凝聚。所以說：「必稟此氣，然後有形。」

人稟受有知覺靈明之性，有仁義禮智之性，所以人能有知覺靈明，有惻隱、善惡、是非、辭讓之情。知覺靈明之性，仁義禮智之性是未發。實際的知覺靈明，及惻隱、善惡、是非、辭讓之情，是已發。未發謂之性，已發謂之情。所謂心包括已發未發。此所謂「心統性情」。

人的心中，不僅有上述諸理，而且有萬理的全體。這就是說，人的心中，有整個的太極。不僅人如此，每一物皆如此。朱子說：「人人有一太極，物物有一太極。」（《語類》九十四）又說：「統體是一太極。然又一物物各具一太極。」（《語類》九十四）或問朱子：「如此，則是太極有分裂乎？」朱子說：「本只是一太極，而萬物各有稟受，又自各全具一太極爾。如月在天，只一而已。及散在江湖，則隨處而見，不可謂月已分也。」（《語類》九十四）

雖人人有一太極，物物有一太極，然因其所稟之氣，有清濁偏正之不同，所以或知之，或不知之。人以外的物，所稟的氣，是較濁而偏的，所以人以外的物，完全不知有理有太極。人所稟之氣，較清而正，所以人可以知其稟受有理有太極。不過雖可以知，但仍須用一番工夫，然後能知。照朱子的說法，此工夫即是《大學》所說「格物致知」的工夫。

朱子《大學章句》格物章補傳云：「所謂致知在格物者，言欲致吾之知，在即物而窮其理也。蓋人心之靈，莫不有知，而天下之物，莫不有理。惟於理有未窮，故其知有未盡也。是以大學始教，必使學者，即凡天下之物，莫不因其已知之理，而益窮之，以求至乎其極。至於用力之久，而一旦豁然貫通焉，則衆物之表裡精粗無不到，而吾心之全體大用無不明矣。」朱子此說，正如柏拉圖的「回憶說」。照柏拉圖的說法，人的靈魂，對於所有的「觀念」，本已有完全的知識。但因爲肉體所拘，所以靈魂不記憶其本有的知識。哲學家或詩人，以靈感或其研究算學或科學的工夫，能使其靈魂上升，離肉體之拘，而回復其原有的知識。在此時，哲學家或詩人，如出了洞穴而重見天日。他在洞穴中，所見者不過是些事物的影像，及燈火的光。既出洞穴，他始能見眞實的事物，及日月的光明。這是柏拉圖於《理想國》中所設的比喻，以比喻一種境界。這種境界，是朱子所謂「一旦豁然貫通」，「衆物之表裡精粗無不到」，「吾心之全體大用無不明」的境界，有此等境界的人，朱子謂之聖人，柏拉圖謂之哲學家或詩人。

有這種境界的人做的事，也就是君臣父子，人倫日用之事。不過這些事對於他都不只是事，而是永恒理的實例。他的境界極高，而所做的仍就是一般人所做的事。高明與中庸的對立，亦如是統一起來。

繼明道之後，心學的領袖是陸象山。象山可以說是直接爲禪宗下轉語者。象山的哲學及修養的方法，是禪宗的方法，至少可以說是，最近乎禪宗的方法的方法。

若用禪宗的方法，則見程朱理學一派，所求太多，所說亦太多。這就是象山所謂「支離」。象山幼時聞人誦伊川語，「自覺若傷我者」。「嘗謂人曰：『伊川之言，奚爲與孔子孟子不類。』」「他日讀古書，至宇宙二字，解者曰：『四方上下曰宇。往古來今曰宙。』忽大省曰：『宇宙內事，乃己分內事。己分內事，乃宇宙事。』又嘗曰：『宇宙便是吾心，吾心便是宇宙。』」（《全集》卷三十三）他的「大省」，就是禪宗所謂悟。有了此悟，以後只須自信得及，一切放下。明道《識仁篇》說：「識得此理，以誠敬存之而已，不須防檢，不須窮索。」亦有此意。

學者須先有此悟。這就是所謂「先立乎其大者」。象山云：「近有議吾者云：『除了先立乎其大者一句，全無伎倆。』吾聞之曰：『誠然。』」（《全集》卷三十四）先立乎其大者以後，可以自信得及。自信者，自信「萬物森然於方寸之間，滿心而發，充塞宇宙，無非是理」。（《全集》卷三十四）於此點自信得及，則知「道遍滿天下，無些子空闕。四端萬善，皆天之所予，不勞人妝點，但是人自有病，與他相隔了」。（《全集》卷十五）知不勞妝點則即無須妝點。知有病則只須去病。此謂一切放下。

……

象山自以爲他的方法是減，朱子的方法是添。《語錄》云：「因說定夫舊習未易消。若一處消了，百處皆可消。予謂晦庵諸事爲他消不得，先生曰：『不可將此相比。他是添。』」（《全集》卷三十五）又說：『聖人之言自明白。且如『弟子入則孝，出則弟』，是分明說與你，入便孝，出便弟。何須得傳注！學者疲精神於此，是以擔子越重。到某這裡，只是與他減擔。」（《全集》卷三十五）

減的方法也是一切放下的方法。一切放下之後，只有我的一個心，我一個「人」。象山云：「仰首攀北斗，翻身依北辰。舉頭天外望，無我這般人。」此所謂我一個「人」正是「這般人」。這般人是所謂大人、大丈夫。象山云：「大世界不享，卻要占個小蹊小徑子。大人不做，卻要爲小兒態，可惜。」

至此境界，不僅所謂傳注的擔子不必要，即六經也不必要。此所謂「學苟知本，六經皆我注脚」。（《全集》卷三十四）

自信得及，一切放下。四端萬善，皆吾性中所固有，只需順之而行。象山云：「人精神在外，至死也勞攘。須收拾做主宰，收得精神在內。當惻隱即惻隱，當羞惡即羞惡，誰欺得你？誰瞞得你？見得端的後，常涵養，是甚次第！」所謂收拾精神，就是注意於自己。這是所謂「反身」。亦是禪宗所謂「迴光返照」。普通人都只注意於外界事物。此所謂「精神在外，至死也勞攘」。收拾精神，迴光返照，能悟到宇宙即是吾心，吾心即是宇宙。則所謂外物，又不是外。即應付外物，亦不是勞攘。其所以不是勞攘，因其心已是「廓然而大公」，其應事亦是「物來而順應」也。象山云：「凡事莫如此滯滯泥泥。某平生於此有長，都不去著他事。凡事累自家一毫不得。每理會一事時，血脈骨髓，都在自家手中。然我此中都似個閒閒散散，全不理會事的人，不陷事中。」此正是禪宗所謂：「終日吃飯，未曾咬著一粒米。終日穿衣，未曾掛著一縷絲。」

由上所說，我們可見，象山的哲學及修養方法，是最近於禪宗的。說他的哲學及修養方法是「易簡」，是「直捷」，是沒錯的。程朱一派，說象山是近禪，也是沒錯的。不過象山自己不承認他是近禪，這也是沒錯的。因為他是說：事父事君，也是人的性分內事，也是妙道。他下了這個轉語，他所講的，便是道學，不是禪宗。

心學最後的大師是王陽明。陽明的哲學及修養方法，也是注重在自信得及，一切放下。自信得及是自信自己有知善知惡的良知。一切放下，是不擬議計較，只順良知而行。陽明的《大學問》解釋大學的三綱領云：「大人者，以天地萬物爲一體者也。其視天下猶一家，中國猶一人焉。若夫間形骸而分爾我者，小人矣。大人之能以天地萬物爲一體也，非意之也，其心之仁，本若是其與天地萬物而爲一也。豈惟大人，雖小人之心，亦莫不然，彼顧自小之耳。」「是故苟無私欲之蔽，則雖小人之心，而其一體之仁，猶大人也。一有私慾之蔽，則雖大人之心，而其分隔隘陋，猶小人矣。故夫爲大人之學者，亦惟去其私欲之蔽，以自明其德，復其天地萬物一體之本然而已耳。非能於本體之外，而有所增益之也。」「明明德者，立其天地萬物一體之體也。親民者，達其天地萬物一體之用也。故明明德必在於親民，而親民乃所以明其明德也。」「至善者，明德親民之極則也。天命之性，粹然至善，其靈昭不昧者，此其至善之發現，是乃明德之本體，而即所謂良知者也。至善之發現，是而是焉，非而非焉，輕重厚薄，隨感隨應，變動不居，而亦莫不有天然之中，是乃民彝物則之極，而不容少有擬議增損於其間也。少有擬議增損於其間，則是私意小智，而非至善之謂矣。」（《王文成公全書》卷二十六）人的良知，就是人的明德之發現。順良知的命令而行，就是致良知。對於良知如有擬議增損，就是私意小智。私意小智就是明道《定性書》所謂自私用智。

良知是人的明德的發現。可以致良知乃所以回復人的明德的本體，人的「天地萬物一體之仁」。陽明云：「人心是天淵，無所不賅。原是一個天，只爲私欲障礙，則天之本體失了。」……

致良知就是明明德。明德是「天地萬物一體之仁」，所以明明德就在於實行仁。所以說：「明明德必在於親民，而親民乃所以明其明德也。」致良知也就是致良知於行事。順良知的命令行事，然後良知之知，方爲完成。這就是陽明所謂「知行合一」。……人的心之本體，在其不爲私欲所蔽之時，知行只是一事。如人「乍見孺子將入於井，有怵惕惻隱之心」。順此心之自然發展，則必奔走往救之。此奔走往救之行，只是怵惕惻隱之心之自然發展，不是另一事。此所謂「知是行之始，行是知之成」。此時若有轉念，或因畏難而不往，或因惡其父母而不往，則有知而無行，這都是由於自私用智，非知行本體如此。又如人知當孝父，順此知之自然發展，則必實行孝之事。其有不能行孝之事，則亦是其心爲私欲所蔽。其心爲私欲所蔽，則有良知而不能致之，其良知之知亦即不能完成。致良知就是去其私欲之蔽，以回復知行的本體，也就是回復明德的本體。

王陽明《傳習錄》云：「先生嘗言，佛氏不著相，其實著了相。吾儒著相，其實不著相，請問。曰：『佛怕父子累，卻逃了父子。怕君臣累，卻逃了君臣。怕夫婦累，卻逃了夫婦。都是爲個君臣父子夫婦著了相，便須逃避。如吾儒有個父子，還他以仁。有個君臣，還他以義。有個夫婦，還他以別。何曾著父子君臣夫婦的相？』」這就是把禪宗的理論推至其邏輯的結論。禪宗說：於相而無相，於念而無念。如果如此，則何不於父子君臣夫婦之相，亦於相而無相；於事父事君之念，亦於念而無念，這是禪宗的一同未達之處，亦是其不徹的處。心學就在這些處批評禪宗，也就在這些處接著禪宗。

良知是知，致良知是行，一心一意專注於致良知，即是用敬。眞覺解良知是萬物一體的明德的發現，而又一心一意專注於在行事上致良知，如此則高明與中庸的對立，即統一起來。陽明的形上學，不如明道、象山的空靈。用禪宗的話說，他的形上學是有點「拖泥帶水」。用我們的話說，他的形上學對於實際，太多肯定。不過致良知三字，把心學的修養方法，說得更確切、更清楚。

依照以上所說，道學已把所謂高明、中庸、內外、本末、精粗等對立統一起來。明道說：「居處恭，執事敬，與人忠。此是徹上徹下語。聖人元無二語。」（《遺書》卷二上）伊川說：「後人便將性命別做一般事說了。性命孝悌，只是一統的事。至如灑掃應對，與盡性至命，亦是一統的事。無有本末，無有精粗。」「然今時非無孝悌之人，而不能盡性至命者，由之而不知也。」（《遺書》卷十八）聖人所做的事，就是這些事。雖就是這些事，但這些事聖人做之，都成妙道。此所謂「迷則爲凡」，「悟則爲聖」。徹上徹下，都是一統的事，是一行不是兩行。事父事君，亦是妙道，這是把禪宗所一間未達者，也爲之戳穿點破。這可以說是「百尺竿頭，更進一步」了。

所以用道學家的方法而成爲聖人的人，「即其所居之位，樂其日用之常」，「而其胸次悠然，直與天地萬物，上下同流」。（《倫語》曾點言志章朱子注）程明道詩云：「年來無事不從容，睡覺東窗日已紅。萬物靜觀皆自得，四時佳興與人同。道通天地有形外，思入風雲變態中。富貴不淫貧賤樂，男兒到此自豪雄。」（《明道文集》卷一）這就是道學家所謂孔、顏樂處，也就是在天地境界的人的樂處。

原文載《三松堂全集》第五卷《新原道》

新理學：經虛涉曠與內聖外王

或人可說：清朝人所以批評道學者，就是因它是「空虛之學」（顧亭林語），沒有實用。顏習齋說：「聖人出，必爲天地建承平之業。」南北兩宋，道學最盛，「乃上不見一扶危濟難之功，下不見一可相可將之材」，「多聖多賢之世，乃如此乎？」（《存學編・性理評》）道學已是空虛無用。若新理學中的幾個觀念，都是形式的觀念，更不能使人有對於實際的知識。道學尚諱言其近玄學近禪宗，新理學則公開承認其近玄學近禪宗。新理學豈不是更無實用？

於此我們說：我們現在是講哲學。我們只能就哲學講哲學。哲學本來是空虛之學。哲學是可以使人得到最高境界的學問，不是使人增加對於實際的知識及才能的學問。《老子》作爲道與爲學的分別。講哲學或學哲學，是屬於爲道，不是屬於爲學。

以前大部分中國哲學家的錯誤，不在乎他們講空虛之學，而在於他們不自知，或未明說，他們所講的，是空虛之學。他們或誤以為聖人，專憑其是聖人，即可有極大的對於實際的知識，及駕馭實際的才能。或雖無此種誤解，但他們所用以描寫聖人的話，可使人有此種誤解。例如《易傳》說：「聖人與天地合其德，與日月合其明，與四時合其序，與鬼神合其吉凶。」《中庸》說：「聖人可以贊天地之化育。」《莊子・逍遙遊》郭象注：「夫聖人之心，極兩儀之至會，窮萬物之妙數。」僧肇《肇論》說：聖人「智有窮幽之鑒，神有應會之用」。又說：「夫聖人功高二儀而不仁，明逾日月而彌昏。」朱子講格物致知的工夫，說：「至於用力之久，而一旦豁然貫通焉，則衆物之表裡精粗無不到，而吾心之全體大用無不明矣。」這些話可予人以印象，以為聖人，專憑其是聖人，即可無所不知，無所不能。學為聖人，亦如佛教道教中，所謂學為佛，學為仙。學到某種程度，自然有某種靈異。普通人以為聖人必有極大的知識才能，即道學中，亦有許多人以為是如此。於是有許多道學中的人，都自以為，他們已竟用了「居敬存誠」的工夫，對於實際的知識、才能，都可以不學而自能。於是他們不另求知識、不另求才能。不另求當然無知識、無才能。這些人「徒以生民立極，天地立心，萬世開太平之闊論，鈐束天下，一旦有大夫之憂，當報國之日，則蒙然張口，如坐雲霧」。（黃梨洲語，《南雷文定》後集卷三）這些人是無用之人。他們成為無用之人，因為他們不知他們所學的是無用之學。若使他們知他們所學的是無用之學，他們即早另外學一點有用之學，他們也不至成為無用之人。

新理學知道它所講的是哲學，知道哲學本來只能提高人的境界，本來不能使人有對於實際事物的積極知識，因此亦不能使人有駕馭實際事物的才能。哲學可能使人於灑掃應對中，盡情至命，亦可能使人於開飛機放大炮中，盡性至命。但不能使人知怎樣灑掃應對，怎樣開飛機放大炮。就此方面說，哲學是無用的。

在以上所講的各家中，了解並明說上所說的意思者，只有禪宗與陽明。禪宗明白承認聖人，專憑其是聖人，不必有知識才能。他們說：聖人所能做的事，也就是穿衣吃飯，拉屎撒尿。他們說：禪是金屎法，不會一似金，會了一似屎。不過一般人都以爲他們這種說法，是反說的。又因禪宗未完全脫去宗教的成分。一般人又傳說禪宗大師，有種種的靈異。因此禪宗雖有此說，而未爲後來的人所了解、所注意。

陽明有「拔本塞源之論」。他說：「夫拔本塞源之論，不明於天下，則天下之學聖人者，將日繁日難。斯人淪於禽獸夷狄，而猶自以爲聖人之學。」「聖人之學，所以至簡至易，易知易從，易學易能，而以成才者，正以大端惟在復心體之同然，而知識技能，非所與論也。」（《答顧東橋書》，《傳習錄（中）》）陽明又說：「所以爲精金，在足色，而不在分兩。所以爲聖者，在純乎天理，而不在才力也。故雖凡人而可爲學，使此心純乎天理，則亦可爲聖人。猶一兩之金，比之萬鎰。雖分兩懸絕，而其到足色處，可以無愧。故曰：人皆可以爲堯舜以此。」（《傳習錄（上）》）此說雖是而尙有一間未達。才力與境界，完全是兩回事。兩者不必有連帶的關係。說有才力的聖人是萬鎰之金，無才力的聖人是一兩之金，似乎才力與境界，尙多少有連帶的關係。於此點我們可以說，陽明尙未盡脫流俗之見。

新理學中的幾個主要觀念，不能使人有積極的知識，亦不能使人有駕馭實際的能力。但理及氣的觀念，可使人遊心於「物之初」。道體及大全的觀念，可使人遊心於「有之全」。這些觀念，可使人知天、事天、樂天，以至於同天。這些觀念，可以使人的境界不同於自然、功利、及道德諸境界。

這些觀念，又都是「空」的。他們所表示的都是超乎形象的。所以由這些觀念所得到的境界，是虛曠的。在這種境界中的人，是「經虛涉曠」的。

在這種境界中的人，雖是「經虛涉曠」，但他所做的事，還可以就是人倫日用中的事。他是雖玄遠而不離實用。在這種境界中的人，雖「經虛涉曠」，而還是「擔水砍柴」、「事父事君」。這也不是「擔水砍柴」、「事父事君」，無礙其「經虛涉曠」，而是「擔水砍柴」、「事父事君」，對於他就是「經虛涉曠」。他的境界是極高明，但與道中庸是一行不是兩行。

在這種境界中的人，謂之聖人。哲學能使人成爲聖人。這是哲學的無用之用。如果成爲聖人，是盡人之所以爲人，則哲學的無用之用，也可稱爲大用。

聖人是「人之至者」（邵康節語），人之至者，也就是所謂至人。某種對於實際的知識才能，可以使人成爲某種職業的人，例如醫生、工程師等。但哲學不能使人成爲某種職業的人，只能成爲至人。至人是不限於職業的，都可成爲至人，但人不可專以成至人爲他的職業。如果他若如此，他即如和尚之專以成佛爲職業，他即落於高明與中庸的對立。

聖人不能專憑其是聖人即能做事，但可以專憑其是聖人，即能做王。而且嚴格地說，只有聖人，最宜於做王。所謂王，指社會的最高首領。最高首領並不需要親自做什麼事，亦不可親自做什麼事。這就是道家所謂「無爲」。「上必無爲而用天下，下必有爲爲天下用」。當最高首領的「無爲」，並不是無所作爲，而是使用群才，令其自爲。當最高首領者，無須自爲，所以亦不需要什麼專門的知識與才能。他即有專門的知識與才能，他亦不可自爲。因爲他若有爲，則即有不爲。他不爲，而使用群才，令其自爲，則無爲而無不爲。

當最高首領的人，所需要的是「廓然大公」的心，包舉衆流的量。只有在天地境界中的人，最能如此。他自同於大全。自大全的觀點，以看事物，當然有「廓然大公」的心。在他的心中，「萬物並育而不相害，道並行而不相替」，他當然有包舉衆流的量。在他的境界中，他「不與萬法爲侶」，眞是「首出庶物」，所以他最宜於做社會的最高首領。

所以聖人，專憑其是聖人，最宜於做王。如果聖人最宜於做王，而哲學所講的又是使人成爲聖人之道，所以哲學所講的，就是所謂「內聖外王之道」。新理學是最玄虛的哲學，但它所講的，還是「內聖外王之道」，而且是「內聖外王之道」的最精純的要素。

原文載《三松堂全集》第五卷《新原道》

藝術與「美善相樂」的人生

好的藝術作品，既能使人覺有一種境而引起一種與之相應之情；如此則欲使人有某種情者，即可以某種藝術作品引起之。人之各種情，有適宜於社會生活者，有不適宜於社會生活者，自社會之觀點看，其適宜於社會生活者是善的，其不適宜者是不善的。有藝術作品，能使人覺一種境而引起一種善的情者，此種藝術作品，自社會之觀點看，可以有教育的功用，可以做爲一種教育的工具。

儒家對於樂極爲重視；其所以重視樂者，即以爲樂可以有教育的功用，可以做爲一種教育的工具。《荀子‧樂論》及《禮記‧樂記》，皆以爲某種的樂，可以引起人之某種的情，所以欲使人有某種情者，即提倡某種樂。《荀子‧樂論》說：「夫聲樂之入人也深，其化人也速，故先王謹爲之文。樂中平則民和而不流；樂肅莊則民和而不亂。」又說：「故樂者，出所以征誅也；入所以揖讓也。征誅揖讓，其義一也。」征誅須用人之某種情；揖讓須用人之另一種情；此等情皆可以某種樂引起之。所以說：「征誅揖讓，其義一也。」

自社會之觀點看，最好的樂，即能引起人之善的情者。《禮記・樂記》亦說：「先王之制禮樂也，非以極口腹耳目之欲也；將以教民平好惡而反人道之正也。」此所謂人道，即道德的標準。

《荀子・樂論》又說：「樂也者，和之不可變者也；禮也者，理之不可易者也。」此說出樂之主要性質是和；有不可變之和，可以說是和之理。樂之理涵蘊和之理；實際的樂，乃代表樂之理，亦即代表和之理者。故好的音樂可以使人覺和而引起其和愛之情。《荀子・樂論》說：「故樂在宗廟之中，君臣上下同聽之，則莫不和敬。閨門之內，父子兄弟同聽之，則莫不和親。鄉里族長之中，長少同聽之，則莫不和順。故樂者，審一以定和者也。」

《荀子・樂論》又說：「故樂行而志清，禮修而行成；耳目聰明，血氣和平；移風易俗，天下皆寧。美善相樂。」自社會之觀點看，好的樂能引起人之善心，使其潛移默化，日遷善而不自覺。所以樂能「移風易俗，天下皆寧」；《詩序》說：「正得失，動天地，感鬼神，莫近於詩。先王以是經夫婦，成孝敬，厚人倫，美風俗。」詩亦是一種藝術。照以上所說之理由，任何一種藝術，皆可有教育的功用，皆可以作爲教育的工具。不過有些藝術，因其所憑藉工具之不同，其感人或不能如樂之普遍耳。藝術的作品是美的；道德的行爲是善的；用美的藝術作品，以引起道德的行爲，此之謂「美善相樂」。

原文載《三松堂全集》第四卷《新理學》

文藝即人的理想具體化

世界本非爲人而設，人偶生於其中耳。人既生於此世界之中，一切欲皆須於其中求滿足；於是一般藝術生焉。藝術者，人所用以改變天然的事物，以滿足人自己之欲，以實現人自己之理想者也。在諸種藝術中，有所謂實用的藝術 (industrial arts) 者，以統治改變人以外之外界事物，使其能如人之欲，以爲人利。如一切製造、工程，皆屬此類。又有所謂社會的藝術 (social arts) 者，以統治改變人自己之天性，使人與人間，得有調和。如一切禮教制度及教育等，皆屬此類。此二種藝術，皆在所謂實行界中，皆須人之活動，做之實現於實際。

此世界既非爲人設，故其間之事物，當然不能盡如人意。雖有諸種藝術之助，而人之欲終不能盡滿足；人之理想終不能盡實現。即人與人之間，因其間關係複雜之故，亦常有令人不能滿足之事。所以有「天下不如意事十常八九」之言；所以理想的往往與實際的成爲相對待之詞也。然未得滿足之欲，亦不能因其未得滿足而隨自消滅。依現在「析心術」說，吾人之夢，及日間之幻想，所謂「日夢」（day-dream）者，即諸未得滿足之欲，所以求滿足之道。此諸欲在實行界中未得滿足，乃不得已而建空中樓閣，於其中「欺人自欺」，亦所謂「過屠門而大嚼，雖不得志，聊且快意」者也。

空中樓閣之幻想，太虛無縹緲，雖「慰情聊勝無」，而人在可能的範圍內終必欲使之成爲較具體的、較客觀的。文學及美的藝術（fine arts）或曰美術者，即所以使幻想具體化，客觀化者也。

詩對於人生之功用——或其功用之一——即是助人自欺。「用盡閨中力，君聽空外音」（杜甫《擣衣》）。閨中擣衣之聲，無論如何大，豈空外所能聽？明知其不能聽，而希望其能聽，詩即因之作自己哄自己之語，使萬不能實現之希望，在幻想中得以實現。詩對於宇宙及其間各事物，皆可隨時隨地，依人之幻想，加以推測解釋；亦可隨時隨地，依人之幻想，說自己哄自己之話。此詩與說理之散文之根本不同之處也。小說則更將幻想詳細寫出，恰如敘述一歷史的事然，或即借一歷史的事實爲題目，而改削敷衍，以合於作者之幻想。

有些欲之所以不得滿足，乃因其與現行禮教相衝突。依佛魯德（Freud）說，此被壓的意欲，即在夢中，亦必蒙假面具，乃敢出現；蓋恐受所謂良心之責備也。中國昔日禮教甚嚴，被壓之欲多；而人亦不敢顯然表出其被壓之欲；所以詩中常用隱約之詞，所謂「美人香草，飄風雲霓」，措詞多在可解與不可解之間，蓋作者本不欲令人全知其意也。《詩序》所謂「發乎情，止乎禮；發乎情，人之性也；止乎禮，先王之澤也」。發乎人之性者，欲也；先王之澤，壓欲之禮教也。

小說與詩將幻想敷衍敘述，長歌詠嘆，固已以言語表出幻想，使之具體化與客觀化矣。然文字言語所描寫，猶不十分近眞。戲劇則實際的表演幻想，使之眞如人生之一活動的事實。世界之有名的小說故事，多被編爲戲劇；而人對於戲劇脚本，又多喜見其排演。蓋非經排演，幻想不能十分的具體化與客觀化也。

圖畫雕刻以較易統治之物質爲材料，使吾人理想中之情景、事物，或性質，得實際的完全實現。如道家所謂天然境界，其中本有好與不好；此外境情形，又不易統治使其完全合於吾人之理想。而畫家則以較易統治之顏料與紙爲材料，使天然境界之好的方面，完全獨立實現，以爲吾人幻想中遊憩之地。又如吾人所做佛像，多表現仁慈、恬靜諸性質，此亦以較易統治之物質爲材料，而使此諸性質得完全實現。文學圖畫等，除其內容，即所實現之幻想外，其形式中亦實現有吾人之理想的性質。如詩之音節所表現之諧和流利，即其一例。此即所謂形式美也。

小說戲劇等之作者與讀者，多將其自己暗合於故事中之人物而享受其所享受。故其故事之空間、時間，及其人物之非主要的性質（即論理學上所謂偶德 accidents，與常德 property 相對）則均無關重要。即此等人物，此等事情，即可動人；其所以動人，乃其「共相」。至於形式美所表現之性質，則尤系「共相」。所以叔本華謂美術作品所代表，及柏拉圖的概念也。

人之所以亦願作悲劇，看悲劇者，蓋有許多性質，如壯烈、蒼涼等，非悲劇不能表現。且人生之中，本有許多苦痛；人心中之苦痛，又必得相當發洩而後可。人之所以常訴苦者，蓋將苦訴而出之，則心中反覺輕快。契訶夫小說中之老人，見人即訴其喪子之苦，其一例也。（契訶夫《苦惱》，見《現代評論》第一卷六至七期）太史公曰：「屈平疾王聽之不聰也，讒諂之蔽明也，邪曲之害公也，方正之不容也，故憂愁幽思而作《離騷》。離騷者，猶離憂也。」（《史記‧屈原賈生列傳》）此世界中，本有許多不平之事，又加以死亡、疾病，諸天然的不好之壓迫。深感此諸苦者，本其窮愁抑鬱之氣，著之於詩歌戲劇諸作品。而他知人生之苦痛或曾身受之者，亦觀玩賞鑒，而灑一掬同情之淚焉。經此發洩，作者與觀者之苦痛，乃反較易於忍受矣。

總之文學美術作品，皆人之所為，以補救天然界或實行界中之缺陷者；故就一方面說，皆假而不眞；人特用之以自欺耳。《中庸》說：「所謂誠其意者，毋自欺也。」道德家多惡自欺。不過自欺於人亦是一種欲。依上所說，凡欲苟不與他欲衝突，即不可謂惡。譬如小孩以竹竿當馬，豈不知其非眞馬？但姑且自以為眞馬，騎而遊行，自己嬉笑，他人亦顧而樂之，正不必因其所騎非眞馬而斥其虛妄自欺也。文學美術所代表非現實，亦自己承認其所代表非現實；故雖離開現實，憑依幻想，而仍與理智不相衝突。文學美術是最不科學的，而在人生中卻與科學並行不悖，同有其價值。

原文載《三松堂全集》第一卷《人生哲學》

舊禮教與忠孝

在舊日對於男子說，忠孝是爲人的大節；對於女子說，節孝是爲人的大節。對於男子說，最大的道德是忠孝；對於女子說，最大的道德是節孝。最有道德的男子是忠臣孝子；最有道德的女子是節婦孝婦。男子之做忠臣，女子之做節婦，同是一種最道德的行爲，而且同是「一種」道德的行爲。所以臣殉君，婦殉夫，皆謂之盡節。我們可以說，忠之與節，其義一也。必須了解忠節之義一，然後可了解舊日所謂忠之意義。

舊日所謂國，即是皇帝之家，所謂家天下者，是也。一個男子在皇家做官，正如一個女子到夫家爲婦。「忠臣不事二君，烈女不事二夫。」此雖是一句俗語，但對於忠節之義一，則頗能有所說明。未受聘之女，謂之處女；不做官之士，謂之處士。此二「處」字，意義完全相同。歷史中有些處士，必待皇帝安車蒲輪往聘請他，他方「出山」，爲皇家做事。這並不是他故意拿臭架子，而實是處士出仕之正規。

此正如一女子必待夫家「明媒正娶」，「用花轎接來」，方是處女出嫁之正規，所謂「娶則爲婦，奔則爲妾」是也。

一處女若不受聘，則只是一處女，無爲婦之義務。一處士若不受聘，則只是一處士，無爲臣之義務。譬如諸葛亮「本是臥龍崗散淡的人」，所謂「臣本布衣，躬耕南陽，苟全性命於亂世，不求聞達於諸侯」。但是「先帝爺御駕三請」，他即在先主「駕前爲臣」，所謂「先帝不以臣卑鄙，猥自委屈，三顧臣於草廬之中，咨臣以當世之事，由是感激，遂許先帝以馳驅」。既「許以馳驅」，則即不得不「鞠躬盡瘁，死而後已」了。「或爲《出師表》，鬼神泣壯烈。」這都是他「爲臣」以後的事。若使他終不「爲臣」，則曹劉無論如何地龍爭虎鬥，都不妨礙他的隆中高臥，抱膝長吟。

舊日亦常說：「普天之下，莫非王土；率土之濱，莫非王臣。」由此說，則不必受皇家的爵祿者，亦是王臣。不過此所謂臣，乃是泛說，如泛說，則凡受皇家的統制者，男則爲臣，女則爲妾。此臣與皇帝朝中之臣不同，猶之此妾與皇帝宮中之妾有異。

許衡亦是在文廟中吃冷豬肉者。他以漢人而在元朝作官。當時人及後人，並無非議之者。清末人以爲黃梨洲系知民族主義者，然許衡亦高高地列在黃梨洲的宋元學案中。其理由即是因爲許衡並沒受過宋朝的聘，沒有做過姓趙的官，所以他不必生爲趙家臣，死爲趙家鬼。他是一個處士，出處有完全的自由。

所以他之仕元，以當時的道德標準說，是無可非議的。

又如顧亭林亦是清末人所謂知民族主義者，他說：「有亡國，有亡天下。」亡國是做官人的責任，亡天下則「匹夫有責焉」。此話大爲清末人所稱道。但他的外甥徐乾學在清朝做了大官，顧亭林常在他的外甥家裡爲上客。他不能學陳仲子不食不義之食，不居不義之居。此點當時及後世亦無非議之者。其理由亦是徐乾學並未做過明朝的官。顧亭林亦未做過明朝的官，不過他的母親，因爲受過明朝的封贈，所以於明亡時絕食而死，遺囑子孫不得仕清，所以顧亭林亦不仕清。他雖不仕清，但他不以爲徐乾學之仕清是不道德的，所以不以其食爲不義之食，其居爲不義之居。

在中國歷史中，於「改朝換帝」之時，亦有未嘗做官之人，而爲前朝死難殉節者，此等人歷史中稱爲義民。臣之死難殉節者稱爲忠臣，而民之死難殉節者則稱爲義民。這種區別，是不是隨便立的？我們以爲不是隨便立的，照舊日忠義二字的意義，忠臣必不可稱爲義臣；義民必不可稱爲忠民。舊日正史及地方志書中多有忠義傳。有爲君死難殉節之責而死難殉節者謂之忠；無爲君死難殉節之責而死難殉節者謂之義。

在舊日，一般的庶民百姓，皆未受過皇帝的「聘請」，未吃過皇家的俸祿，在道德上他並沒有爲皇家死難殉節的義務；若有爲皇家死難殉節者，其行爲可以說是超道德的。所以是超道德者，即其行爲所取之標準，比社會之道德所規定者更高。所謂義有許多意義，就其一意義說，凡此種超道德的行爲，均謂之義。例如，一女人的夫死而不再嫁者謂之節婦，但一男人的婦死而不再娶者，不稱爲「節夫」，而稱爲義夫。所以稱爲義夫者，即婦死夫不再娶並非其社會的道德所規定，而此行爲所取之標準，比其社會的道德所規定者更高也。又如有些動物，其行爲有合乎道德的標準者，舊日亦稱之爲義，如「義犬」、「義貓」等。有犬因其主人死而亦死者，此犬本可稱爲忠犬，但一社會之道德的規定，本非爲犬設，人亦不希望犬的行爲，能合乎道德的規定，如竟有能之者，則其行爲之價值，超過於人所希望於犬之標準，所以亦稱之爲義。

俠義之義，亦是用義的此意義。所謂「行俠作義」的人，所取的行爲標準，在有些地方，都比其社會的道德所規定者高。如《兒女英雄傳》中，十三妹施恩拒報，安老爺向她講了一篇聖賢的中道，正可說明此點。安老爺說，凡是俠義一流人，都有「一團至性，一副奇才，做事要比聖賢還高一層」。聖賢「從容中道」，照著社會的道德所規定者而行。比聖賢高一層者，正此所謂超道德也。施恩不望報是道德的行爲，施恩拒報則即是超道德的行爲了。十三妹施恩拒報，所以安老爺以爲其行爲不合乎中道。然惟其如此，所以十三妹方是俠義。宋江的大堂稱爲忠義堂，此義亦是用義的此意義。

話說得離題了，再轉回到忠上。我們於上面所說忠的意義，於忠孝有衝突時，更可以看出。忠孝同是最大的道德，所以引起忠孝衝突的事，是最難處的事。不過在普通的所謂「忠孝不能兩全」之事例中，忠孝衝突，不過是「王事靡盬，不遑將父」之類。一個人為「王事」奔走，不能在家侍奉父母，如《琵琶記》所說「文章誤我，我誤爹娘」者；此亦是忠孝不能兩全。於此時應「移孝作忠」，這是沒有什麼問題的。又如一個人因「王事」而要犧牲自己，自己如果犧牲，父母即沒有了或少了一個兒子。如《寧武關》周遇吉在《別母》中所唱一段，表示他心中的「意徬徨」。他明知出戰必敗，敗必死，他不怕死，但捨不了他的母親。這亦是忠孝不能兩全。不過這種忠孝不能兩全，已比上面所說者衝突大得多。因為在上面所說之忠孝不能兩全中，其所不能全之孝，不過是關於日常侍奉的問題。而此所不能全之孝，則是關於毀傷父母遺體，大傷父母的心的問題。不過於此時應「移孝作忠」，亦是沒有問題的。

以上所說的情形，還不算最困難的。因為在這種情形中，一個人若盡了忠，不過是不能盡孝而已。其不能盡孝是消極的。但在有一種情形中，一個人若盡了忠，不但在消極方面不能盡孝，而且在積極方面為他的父母招了「殺身之禍」。在這種忠孝不能兩全的事例中，忠孝的衝突，達於極點。在這種情形中，一個人若盡了忠，他可有「我雖不殺父母，父母由我而死」之感。在這種情形中，一個人是否應忍視父母之死而仍盡他的忠，即成了問題。

歷史中此類的事很多，最有名的是關於趙苞的事。趙苞在後漢作遼西太守。適鮮卑萬餘人入塞，路上拿著了趙苞的母親及妻子。遂「質載以擊郡。苞率騎二萬，與賊對陣。賊出母以示苞。苞悲號謂母曰：『爲子無狀，欲以微祿，奉養朝夕，不圖爲母作禍。昔爲母子，今爲王臣，義不得顧私恩，毀忠節，唯當萬死，無以塞罪。』母遙謂曰：『威豪（苞字），人各有命，何得相顧，以虧忠義？昔王陵母對漢使伏劍，以固其志，爾其勉之。』苞即時進戰，賊悉摧破。母妻皆爲所害。苞殯殮母畢，葬訖，謂鄉人曰：『食祿而避難，非忠也。殺母以全義，非孝也。有何面目立於天下？』遂嘔血而死」（《後漢書・獨行傳》）。最近報載行政院議案：左雲縣常縣長守土不退，「最近其父不幸，困於敵中，被敵劫持，強其作書招致。該縣長忍痛效忠，堅不屈服。由院特令嘉獎」。此是我們眼前所見，忠孝衝突的實例。

趙苞母以王陵母爲法。王陵在漢爲將，「項羽取陵母置軍中，陵使至，則東向陵母，欲以招陵。陵母既私送使者，泣曰：『願爲老妾語陵，善事漢王，母以老妾故，持二心。妾以死送使者。』遂伏劍而死」（《漢書・王陵傳》）。王陵的忠孝衝突的困難，他的母親如是替他解決了。這位賢母，不惜犧牲自己的生命，以完成其子的事業。在以家爲本位的社會中，女人以相夫教子，爲她的最大的職務。王陵母以死盡她的職務，眞所謂捨生取義，殺身成仁，不愧爲母性的典型。趙苞母以王陵母爲法，亦不愧爲母性的典型。趙苞先破賊以爲忠臣，後殉母以爲孝子，按一方面說，他的行爲，眞可算是面面顧到，絲毫無可非議的了。

然而《後漢書》入趙苞於《獨行傳》。《獨行傳叙》說：「孔子曰：『與其不得中庸，必也狂狷乎。』又云：『狂者進取，狷者有所不爲也。』此蓋失於周全之道，而取諸偏至之端者也。中世偏行，一介之夫，能成名立方者，蓋亦衆也。雖事非通圓，良其風規，有足懷者。」照這種看法，趙苞的行爲，只是「偏至」，尙非中道。所謂「偏至」，即上文所謂超道德的，所謂義。說趙苞的行爲是「偏至」，即是說他的行爲所取的標準，比其社會的道德所規定者高，所謂「賢者過之」是也。

於此可見，趙苞的行爲雖是很壯烈的，但依照以家爲本位的社會道德標準說，他的如此行爲尙不是最得當的，即不合乎中道。程伊川說，在此情形下，趙苞若應鮮卑的要求，獻城投降，則爲不忠；不獻城投降，親眼見其母之死不救，亦未免太忍。伊川認爲在此種情形下，最得當的辦法，是趙苞馬上辭遼西太守之職，把軍隊及城池交與別的漢將。然後他自己以個人資格，往贖其母。伊川這種辦法，彷佛是取自《孟子》。《孟子》上有一段話，說：有人問孟子：「舜有天下，臯陶爲士，瞽瞍殺人，則若之何？」孟子說：「竊負而逃，遵海濱而處，終身欣然樂，而忘天下。」這亦是說，一個人的事親，如與其所任家以外的職務有最嚴重的衝突的時候，則可以辭去其職務，而顧全其親。《孟子》中所假設的事，以趙苞所遇到的，尤爲難處。因爲如果瞽瞍殺人，而臯陶爲士，則臯陶必是「鐵面無私」，把瞽瞍定成死罪。舜不但不能救，而並且須於判決書畫上「准」字、「閱」字、「行」字之類。這實在是舜所難辦的。

孟子及伊川所想的辦法，從以家爲本位的社會的道德標準看，是不錯的。因爲依照以家爲本位的社會制度，一個人是他的家人，他在外擔任職務，是替別家辦事。在朝做官，是替皇家辦事，皇家亦是別家也。所以若在平常情形下，人固然須先國後家，移孝作忠，但如因替別人做事，而致其父母於死地，則仍以急流勇退，謝絕別人之約，還其自由之身，而顧全其父母。在以家爲本位的社會中，這是說得通的。在此類的社會中，人本是以家爲本位的。

伊川的說法，若不從以家爲本位的社會觀點看，是很難說得通的。即在實行上亦大有困難。趙苞馬上辭遼西太守之職，如何辭法？當時既無電報電話之類，從他辭職到皇帝批准，即使羽書往還，亦須經相當時日，鮮卑軍事急迫，豈能相待？如使不得詔旨，自行棄官，必使軍事上大受影響，當非忠臣所應爲。不過從伊川的話，我們可知，從以家爲本位的社會觀點看，至少在理論上，孝是先於忠的。

在普通的情形中，須要「移孝作忠」。因爲「移孝作忠」，亦是道德的事，凡是道德的事，一個孝子都須做，因爲這些事都是可以使父母得美名者，可以使「國人稱願然曰：幸哉！有子若此」。凡不道德的事，一個孝子都不可做，因爲這些事都是可以使父母得惡名者。所以「居處不莊，非孝也；事君不忠，非孝也；蒞官不敬，非孝也；朋友不信，非孝也；戰陣無勇，非孝也」。如是一切道德，都歸總於孝。凡是孝子，必行一切道德，所以說「求忠臣必於孝子之門」。不過這都是就普通的情形說。若有一事，危及父母之生存，則當以保全父母爲主。

《詩經》說：「魴魚頳尾，王事如毀。雖則如毀，父母孔邇。」此即說一個男人，努力王事，因爲父母在此。他把王事辦得好了，可以「光祖耀宗」，「揚名聲，顯父母，光於前，裕於後」。他把王事辦得壞了，可以「替父母招罵名」，替父母惹禍。《詩經》又說：「乃生女子，載之弄瓦，惟酒食是議，毋父母貽罹。」此即是說，一個女子，在夫家必須「必敬必戒，毋違夫子」，不要「替父母招罵名」，替父母惹禍。男爲父母而忠於君，女爲父母而順於夫，其理是一樣的。

在以家爲本位的社會中，家是經濟單位，是社會組織的基本。家既是社會組織的基本，所以在以家爲本位的社會中之人，必以鞏固家的組織爲其第一義務。所以在此種社會中，「孝爲百行先」，是「天之經，地之義」。這並不是某某幾個人專憑他們的空想，所隨意定下的規律。照以家爲本位的社會的組織，其中之人當然是如此的。

……在以社會爲本位的社會中，以社會爲本位的生產方法衝破家的壁壘。在此等社會中，雖仍有所謂家者，但此所謂家，已不是經濟單位，所以其社會的意義，與以家爲本位的社會中所謂家，大不相同。在以社會爲本位的社會中，人在經濟上，與社會融爲一體，其全部的生活，亦是與社會融爲一體。在此等社會中，家已不是社會組織的基本，所以在此等社會中，人亦不以鞏固家的組織爲其第一義務。或亦可說，在此等社會中，做爲經濟單位的家的組織，已不存在，所以亦無可鞏固了。在此等社會中，人自然不以孝爲百行先。這並不是說，在此等社會中，人可以「打爹罵娘」。這不過是說，在此等社會中，孝雖亦是一種道德，而只是一種道德，並不是一切道德的中心及根本。

但我們亦不能說，在以社會爲本位的社會中，忠是百行先，如所謂忠者，是以家爲本位的社會中所謂忠，即我們舊日所謂忠孝之忠。所謂忠者，有爲人之意，如《論語》說：「爲人謀而不忠乎？」「與人忠。」「臣事君以忠。」臣事君所以亦「以忠」者，因臣之替君做事，亦是替人家做事也。替君做事，亦爲替人家做事，並不是替自己做事，所以如盡心力而爲之，亦稱爲忠。事君是替人家做事，所以人可以事君，可以不事君。臣如與君不合，可以「乞骸骨」，可以「告老還鄉」。但事親則不能如此。子對於親，不能「乞骸骨」，亦不能「告老還鄉」。爲什麼呢？因爲事親是自己的事，並不是別人的事也。別人的事，我可以管，可以不管；我願管則管，不願管則不管；但我自己的事，則不能不管也。晉獻公要殺太子申生。申生的左右勸他逃到別國，申生說：「天下有無父之國乎？」父的事即是自己的事，而君的事則只是君的事。所以在當時雖有許多人逃於君，而申生則以爲不可以逃於父。

在以社會爲本位的社會中，人替社會做事，並不是替人家做事，而是替自己做事；不是「爲人謀」，而是爲已謀。所以在此等社會中，人如盡心竭力替社會做事，並不是忠。如此可稱爲忠，則此所謂忠，與以家爲本位的社會中所謂忠，意義不同。依照以家爲本位的社會中所謂忠孝的意義說，在以社會爲本位的社會中之人，替社會做事之盡心竭力，應該稱爲孝，不應該稱爲忠。

所謂忠君與愛國的分別，即在於此。……在以社會爲本位的社會中，如其社會是以國爲範圍，則此國中之人，與其國融爲一體。所以在以家爲本位的社會中，忠君是爲人，而在以社會爲本位的社會中，愛國是爲己。在此等社會中，人替社會或國做事，並不是替人做事，而是替自己做事，必須此點確實爲人感覺以後，愛國方是我們所說之有血有肉的活的道德。在中國今日，對於有些人，愛國尚未是活的道德者，因有些人尚未確實感覺此點也。其所以有些人尚未確實感覺此點者，因中國尚未完全變爲以社會爲本位的社會也。許多人說：中國人沒有西洋人愛國；此亦可說。不過說此話時，他們應該知道，西洋人之所以很愛國者，並不是因爲他們是西洋人，而是因爲他們是以社會爲本位的社會中的人。中國人之所以尚未能完全如此者，並不是因爲中國人是中國人，而是因爲中國尚不是完全以社會爲本位的社會中的人。

上文所說的趙苞的行爲，在以家爲本位的社會中，所以是「獨行」而不是中道者，因爲在此等社會中，替君做事是替人家做事，在平常的情形中，「食人之食者忠人之事」，「食王的爵祿報王的恩」，「臨難苟免」是最不道德的事；但如因替人做事而直接危及其親之生命，則其行爲所取的標準，已比其社會的道德所規定者高。所以於此等情形中，保全其親爲適當的辦法。對於一種事之最適當的辦法，即所謂中道也。左雲縣常縣長（照舊日的稱呼法，我們應稱這位縣長爲常左雲）的父親不知以後是否遇害，照我們現在的看法，左雲的行爲，並不是獨行，而是中道。因爲左雲的行爲，並不是忠君而是愛國。對於君可以「乞骸骨」，可以說「我現在不幹了」，但對於國則不能如此說。既不能如此說，則自然須做下去。做下去是中道，不是獨行。

說至此，我們又不能不對於民初人的見解有所批評。民初人要打倒孔家店，打倒「吃人的禮數」，對於孝特別攻擊。有人將「萬惡淫爲首」改爲萬惡孝爲首。他們以爲，孔家店的人，大概都是特別愚昧的。他們不知道，人是社會的分子，而只將人做爲家的分子。孔家店的人又大概都是特別殘酷，不講人道的。他們隨意定出了許多規矩，叫人照做，以至許多人爲這些規矩犧牲。此即所謂「吃人的禮教」。當成一種社會現象看，民初人這種見解，是中國社會轉變在某一階段內，所應有的現象。但若當成一種思想看，民初人此種見解，是極錯誤的。

……清末人注重實業；民初人注重玄談。民初人之注重玄談，使清末人的實業計劃，晚行了二十年。此即是說，使中國的工業化，延遲了二十年。但中國之必需工業化的趨勢，是客觀的情勢所已決定，人在此方向的努力或不努力，可以使此趨勢加速或放慢，但不能使之改變。自清末以來，幾條鐵路，慢慢地修著，幾處工廠，慢慢地開著，慢固然是慢，但在無形之中，新的生產方法，新的經濟組織，已漸漸地衝破了原來以家爲本位的社會組織。人是不能常在家裡了。家已漸不成爲經濟單位，不成爲社會組織的基本了。如果家漸不成爲經濟單位，不成爲社會經織的基本，則孝自然亦不是一切道德的中心及根本了。在新的生產方法，新的經濟制度，正在衝破家的壁壘的時候，家的壁壘不復是人的保障，而變成了人的障礙。正如在新式戰爭工具之下，城牆已不復是人在戰爭時候的保障，而變成了人在和平時候的障礙。孝是所以鞏固家的組織的道德，家的壁壘既成了人的障礙，所以孝，在許多方面，亦成了人的障礙。所以在有些人看起來，教孝成了孔家店的罪惡，「吃人的禮教」。他們高呼：「萬惡孝爲首。」他們這種呼聲，雖是偏激之辭，但是社會轉變在某一階段中客觀情勢的反映。所以若當作一種社會現象看，民初人這種呼聲，這種見解，是中國社會轉變在某一階段中所應有的現象。

但若當成一種思想看，民初人這種見解，是極錯誤的。照民初人的看法，舊日的一套制度，一套道德，所謂禮教者，都是幾個愚昧無知的人，如孔子、朱子等，憑著他們的空想，或偏見坐在書桌前，所用筆寫下，叫人遵行者。他們已經是錯誤了，往日大多數的人，偏偏又都是愚昧無知，冥頑不靈，都跟著孔子、朱子，一直錯誤下去，雖自己受苦受罪，以至於爲此等「禮教」所「吃」而不悔。直到民初，人方才「覺悟」，人方才反抗，人方才知孔家店之必須打倒，「吃人的禮教」之必須廢除。民初人自以爲是了不得的聰明，實在是他們的了不得的愚昧。他們不知，人若只有某種生產工具，人只能用某種生產方法；用某種生產方法，只能有某種社會制度；有某種社會制度，只能有某種道德。在以家爲本位的社會中，孝當然是一切道德的中心及根本。這都是不得不然，而並不是某某幾個人所能隨意規定者。若譏笑孔子、朱子，問他們爲什麼講他們的一套禮教，而不講民初人所講者，正如譏笑孔子、朱子，問他們爲什麼走路坐馬車、轎子，而不知坐飛機。孔子、朱子爲什麼不知坐飛機？最簡單的答案是：因爲那時候沒有飛機。晉惠帝聽說鄉下人沒有飯吃，他問：「何不食肉糜？」民初人對於歷史的看法，正是此類。

民初人以爲孔子、朱子等特別殘酷，不講人道。程伊川說：「餓死事小，失節事大。」民初人對於這一類的話，都覺得異常地不合他們的口味。他們以爲，說寡婦必須守節，已經是錯誤的了，而又說，一個寡婦寧可餓死，亦不可失節，這是更錯誤的。他們以爲，自有伊川此話以來，不知有許多人因此而死，不知有許多人爲此種禮教所「吃」。他們以爲，人的大欲是求生，而所謂「吃人的禮教」，卻束縛著人，讓他不能舒舒服服、痛痛快快地生。在有些情形下，「吃人的禮教」不但不叫人生，而且只叫人生。他們很喜歡戴東原的一句話：「以法殺人，尚有惜之者，以理殺人，人孰惜之？」他們以爲孔子、朱子等，都是以禮殺人、以理殺人者。所以他們以爲孔子、朱子等，都是特別殘酷，不講人道者。

在以家爲本位的社會中，「節」是女人最大的道德，……我們只問：如果節是以家爲本位的社會中的女人的最大的道德，則以家爲本位的社會中的人，是不是可說「餓死事小，失節事大」？我們以爲，此話是可以說的。我們現在看見有許多人當了漢奸。有些人當漢奸，一天得幾角錢；有些人當漢奸，一天得幾十元，幾百元錢。他們爲他們自己辯解，大概都是以「生活所迫」爲辭。對於這些人，我們當然可以說：「餓死事小，失節事大。」

說人寧可餓死，不可失節，照民初人的簡單看法，此話不但迂腐得可憐，而且殘酷得可恨。他們不知，若果某一道德是某種社會的最大道德，則某種社會中的人，當然以爲，此道德是雖死亦須守的。如一社會中的人，因怕餓死而隨便行爲，則此社會馬上即不能存在；此社會中的人，亦大家不能生存，所謂「雖有粟，吾得而食諸」？結果還是非大家都餓死不可。民初人不知，亦不問，孔子、朱子等何以叫人犧牲，而只見其叫人犧牲，即以爲他們殘酷不講人道。此是民初人的錯誤。

民初人另外還有一種錯誤的見解。凡舊日的道德行爲，不合乎民初人所想像的道德標準者，民初人即認爲沒有道德的價值，或其道德的價值必須打折扣。例如民初人以爲舊日的忠臣節婦，皆是爲一姓奴隸，爲一人犧牲，所以其行爲沒有多大的道德價值。民初人這種見解，是完全錯誤的。一種社會中的人的行爲，只可以其社會的道德標準批評之。如其行爲，依照其社會的道德標準，是道德的，則即永遠是道德的。此猶如下象棋者，其棋之高低，只可以象棋的規矩批評之，不可以圍棋的規矩批評之。依象棋的規矩，批評一個人的象棋，如其是高棋，他即是高棋；不能因其不合圍棋的規矩，而說他是低棋。

原文載《三松堂全集》第四卷《新事論》

「娜拉出走」與婦女問題

在以家爲本位的社會中，一般的女人在夫家應負的義務大概是上則事親，中則相夫，下則教子。此所說事親，是一女人事其夫的親。一女人旣爲婦，即無暇自事其親，而只可事夫的親。猶如一男人旣爲臣，即應「移孝作忠」，「王事靡盬，不遑將父」。善事其夫的親者是孝婦，善相其夫者是良妻，善教其子者爲賢母。孝婦、良妻、賢母，是每一個女人所應取的立身的標準。

如一個女人的夫先死，則此女人所應取的立身的標準，於孝婦、良妻、賢母之外，又要加上節婦。「忠臣不事二君，烈女不事二夫。」這一點是女人的大節，此點如不能做到，「則父母國人皆賤之」。一女人必如何方是，或不是，孝婦、良妻、賢母，是不很容易決定的。因爲在這些方面，孝與不孝，賢與不賢，良與不良之間，很難有個具體的標準，以做分別。但如何是，或如何不是節婦，是很容易決定的。因爲在這一方面，節與不節之間，有具體的標準，以做分別。所以在舊日，女人之以孝婦、良妻、賢母得旌表者甚少，而以節婦得旌表者則到處皆是。

在這種社會裡，女人完全是家裡人。所以在許多地方，家裡人成爲女人的別名。有些地方，亦稱女人爲屋裡人；屋裡人即家裡人也。某人的妻，亦稱爲某人的家裡人，或某人的屋裡人，或簡稱爲某人的家裡，如《紅樓夢》中所說王保善家裡、周瑞家裡等。

……在以家爲本位的社會中，人皆在家裡工作、在家裡生活。如此說，則在以家爲本位的社會中，男人亦可說是家裡人。此雖亦可說，但男人尚不完全是家裡人。男人可出仕於皇家，皇家的性質雖亦是家，但其範圍卻是國。所以男人可以「干國楝家」。楝家者，楝其自家之家。干國者，干皇帝之家也。即不出仕之男人，亦可代表其家，與別家做事務的交涉、或友誼的來往、在社會上活動，而女人則不能。女人活動的範圍，未嫁時不出其母家，既嫁時不出其夫家，「在家從父，既嫁從夫，夫死從子」，所謂三從是也。所以女人完全是家裡人。

自舊日的看法看，此並無損於女人的人格及其在道德上的價值。一個人在道德上的價值，是照著他是否能如其所應該而判定，並不是依照他在社會上的地位高低而判定。一個「無道昏君」，在道德上的價值，遠不及一個義僕義丐。此正如一個戲子之所以是好或是壞，是在於他唱得好或壞，並不在於他是小生或青衣。如說女人在道德上無價值，或價值的，因爲她的社會地位低，其不通正如說：梅蘭芳的戲不好，因爲他扮演的是女人。

不過就社會地位說，女人是低於男人一等的。我們鄉下的人，如到一別人家中，在門口必先問：「有人在家嗎?」如只有女人在家，女人即答：「沒有人在家。」所以我們鄉下有俗語：「麵條不算飯，女人不算人。」女人所以不算人者，因其完全是家裡人也。公孫龍說：「白馬非馬。」鄉下人亦說：「家裡人非人。」

在這種情形下，一般的父母，除非願靠所謂「裙帶關係」，以升官發財者，當然皆不重生女、重生男。女兒長大，即須出嫁，所以父母看她是「別人家的人」，是「賠錢貨」。女兒是「家裡人」，不能到社會上活動，所以父母看她是「不中用的」。《韓非子》說：「父母之於子也，產男則相賀，產女則殺之。」二千年來，都免不了有這種情形。

在以家爲本位的社會裡，家是經濟單位。例如在一個舊式的木匠鋪子裡，一個木匠是老板，同時亦是工人。幫助他做活的，是他的妻、子等。他對於他的妻、子，是夫、是父、是師、是工頭;他的妻、子，對於他是妻、是子、是徒、是助手。即就一個普通人的家來說，在以家爲本位的社會中，一個家，在許多方面，是要自給自足的。家要自給自足，所以有許多事，都需一家之內的人自己去做。如飯菜、衣服等，都須一家的女人去做;此即所謂「婦工」。這些事由一家的女人管，一家的男人，即可無內顧助手。

之憂了。所以妻是夫的「內助」。「內」者，言其是家裡人；「助」者，言其直接地或間接地爲其夫當助手。

因此，在以家爲本位的社會中，夫妻的關係並不僅是二人同居，以過其所謂性生活者。妻是夫的「內助」，在經濟的生產方面，他需要她的助；在生活的任何方面，他皆需要她的助。

因此在以家爲本位的社會裡，夫妻的離合，不能是很隨便的。在以家爲本位的社會裡，夫妻一合即不可復離。在以社會爲本位的社會裡，夫妻的離合是兩個人的事，而在以家爲本位的社會裡，夫妻的離合是一大家人的事。家是經濟單位，是社會組織的基本，若家的分子時常變動，則家的組織不免受其影響。所以在以家爲本位的社會裡，夫妻之結合，以終身不可復離爲原則。所以在先秦，妻雖有七出之條，但後來少有用之者。魏晉以前，寡婦再嫁，尚不爲十分地不道德，而宋以後，「餓死事小，失節事大」之說，則甚占勢力。蓋在中國歷史中，以家爲本位的社會，愈後愈漸完備也。

一人若早死，其妻撫孤以承其業，此事對於其家之意義，猶如一國君早死，其大臣輔幼主以繼其位。就一國說，必有如此的大臣，其國方不至於亂；就一家說，其家必有如此的「家裡人」，其家方不至於絕。在以家爲本位的社會中，家是人的一切，所以人視家之不絕爲一最重要的事。所以守節撫孤的女人，與輔幼君的大臣，同是所謂「可以托六尺之孤，可以寄百里之命，臨大節而不可奪，君子人歟？君子人也」。

民初人常說：「在舊日的社會中，人不是他自己，而是他父母的兒子；他結婚並不是他自己結婚，而是他的父母娶兒媳。」照民初人的看法，在這種情形下，當兒子的，固然不自由得可憐，當父母的，也未免專制得可恨。但是我們若知以家爲本位的社會經濟制度，我們可見，這些都是應該如此的。誰也不可憐，誰也不可恨。

在以家爲本位的社會中，家是經濟單位。一家的人，皆須能直接地或間接地參加其家的生產工作。如一家開鋪子，其一家的人，皆須直接地或間接地參加其鋪子的工作。如一家種地，其一家的人，皆須直接地或間接地參加其種地的工作。在這種家裡，父母爲其子娶妻，其意義並不僅是爲其子娶妻。他們是爲他們的家接來一個新分子，能與他的家人共同生產、共同生活。他們多了一個兒媳，不僅是家裡多了一個人，而且是鋪子裡或農田裡多了一個助手。所以他們的兒媳，要由他們去選擇，而選擇要用他們的標準。他們選兒媳，不只是選兒媳，而是爲他們的鋪子裡或農田裡選擇助手。所以他們眼光，不能注在，至少不能全注在他們兒子的愛情上。賈寶玉注意在林黛玉，賈母替他選了薛寶釵。站在寶玉個人的觀點看，賈母是錯誤的。但站在賈府的家的觀點看，賈母一點也不錯誤。少年老成的寶釵，當然比多愁善感的黛玉能持家、能「立門戶」。

民初人常問：賈母為什麼那麼多管閒事呀？寶玉為什麼不積極地反抗、不鬧家庭革命呀？賈母寶玉之流，大概都是「其愚不可及也」吧。照我們的看法，在以家為本位的社會中，賈母所管者並不是閒事，此點上文已詳。在以家為本位的社會中，人不能離開他的家生產，亦不能離開他的家生活。他有了家即有了一切，沒有了家即沒有了一切。所以他不能鬧所謂家庭革命。他亦不是知鬧、想鬧而不能鬧，他實是亦不知鬧、不想鬧。他不知鬧、不想鬧，亦不是因為他的無知。凡人對於某種社會制度鬧革命，或知鬧，想鬧時，必是此種社會制度所根據之生產方法、經濟制度，已有重要的變動之時。不然，人不但不鬧革命，且亦不知鬧、不想鬧。

以社會為本位的生產方法，衝破了家的壁壘。人的生活由家庭化而社會化。人離開了他的父母，而獨立生產、獨立生活。因此他的為子責任減輕了許多；他的妻為婦的責任亦減輕了許多。此即是說，在以社會為本位的社會中，他對於他的父，只是他的子，而不是他的徒、不是他的助手。他的妻對於他的母，亦只是兒媳，不是她的徒、不是她的助手。因此他可以「自由結婚」，他的父母亦讓他「自由結婚」。

在以社會為本位的社會裡，人的生產方法社會化，人的生活亦社會化。一個人所做的事情，他的妻幫不上忙。例如一個鐵廠的工人到鐵廠裡做工，除非他的妻亦是這同一工廠的工人，他與她不能在一塊做工。即使他與她同是一個工廠裡的工人，他與她也是各做各的工，誰也不幫誰。他與她的生活所需的消費品，都已由專門的工業來供給，所以也不必由他的妻幫忙。他的吃食、衣服，以及一切用具，都是現成的。他只要有錢，只要打幾個電話，什麼都有人給他送來。在這種情形下，妻已不是夫的「內助」，因爲在這種情形下，妻對於他在許多方面已不能助、不必助了。在這種社會裡，女人爲妻的責任亦減輕了許多。

這許多的責任減輕以後，他的妻本亦可以由「家裡人」變而爲社會上的人，可以同他一樣地有獨立的技能，有獨立的財產，而只與他同居，以過其性生活。他與她的妻雖是同居，但兩人所做的事，可以各不相同，兩人的財產可以各不相干。假使女人都能完全到這種地步，社會上即無所謂婦女問題。我們不聽說有男子問題，而只聽說有婦女問題，即因有一種事情，使女人不能完全到此所說的地步。以社會爲本位的生產方法，衝破了家的壁壘，把男人完全放出來，但未把女人完全放出來，而女人，及有些男人，認爲女人亦須完全放出來。此所以有所謂婦女問題。

女人所以不能完全從家裡放出來者，因其爲母的責任，尚不能減輕，因爲對於她的兒女，除了她自己養育外，沒有辦法。社會對於兒童，除使其母親自己養育外，亦沒有辦法。因此有所謂兒童問題。所謂兒童問題與婦女問題，是有密切關係的。兒童問題如解決了，婦女問題亦即跟著解決。

……生產社會化的社會又有兩類，一是生產社會化而支配家庭化者，一是生產社會化支配亦社會化者。在生產社會化而支配家庭化的社會裡，女人不能完全自家中放出來。因爲女人是要生小孩的。在她生小孩的前後，都至少有一兩個月不能做事。這三四個月，若不靠她的夫，她即不能生活。她既須靠她的夫，則她必須於相當範圍內，受她的夫支配。此即是說，於相當範圍內，她不能完全地自由。

大部分的事，在以家爲本位的社會中，須家去經營者，在以社會爲本位的社會中，社會上都有專營其業者經營之。因此在以社會爲本位的社會中，妻爲其夫所做的事，比在以家爲本位的社會中，已少得多了。例如在以社會爲本位的社會中，人都向市場上買衣服穿，他的妻不必替他做衣服，更不用說紡線織布了。在這些方面說，「妻」的責任，已經輕得多了。但有一種事，在生產社會化而支配家庭化的社會裡，社會上尚無專營其業者。此即是養育兒童之事。在生產社會化而支配家庭化的社會裡，養育兒童，仍須在家裡。女人須養育兒童，因此她一生的最好時光，大部分還是要消磨在家裡。她不能完全從家裡放出來，她還須在家裡當賢母。

在生產社會化而支配家庭化的社會裡，沒有或者極少有專營養育兒童之業者。這是爲什麼呢？因爲這種事情，並不是可以做爲一種「營業」的。在生產社會化而支配家庭化的社會裡，各種專營其業者所經營之事，其範圍雖是社會的，而主持支配之者，仍是私人。既是私人所主持支配，則其主要的目的，仍是得利賺錢。因此主持者的利益與顧客的利益，常是衝突的。買東西的總說他所買的東西價錢太高。

賣東西的總說他所賣的東西價錢太低。「矢人惟恐不傷人，函人惟恐傷人。」這並不是什麼人好、人壞的問題，他們是「易地則皆然」的。不過在普通商業交易中間，賣東西的如「利心太重」，價貴物劣到不像話，買東西的可以不買他的東西。一個包飯的廚子，如飯菜太劣，吃飯的人可以抗議，可以退伙。但一個養育小孩子的地方，如養育得太差，小孩子是不會抗議的。結果是小孩子只有「吃啞巴虧」而生病死亡。因此養育小孩子的地方，如是營業性質，即沒有人願意將小孩子送去。因此亦即沒有這一種「營業」。

在以社會為本位的社會中，一個人能離開他的家而獨立生產、獨立生活，因此妻的為「婦」的責任，已大大地減輕了。由此方面說，女人已從家裡放出來。但她仍須受丈夫的相當的支配，仍須在家裡當母親。由此方面說，她尚未完全由家放出來。其所以未能完全由家裡放出來，即因她須生孩子。

有一位民初時候小姐的故事，可以證明這一點。這位小姐，在學校當女學生（女學生在民初是一個很惹人注意的名詞）的時候，很熱心於當時所謂女權運動，所謂婦女解放運動。她常到外面參加各種集會。她的父親是一個清末民初所謂「老頑固」，對於他女兒的行為很不滿意，但亦沒有制止她的辦法。後來這位小姐結了婚，當了太太，生了一個小孩，但她還是常到外面活動。她出去的時候，把小孩交給老媽子。有一次她出去開會，老媽子沒有把小孩看好，小孩的頭摔破了一塊。這位太太回來，大為傷心，發誓以後專心在家看小孩。果然她以後不再參與外務，不再出去開會了。她的父親知此事時，大爲痛快。他說原來小孩子管他的母親，比父親管他的兒女還要有效。

這一個故事，很可以說明在生產社會化而支配家庭化的社會裡，女人所遇到的困難。她要在家庭與事業中間選擇一條路。家庭與事業，在男子本來是可兼而有之，不成問題的。但在女人，這二者便成了魚與熊掌，「二者不可得兼」了。她如果要家庭，她須結婚生孩子；這樣，如上所說的那位小孩一樣，即犧牲了她的事業。她如要在社會上做事，她即不能結婚生孩子。不結婚生孩子是違反她的天性的。她如違反了她的天性，她痛苦。不在社會上「雄飛」，而在家裡「雌伏」，這是違反以社會爲本位的社會中人的希望。她如違反了她的希望，她亦痛苦。無論如何，她總痛苦。此有所謂婦女問題。

在以家爲本位的社會中，婦女更要「雌伏」，但她並不痛苦。其所以不痛苦者，有二方面可說。就一方面說，在以家爲本位的社會中，女人除做孝婦良妻賢母外，沒有別的希望。沒有別的希望，自然亦沒有因達不到別的希望之痛苦。自又一方面說，在以家爲本位的社會中，女人隨夫貴、隨子貴。如其夫貴或子貴，她都可以得「五花封誥」，讚美她能輔助她的夫或教養她的子，替皇家做事。在此意義下，她的功績，不止限於她的家內。她雖是家裡人，但她可以間接地爲社會造福利，而社會亦承認之。「五花封誥」，即社會承認之表示也。但在以社會爲本位的社會中，女人雖亦可隨其夫當太太，但社會對此，不能有什麼正式的表示。至於其子，於長成後，又須離其家而獨立生產、獨立生活，縱有成就，社會亦很少念及其「母氏劬勞」。如羅斯福當了美國的大總統，羅斯福的太太固可稱爲「此土第一太太」，但少有人稱羅斯福的母親爲「此土第一老太太」。因此在以家爲本位的社會裡，女人如有事業欲，她尙有機會可以相當地滿足之，她可以視其夫的事業，或其子的事業，如她自己的事業。如其夫或其子做了「光祿大夫」，她亦自然是「一品夫人」。但在以社會爲本位的社會裡，女人如有事業欲，她必須自做事業，始能得到滿足。我們並不說，在以社會爲本位的社會中，女人對於其夫或其子的成就，完全不感興趣，不過就此種社會的社會制度說，及此種社會中人的心理說，女人不能以其夫或子爲與其自己完全一體，如在以家爲本位的社會中的女人然。

清末民初人的見解，以爲所謂婦女解放，專憑人的主觀的努力，即可做到。清末人說：男女應該是平等的；父母不應該重男輕女；父母應都知道生男生女都是一樣。但依當時的社會制度說，男女是不平等的；生男生女，對於父母是不一樣。不在社會制度上著想，而只說空洞的「應該」，這是不能有什麼效果的。

因爲清末人只說空洞的「應該」，在實際上沒有多大用處。於是民初人教女人自動地「反抗」所謂「吃人的禮教」。他們說女人應該學什麼娜拉，自動地脫離家庭。他們說：女人脫離了家庭以後，如果她們能「努力」，能「奮鬥」，她們可以得到自由的、幸福的生活。他們不知道當時女人的社會地位，是一種社會制度所規定。要改變當時女人的社會地位，須先改變當時的社會制度。不求改變社會制度，而只教一個女人或一部分女人枝枝節節地求自由的幸福生活，無論她們如何「努力」、「奮鬥」、「反抗」，俱是沒有用處的。我們眞見許多民初的娜拉，於脫離了家庭以後，不但不能得到自由、幸福的生活，而且有許多簡直不能生活。她們有的重回到家庭，有的做了時代的犧牲。這並不是因爲她們不「努力」、不「奮鬥」，而是因爲在這些方面，一個女人或一部分女人的主觀的「努力」、「奮鬥」，是不能有什麼效果的。

近數年來，政府制定了許多新法律，專就這些法律的條文看，男女是眞正地平等了。女人有參政權、有承繼權、有獨立財產權等等。凡男人所有的權，女人都有。專就法律條文上看，我們可以說，除蘇聯外，中國在世界上，是最尊重女權的了。但是事實上，女人在法律上雖有這些權，但全國之內，有幾個女人，能行使、敢行使這些權?這些法律上的條文，只是條文。立法院的人想以法律改革社會制度，但社會制度，並不是法律可以改革的。

我們於前幾篇中已經說過許多次，一種社會制度，是跟著一種經濟制度來的；一種經濟制度，是跟一種生產方法來的。不從根本上著想，不從根本上努力，而只空洞地講「應該」、講「奮鬥」、講「法律」，都是無補實際的。我們再可以說，人只有在經濟上有權，才是眞正地有權。有一個笑話，說：孔子廟前，香火零落，而財神廟、關帝廟前，則香火甚盛。孔子問財神、關帝：這是什麼緣故？財神、關帝說：「你既沒有錢，又沒有刀，人爲什麼給你進香火。」這雖是笑話，而卻亦是眞理。再進一步說，關帝的刀還要靠財神的錢。他若沒有錢發餉，恐怕關平、周倉，也要變了。我們現在的法律，規定男女平等，而男女仍不平等者，則因在經濟方面，男女的力量不平等。女人在經濟上沒有力量，叫她與男人平等，她亦不能平等。這並不是她「不識抬舉」，而實是因爲財神爺不幫她的忙。

女人如要在經濟上有力量，非能與男女一樣在社會上做事不可。要想女人與男人一樣在社會上做事，非先解決兒童問題不可。但兒童問題，在生產社會化而支配家庭化的社會裡，是不能解決的，至少是不易解決的。

在現在的世界中，要想解決婦女問題，有兩種方法。一種方法，是重新確定女人之家裡人的地位。男人可以說：女人應該是家裡人，雖在生產社會化的社會裡，女人還應該是家裡人。德國人所提倡的女人回廚房去的運動，即是重新確定女人是家裡人的地位。這種重新確定，如果能使女人死心塌地在家裡，則婦女問題，亦可算是解決了。但在生產社會化的社會裡，女人已經受了「蛇的誘惑」，她是不是還可以死心塌地在家裡呢？

另外一種辦法，是根本解決兒童問題，既沒有兒童問題，則自然亦沒有婦女問題了。我們於上文說，兒童問題，在生產社會化而支配家庭化的社會裡，不能解決，因爲在此種社會裡，各種專門經營某種事業者，皆是以得利賺錢爲目的。但在生產社會化而支配亦社會化的社會裡，各種事業，皆由社會經營，皆不以得利賺錢爲目的。所以在此種社會裡，可以有養育兒童的機關，不以得利賺錢爲目的。因其不以得利賺錢爲目的，所以人願意將其孩子送入。又因在此種社會裡，各種事業不是以得利賺錢爲目的，所以對於女人生小孩子之前後，皆可予以特別優待。所以在此種社會裡，女人可以不受小孩及生小孩之拖累，而在社會上可以與男人一樣做事，因此可以與男人一樣得到財神爺的幫助，而立於眞正的平等地位。在此種情形下，夫妻在一塊，才能共同生活，而誰亦不是誰的附屬品。如是婦女問題，自然解決。

我們可以說，在生產家庭化的社會裡，沒有兒童問題，亦沒有婦女問題。在生產社會化而支配家庭化的社會裡，有兒童問題，亦有婦女問題。在生產社會化支配亦社會化的社會裡，兒童問題解決了，婦女問題亦自然解決了。不從經濟制度、社會制度上注意，而只枝枝節節地，要以主觀的努力，解決婦女問題，是不能成功的。

原文載《三松堂全集》第四卷《新事論》

人生與人欲之好惡

凡人皆有欲。欲之中有系天然的，或曰本能的，與生俱來，自然而然；如所謂「飲食男女，人之大欲存焉」；此等欲即天然的欲也。欲之中又有系人爲的，或曰習慣的，如吸煙飲酒，皆得自習慣；此等欲即人爲的欲也。凡欲之發作，人必先覺有一種不快不安之感，此不快不安之感，喚起動作。此動作，若非有特別原因，必達其目的而後止；否則不能去不快之感而有快感。此動作之目的，即動作完成時之結果，即是所欲，即欲之對象也。當吾人覺不快而有活動時，對於所欲，非必常有意識，非必知其所欲。如嬰兒覺不快而哭入母懷，得乳即不哭，食畢即笑。當其覺不快而哭時，對於其所欲之乳非必有意識也。所謂本能或衝動，皆系無意識的；皆求實現，而不知何爲所實現者，亦不知有所實現者；皆系一種要求，而不知何爲所要求者，亦不知有所要求者。若要求而含有知識分子，不但要求而且對於所要求者，有相當的知識，則此即所謂欲望。衝動與欲望，雖有此不同，而實爲一類。今統而名之曰欲。人皆有欲，皆求滿足其欲。種種活動，皆由此起。

近來國中頗有人說，情感是吾人活動之原動力。然依現在心理學所說，情感乃本能發動時所附帶之心理情形。「我們最好視情感爲心理活動所附帶之『調』(tone) 而非心的歷程 (mental process)」。(A. G. Tansley: *The New Psychology* 第一版三六頁) 情感與活動固有連帶之關係，然情感之強弱，乃活動力之強弱之指數 (index)，(同上，六三頁) 而非其原因也。

凡欲必有所欲，欲之對象，已如上述。此所欲即是所謂好；與好相反者，即所謂不好。所欲是活動之目的，所欲是好。柏拉圖及亞里士多德皆以好是欲或愛之對象，能引起動而自身不動；活動即所以得可愛的好；「凡愛好者，皆欲得之」。此二大哲學家蓋皆有見於人生而爲此說，又即以之解釋宇宙全體。以此解釋宇宙全體，誠未見其對；若只以之說人生，則頗與吾人之意見相合也。

哲學家中，有謂好只是主觀者。依此所說，本來天然界中，本無所謂好與不好；但以人之有欲，諸事物之中，有爲人所欲有者，有爲人所欲去者；於是宇宙中即有所謂好與不好之區分，於是即有所謂價值。如生之與死，少之與老，本皆人身體變化之天然程序，但以人有好惡，故生及少爲好，死及老爲不好。又在中國言語中，人有所欲，即爲有所好。此動詞與名詞或形容詞之好爲一字。人有所不欲，即爲有所惡。此動詞亦即與名詞或形容詞之惡爲一字。如云：「如惡惡臭；如好好色。」由此亦或可見中國人固早認（或者無意識的）好惡（名詞或形容詞）與好惡（動詞）爲有密切的關係矣。但哲學家中，亦有謂好爲有客觀的存在者。依此所說，好的事物中，必有特別的性質，爲非好的事物所無有者；若非然者，此二者將無別矣。此特別的性質，即是好也。依吾人之見，好不好之有待於吾人之欲，正如冷熱之有待於吾人之感覺。故謂其爲主觀的，亦未爲錯。但使吾人覺好之事物，誠必有其特別性質，正如使吾人覺熱之物必有其特別性質。此等特別性質，苟不遇人之欲及感覺，誠亦不可即謂之好或熱，但一遇人之欲或感覺，則人必覺其爲好或熱。宇宙間可以無人，但如一有人，則必以此等性質爲好或熱。故此等性質，至少亦可謂爲可能的好或熱也。若以此而謂好爲有客觀存在，吾人固承認之；若對於所謂好之客觀的存在，尚有別種解釋，則非吾人所能知矣。至於柏拉圖所謂好之概念，則係一切好之共相，爲思想之對象。當與別種概念，一例視之。

原文載《三松堂全集》第一卷《人生哲學》

人生與人欲衝突之中和

人生之目的是「生」，「生」之要素是活動。有活動即是生，活動停止即是死。不過此所謂活動，乃依其最廣之義：人身體的活動，如穿衣走路等，心裡的活動，如思維想像等，皆包括在內。

活動之原動力是欲。此所謂欲，包括現在心理學中所謂衝動及欲望。凡人皆有一種「不學而能」的原始活動，或活動之傾向，即是所謂本能或衝動。衝動是無意識的，雖求實現，而不知所實現者是什麼，雖係一種要求，而不知所要求者是什麼。若衝動而含知識分子，不但要求，而且對於所要求者，有相當之知識，則即是所謂欲望。雖有不同，而實屬一類。中國之欲字，似可包括二者，比西洋所謂欲望，範圍較大。今此所謂欲，正依其最廣之義。人皆有欲，皆求滿足其欲。種種活動，皆由此起。

……

假使人之欲望皆能滿足而不自相衝突，此人之欲與彼人之欲，也皆能滿足而不相衝突，則美滿人生，當下即是；更無所謂人生問題，可以發生。但實際上欲是互相衝突的。不但此人之欲與彼人之欲，常互相衝突，即一人自己之欲，亦常互相衝突。所以如要個人人格，不致分裂，社會統一，能以維持，則必須於互相衝突的欲之內，求一個「和」。和之目的，就是要叫可能的最多數之欲，皆得滿足。所得道德及政治上社會上所有的種種制度，皆是求和之方法。他們這些特殊的方法，雖未必對，而求和之方法，總是不可少的。

道德上之所謂「和」，正如知識上所謂「通」。科學上一個道理，若所能釋之現象愈多，則愈眞；社會上政治上一種制度，，若所能滿足之欲愈多，則愈好。譬如現在我們皆承認地是圓，而否認地是方的。所以者何？正因有許多地圓說所能解釋之現象，地方說不能解釋；而地方說所能解釋之現象，地圓說無不能解釋者。地圓說較眞，正因其所得之「通」較大。又譬如現在我們皆以社會主義的社會制度，比資本主義的社會制度爲較優。所以者何？正因有許多社會主義的社會制度所能滿足之欲，資本主義的社會制度不能滿足；而資本主義的社會制度所能滿足之欲，社會主義的社會制度皆能滿足（或者有少數的例外）。社會主義的社會制度較好，正因其所得之「和」較大。依此說，我們可得一具體的標準，以判定一學說或一制度之眞僞或好壞。他們的好或眞之程度，全視他們所得之和或通之大小而定，亦可說是視他們的普遍性之大小而定。「四書」說：「天下之達德」，「天下之達道」，「天下之通義」，特提出「達」、「通」來，可見道德之普遍性之可貴了。

原文載《三松堂全集》第一卷《一種人生觀》

行所欲行即意志自由

孟子云：「魚，我所欲也；熊掌，亦我所欲也；二者不可得兼，捨魚而取熊掌者也。生，亦我所欲也；義，亦我所欲也；二者不可得兼，捨生而取義者也。」（《孟子‧告子上》）吾人之欲，甚爲複雜；勢不能盡皆實現。故諸欲於互相衝突，即諸所欲「不可得兼」之時，必有鬥爭，其結果欲之強者得實現，其弱者則被壓制。此等情形，乃吾人所日常經驗者也。

在諸欲衝突之際，吾人有時覺理智能有選擇取捨之力。在無關重要之事例中，如食魚或熊掌，吾人常即聽習慣之自然，或任較強的欲之實現。但在較重要的事例中，則吾人必用理智以推測計算，如本書所說功利派所說者；於此時則眼前較強之欲，亦往往有被壓者。此等情形雖亦爲吾人所常經驗，然吾人須知理智雖能推測計算，然不能制欲，故亦無選擇取捨之力也。譬如一人，現有一甚強之欲，亟求實現，現有他欲，皆不足以制之；如於此時依理智之推測計算，此人知此甚強之欲如實現，則將來必有極壞的結果；於是此人遂因畏將來之結果而抑制現在甚強之欲。抑制現在甚強之欲者，非理智之力，乃欲避免將來不好結果之欲之力也。理智但能推測計算而無實行之力。理智無力；欲無眼。

有哲學家以爲吾人於欲外又有意志。意志與欲有別，超乎欲之上而常制御之。諸欲有衝突，則意志出而選擇之以決定吾人行爲之方向。依吾人之見，則意志實即欲之成爲系統者，非與欲有種類的差別也。常有一欲或數欲，以其自己爲中心，與其類似的欲，聯絡和合，成爲系統，以爲吾人人格之中心。所謂「立」某種「志」，實即某種欲之立系統耳。系統既立，以後隨時發生之欲，其與「志」合者，當然得其助而得實現；其與「志」不合者，當然不得其助而且受壓抑。所謂意志有選擇諸欲之力者，即此而已。

此欲之系統，所包之欲愈多，則其所得之和愈大，其所遇之衝突愈少，吾人之人格亦愈統一，行動亦愈自由。即所絕不能包之欲，此系統亦能「相機剿撫」，久之習慣養成，則即無有與意志衝突之欲矣。孔子云：「吾十有五，而志於學；……七十而從心所欲，不逾矩。」（《論語・爲政》）皇侃《疏》云：「年至七十，習與性成，猶蓬生麻中，不扶自直，故雖復放縱心意而不逾越於法度也。」蓋初爲人格中心之意志，至此已融包人格之全體，故更無與意志相衝突之欲。若果有所謂意志自由，此則是也。

至於吾輩普通人之心境，則常爲諸欲爭鬥之戰場。往往諸欲互作，不知所從。一欲方在實現，他欲則牽掣之。一欲已經實現，他欲則責備之。此等衝突悔恨，乃吾人所日常經驗。在此等情形之中，吾人乃飽嘗意志不自由之苦矣。

問：歷史中所說桀紂之流，其暴虐亦「習與性成」，其爲其人格中心之欲之系統，亦融包其人格之全體，亦無與其意志相衝突之欲。如所謂意志自由，乃如上所解釋，則桀紂當亦有完全的意志自由矣。

答：是固然也。吾人既以意志爲欲之系統而不視之爲與欲有種類的不同，則意志在道德上當然亦可是善，亦可是惡。善之勢力可自由，惡之勢力亦何不可自由耶？意志與自由，就其本身而言，皆非是惡；猶之諸欲，就其本身而言，皆非是惡也。惟此人之意志與他人之意志，此人之自由與彼人之自由，有所衝突，然後方引入道德的判斷，而始有善惡是非之可言。桀紂之意志之所以爲惡，乃因其與多數人之意志相衝突，非因其不自由也。

以上謂吾人之意志，即爲吾人人格中心之欲之系統；如能行所欲行，不受別欲之阻礙，則即可謂自由，否則可謂不自由。但吾人之意志，果因何而欲其所欲耶？哲學中有所謂意志自由問題者，即吾人之意志是否只是能決定而非所決定之問題。意志決定吾人之行爲，就此方面言，意志是主動者，但意志之所以如此決定者，是否亦受別種影響而爲被動耶。所謂自由論以爲意志只是主動而非被動；所謂決定論則持相反的見解。依吾人之見，人是宇宙間之物，人生是宇宙間之事。宇宙間諸事物，當然互相決定，互相影響，如所謂「英雄造時勢，時勢造英雄」者。若由此方面說，吾人之意志，當然一方面有所決定，一方面亦爲他事物所決定。非惟吾人之意志如此，一切事物皆然也。所以斯賓諾莎說，一切有限的事物皆爲他有限的事物所決定而不自由，惟上帝不受決定而獨自由。然上帝之所爲，亦皆因其本性之必然，非是隨意而爲（斯賓諾莎《倫理學》命題第十七注），故即謂上帝爲不自由可也。

但普通所謂自由，及吾人所喜好者，實即本書所說之自由。吾人能得到此種自由，即已可矣。若必須離開吾人之歷史、環境，甚至吾人之本性，而有所作爲，然後方可爲自由，則此等自由，固亦上帝所不能有者也。

原文載《三松堂全集》第一卷《人生哲學》

人生術與「遊戲人間」

儒家之知命，亦是一種人生術。今再以人生術爲題目，略廣論之。

若將好分類，則好可有二種：即內有的好（intrinsic good）及手段的好（instrumental good）。凡事物，其本身即是可欲的，其價值即在其本身，即內有的好；嚴格的說，惟此種方可謂之好。不過在此世界，有許多內有的好，非用手段不能得到。凡事物，我們須用手段以得到內有的好者，吾人即認其爲有手段的好。換言之，內有的好，即欲之目的之所在；手段的好，非欲之目的之所在，但吾人可因之以達目的者。不過在此世界中，何種事物爲有內有的好，何種事物爲有手段的好，除少數例外外，全不一定。譬如吾人如以寫字爲目的，則寫字即爲有內有的好；如寫信抄書，則寫字即成爲有手段的好。大概人生中之一大部分的苦痛，即在許多內有的好，非因手段的好不能得到，而手段的好，又往往乾燥無味。又一部分的苦痛，即在用盡乾燥無味的手段，而目的仍不能達，因之失望。但因人之欲既多，世上大部分的事物，都可認爲有內有的好。若吾人在生活中，將大部分有手段的好者，亦認爲有內有的好，則人生之失望與苦痛，即可減去一大部分。「君子無入而不自得焉」，正因多數的事物，多可認爲有內有的好，於其中皆可「自得」。此亦解決人生問題之法也。

近來頗有人盛倡所謂「無所爲而爲」，而排斥所謂「有所爲而爲」。用上所說之術語言之，「有所爲而爲」即是以「所爲」爲內有的好，以「爲」爲手段的好；「無所爲而爲」即是純以「爲」爲內有的好。按說「爲」之自身，本是一種內有的好；若非如老僧入定，人本不能眞正無爲。人終是「動」物，終非動不可。所以監禁成一種刑罰；閒人常要「消閒」，常要遊戲。遊戲即是純以「爲」爲內有的好者。

人事非常複雜，其中固有一部分只可認爲只有手段的好者；然亦有許多，於爲之之際，可於「爲」中得好。如此等事，吾人即可以遊戲的態度做之。所謂以遊戲的態度做事者，即以「爲」爲內有的好，而不以之爲手段的好。吾人雖不能完全如所謂神仙之「遊戲人間」，然亦應多少有其意味。

不過所謂以遊戲的態度做事者，非隨便之謂。遊戲亦有隨便與認眞之分；而認眞遊戲每較隨便遊戲爲更有趣味，更能得到「爲之好」、「活動之好」。國棋不願與臭棋下，正因下時不能用心，不能認眞故耳。以認眞遊戲的態度做事，亦非做事無目的、無計劃之謂。成人之遊戲，如下棋、賽球、打獵之類，固有目的、有計劃；即爛漫天眞的小孩之遊戲，如捉迷藏之類，亦何嘗無目的、無計劃？無目的、無計劃之「爲」，如純粹衝動及反射運動，雖「行乎其所不得不行，止乎其所不得不止」，然以其爲無意識之故，於其中反不能得「爲之好」。計劃即實際活動之尚未有身體的表現者，亦即「爲」之一部分；目的則是「爲」之意義。有目的計劃，則「爲」之內容愈豐富。

依此所說，則欲「無所爲而爲」，正不必專依情感或直覺，而排斥理智。有純粹理智的活動，如學術上的研究之類，多以「爲」爲內有的好；而情感之發，如惱怒忿恨之類，其態度全然傾注對象，正與純粹理智之態度相反。亞里士多德以爲人之幸福，在於其官能之自由活動，而以思考——純粹的理智活動——爲最完的、最高的活動；其說亦至少有一部分之眞理。功利主義固太重理智，然以排斥功利主義之故，而必亦排斥理智，則未見其對。功利主義必有所爲而爲，其弊在完全以「爲」爲得「所爲」之手段；今此所說，謂當以「所爲」爲「爲」之意義。換言之，彼以「爲」爲手段的好，而以「所爲」爲內有的好；此則以「爲」爲內有的好，而以「所爲」爲使此內有的好內容豐富之意義。彼以理智的計劃爲實際的行爲之手段，而此則謂理智的計劃亦是「爲」，使實際的行爲內容豐富之「爲」。所以依功利主義，人之生活多乾燥——莊子所謂「其道太觳」——而重心偏倚在外；依此所說，則人之生活豐富有味，其重心穩定在內。(所謂重心在內在外，用梁漱溟先生語)

人生之中，亦有事物，只可認爲有手段的好，而不能認爲有內有的好。如有病時之吃藥，用兵時之殺人等是。此等事物，在必要時，吾人亦只可忍痛做之。此亦人生不幸之一端也。

原文載《三松堂全集》第一卷《人生哲學》

人生之成敗與機遇

人生中有不如意事，亦有如意事。諸不如意事中，有能以人力避免者（例如一部分之病），有不能以人力避免者（例如死）。諸如意事中，有能以人力得到者（例如讀書之樂），有不能以人力得到者（例如腰纏十萬貫，騎鶴下揚州）。其不能以人力避免或得到之不如意事或如意事，固爲人之所無奈何；即其能以人力避免或得到者，亦有人不能避免、不能得到者。其所以不能避免不能得到者，亦非盡因其力不足，非盡因其所以避之或所以得之之方法不合。往往有盡力避不如意事而偏遇之，盡力求如意事而偏不遇之者；亦有不避不如意事而偏不遇之，或不求如意事而偏遇之者。范縝答竟陵王云：「人之生譬如一樹花，同發一枝，俱開一蒂，隨風而墮，自有拂帘幌墜於茵席之上，自有關籬牆落於溷糞之側。墜茵席者，殿下是也；落糞溷者，下官是也。」（《梁書》卷四十八）王充云：「螻蟻行於地，人舉足而涉之；足所履，螻蟻笮死；足所不蹈，全活不傷。火燔野草，車轢所至，火所不燔，俗或喜之，名曰幸草。

夫足所不蹈，火所不及，未必善也。舉火行道適然也。」（《論衡・幸偶篇》）人生有幸有不幸，正是如此。

在人生中，偶然的機遇（chance）頗爲重要，凡大人物之所以能成大事業，固由於其天才，然亦由諸機遇湊合，使其天才得充分發展也。例如唐太宗，一大人物也。世之早夭者甚多，如唐太宗亦「不幸短命死矣」，則其天才即無發展之餘地。彼又親經許多戰爭，吾人所見昭陵前之石馬，皆刻有箭傷，使唐太宗亦偶中箭而死，則其天才亦即無發展之餘地。此不過舉其大者；此外可以阻其成大事業者甚多，而皆未阻之；此唐太宗之所以如茵上之花，而爲有幸之人也。天才與常人，其間所差，並不甚大。世上有天才之人甚多，特其多數皆因無好的機遇湊合，故不幸而埋沒耳。在中國歷史中，一大人物出，則其鄉里故舊，亦多聞人。如孔子生於山東，於是聖廟中「吃冷豬肉」者，遂多鄒魯子弟。如此之類甚多，舊時說者多謂系出天意。其實人才隨地皆有，一大人物出，又能造機會以使之發展其天才，故一時人物蔚起耳。此大人物何幸能得機遇湊合以成其爲大人物！其他人物又何幸而恰逢此大人物所造之機會！總之皆偶然而已矣。

大人物之能成爲大人物，固由於其所遇之幸，即普通人之僅能生存，亦不可謂非由於其所遇之幸也。男女交合，極多精蟲，僅有一二幸而能與卵子結合而成胎。胎兒在母腹中，須各方面情形皆不礙其生長，十月滿足，又經生產之困難危險，然後出世。自出世以來，即須適應各方面之環境，偶有不幸，則所以傷其身與其心者，如疾病、刑罰、刀兵、毀謗等，皆不招而自至。即以疾病一項而論，吾人終日，皆在與毒菌戰爭之中，偶一失手，敗亡立見。其他諸端，亦復稱是。莊子曰：「遊於羿之彀中，中央者，中地也；然而不中者。命也。」（《莊子・德充符》）吾人皆日在「四面楚歌」之中，即僅能生存，亦即如未被足踏之螻蟻，如所謂「幸草」矣。

吾人解釋歷史時，固不能不承認經濟狀況及地理等物質環境之影響。然若謂一切歷史之轉移，皆為經濟狀況等所決定，其中人物，全無關重要，則亦不對。吾人平常開一會議，其主席之能盡職與否，對於會議之進行，即有甚大關係。至於在政治上、社會上、或人之思想上，有大權威之人，其才智行為，豈可謂為對於歷史無大關係？如清光緒帝之變法，因受慈禧太后之制而作罷。使慈禧不幸而早日即死，或幸而早日即死，光緒之維新政策得行，則中國今日之局面，當與現在所有者不同。說者或謂當時守舊之人甚多，即使無慈禧，他人亦必制光緒使不得維新。是亦固然。不過他人之制光緒，必不能如慈禧之制光緒；既不得如慈禧之制光緒，則中國現在之局面，當亦與現在所有者不同。故中國現在之所以致於如此，亦許多偶然的機會湊合使然。偶然的機會，在歷史中亦頗占重要位置也。

說者又謂一事物之發生，必有一定的原因，故無所謂偶然。然吾人所謂偶然，與所謂因果律，並不衝突。假如一人正行之際，空中隕石，正落其頭上，遂將其打死。吾人固可謂此人之行於此乃由於某原因，空中隕石亦有原因，皆非由於偶然。此吾人所不必否認。吾人所謂偶然的機會者，乃此隕石之恰落於此人頭上也。此人之所以行於此地乃一因果系統，空中隕石又爲一因果系統；此二因果系統乃必發生關係，此乃是偶然的也。

故吾人之求避免不如意事，或得到如意事，其成功或失敗之造成，皆常受偶然的機遇之影響，故爲吾人所不可必。換言之，即成功失敗之造成，皆受機遇之影響，而機遇又非吾人力之所能制。如深如此，則吾人於不能達所求之目的之時，亦可「不怨天，不尤人」，而省却許多煩惱。此儒家所以重「知命」也。孟子曰：「君子創業垂統，爲可繼也。若夫成功則天也，君如彼何哉？強爲善而已矣。」（《孟子•梁惠王下》）

原文載《三松堂全集》第一卷《人生哲學》

人生如打牌與知命不憂

命運之命與性命之命不同。性命之命，即性之從另一方面說者。……孟子說：「莫之爲而爲者，天也；莫之致而至者，命也。」荀子說：「節遇之謂命。」此所謂命，即命運之命。

因將來之事之不可測，人常遇意料不到之事，即所謂意外者。因過去之事之不可變，人所遇之意外，雖係意外，而亦不可磨滅、不可改變。人所謂之意外，有對於其自己有利者，有對於其自己有害者。遇有利的意外，是一人之幸，遇有害的意外，是一人之不幸。一人之幸不幸，就一時說，是一人之運；就一生說，是一人之命。知一人之幸於一時多於其不幸，我們說他的運好；如其不幸於一時多於其幸，我們說他的運壞。如一人之幸於一生多於其不幸，我們說他的命好；如其不幸於一生多於其幸，我們說他的命壞。一人於一時或於一生之幸或不幸，皆是不期其至而自至，所謂「莫之敵而至者」。此不是求得者，而是碰上的，此所謂「節遇」。

人生如打牌，而不如下棋。於下棋時，對方於一時所有之可能的舉動，我均可先知；但如打牌時，則我手中將來何牌，大部分完全是人不可測的。所以對於下棋之輸贏，無幸不幸。而對於打牌之輸贏，則有幸不幸。善打牌者，其力所能做者，是將已來之牌，妥為利用，但對於未來之牌，則只可靠其「牌運」。

人生如打牌，所以一人在其一生中所有之成敗，一部分是因其用力之多少，一部分是因其命運之好壞。《列子》有《力命》篇，說力與命間之爭辯。對於過去之事，力是全無用處。對於將來之事，力雖努力為之，亦不敢保一定成功，因對於將來，力不能保無不幸的意外。

不管將來或過去有無意外，或意外之幸不幸，只用力以做其所欲做之事，此之謂以力勝命。不管將來或過去之有無意外，或意外之幸不幸，而只用力以做其所應做之事，此之謂以義制命。如此則不因將來成功之不能定而憂疑，亦不因過去失敗之不可變而悔尤。能如此謂之知命。知命可免去無謂的煩惱，所以《易・繫辭》說：「樂天知命故不憂。」

原文載《三松堂全集》第四卷《新理學》

情爲理化即人生無累

照道家的說法，情起於人對於事物的不了解。例如一小兒走路，爲一石所絆倒，此小兒必大怒而恨此石。但一成人爲一石所絆倒，則並不怒，不恨此石，或雖略有怒，但並不恨此石。其所以如此者，因小兒對於此石無了解，以爲此石有意和他搗亂，所以恨之。而成人對石有了解，知石是無知之物，決不會有意與他搗亂，所以並不恨之。不恨石則其怒亦滅，或即可無怒。

成人對於事物的了解，雖比小兒高，但其了解仍是部分的，所以仍有時不能無情。對於宇宙及其間的事物，有完全的了解者，則即可完全的無情。其所以無情者，並不是冥頑不靈，如所謂槁木死灰，或土塊然，而是其情爲其了解所化，即所謂以理化情也。此所謂化，如冰雪融化之化。情與理遇，即如冰雪與日光遇，不期融化而自然融化。《世說新語》謂王戎說：「太上忘情，其下不及情，情之所鍾，正在吾輩。」冥頑不靈，如槁木死灰或土塊者，是亦無情也。不過其無情是不及情。若聖人之無情，是其情爲理所化，是超過情而非不及。此即所謂太上忘情。

莊子常舉死爲例，以見聖人之忘情。因爲死是最能使人動情的，如對於死不動情，則對於別事，自亦可不動情。《大宗師》說，子輿有病，子祀往問之，子祀說：「且夫得者時也，失者順也，安時而處順，哀樂不能入也。此古之所謂懸解也。」生爲得而死爲失。在某情形下，一個人可有生，此某種情形，只於一時有，所以稱爲時。由生而之死，此時順乎自然，所以稱爲順。了解「生者時也」則無樂；了解「死者順也」則無哀。有此了解，即無哀樂，所謂「哀樂不能入也」，亦即所謂無情也。有情者爲情所苦，如被懸吊起來。有情者爲情所苦，得到解放，如懸解然。所以說：「此古之所謂懸解也。」小說中俠義之流亦常說：「大丈夫生而何歡，死而何懼。」不過俠義之流爲此言，似出於意氣，而非出於了解。出於意氣者，其解放是暫時的；出於了解者，其解放是永久的。

《莊子・至樂》篇說：莊子於其妻始死之時，亦覺慨然，後則鼓盆而歌。郭象注云：「未明而慨，已達而止。斯所以誨有情者，將令推至理以遣累也。」此所謂明，所謂達，都是我們上所謂了解之義。對於死所有的悲哀，即是累，亦即《養生主》所說遁天之刑。天是天然。由生而之死，是順自然，亦即是順天然。由生而不願死，是欲自天然中逃出，此即所謂遁天。遁天者必受刑，即其於悲哀時所受之痛苦是也。郭象說：「馳騖於憂樂之境，雖楚戮未加，而性情已困，庸非刑哉？」悲哀時所有的痛苦，亦即是累。若了解生必有死的道理，則即可以無累。此所謂「明至理以遣累」也。

對於理有了解者，則對於事不起情感。對於事不起情感，即不爲事所累。對於某事不起情感，即不爲某事所累。例如我們於空襲時，雖處很安全的地方，而總不免於怕。此即爲空襲所累。確切地說，我們不是爲空襲所累，而是爲怕空襲所累也。更有人於無警報時，亦常憂慮警報之將來，他的累即更大。他的累不是警報，而是憂慮警報。對於憂慮警報的人，我們可以說，雖警報不來，而「性情已困」矣。

……

照道家的說法，能對於所有的事都看得破，則即可以完全無情。《莊子・德充符》說：「聖人有人之形，無人之情。」「所謂無情者，不以好惡內傷其身。」好惡可以內傷其身，此即所謂形也，亦即所謂累也。何晏謂「聖人無喜怒哀樂」，大概即就道家的聖人此方面說。我們所須注意者，即此所謂無情，皆是太上忘情，不是其下不及情。

《莊子・應帝王》說：「聖人之用心若鏡，不將不迎，應而不藏，故能勝物而不傷。」郭象說，用心若鏡，是「鑒物而無情」。普通人對於事未免有情，故有將有迎，而爲其所累。爲其所累，即爲其所傷，如所謂「黯然神傷」是也。例如一個人怕空襲，於未有警報時，常憂慮警報之將至。這種憂慮，即所謂迎。迎者，事未到而預先憂慮也。及警報已解除，而驚魂未定，聞汽車喇叭聲，即以爲警報又至，此即所謂將。將，送也，事已去而恐懼之心未去，如送已去之事然。此亦即是所謂藏；藏者留於中也。若對於事有如此的將迎，則必爲事所累、所傷。若能用心如鏡，即可如郭象所說：「物來乃鑒，鑒不以心。故雖天下之廣，而無勞神之累。」鑒不以心，即是說鑒物而無情。

不爲事所累者，並不是不做事，只是做事而不起情感。我們說不怕空襲，不是說，於空襲時，不盡可能躲避。亦不是說，對於避空襲，不盡可能做準備。只是說，既已盡可能做準備了，既已盡可能躲避了，不必再有無益的恐懼。這無益的恐懼，是最能傷人的。有人說，空襲不要緊，但是怕空襲的怕，叫人受不了。普通人所受的情之累，都是這些怕之累。

道家的聖人，完全無情，所以無入而不自得。《莊子．齊物論》說：「至人神矣，大澤焚而不能熱，河漢沍而不能寒，疾雷破山，風振海，而不能驚。」正是說此境界。郭象以爲，能至此境界的人，可以「應物而不傷」。所以可以「終日揮形，而神氣無變；俯仰萬機，而淡然自若」。此雖或是一不可及的理想，但一個人若能沒有無益的情感，則可少受許多累，多做許多事；這是眞的。

我們常說，一個人「沉著氣」或「沉不著氣」。所謂沉不著氣，即其人爲一時的情感所制也。……

郭象說：「終日揮形，而神氣無變；俯仰萬機，而淡然自若。」這是晉人的一個理想。在晉人中，最近於此理想者，是謝安。史說：苻堅伐晉，「是時秦兵既盛，都下震恐。謝玄入問計於謝安。安夷然答曰：『已別有旨。』既而寂然。安遂命駕出遊山墅。親朋畢集，與玄圍棋賭墅。安棋常劣於玄，是日玄懼，便爲敵手，而又不勝」。及淝水戰勝，「謝安得驛書，時方與客圍棋，攝書置床上，了無喜色，圍棋如故。客問之，徐答曰：『小兒輩遂已破賊。』既罷，過戶限，不覺屐齒之折」。謝安處理大事，沒有無益的喜懼。他很能沉著氣，不過「不覺屐齒之折」，也就有點沉不著氣了。

對於事物有了解者，能寬容。老子說：「知常容，容乃公。」常者，事物變化所遵循之理也。知常的人，知事物之變化，係遵循一定的理，其如此係不得不然，故對於順我的事物，不特別喜愛，對於逆我的事物，不特別怨恨。此即所謂知常容也。對於順我或逆我的事物，皆無特別的情感，此即所謂容乃公也。人雖是人，而其行爲亦係受一定的規律所支配。如環境遺傳等，皆對於一個人的性格行爲，有很大的影響。如知一個人的性格行爲，係受其環境遺傳等的影響，則對於人可以有很大的寬容。對於順我或逆我的人，皆可無特別的喜愛或怨恨。如此對於任何人、任何事，皆可一秉大公，對於任何人、任何事，皆無所私。此所謂大公無私。大公無私，是王者對於萬民的態度，是天地對於萬物的態度，是道對於天地的態度。所以說：「知常容，容乃公，公乃天，天乃道。」此道理可以終身行之，所以老子又說：「道乃久，沒身不殆。」

老子又說：「是以聖人常善救人，故無棄人，常善救物，故無棄物，是謂襲明。」老子說：「知常曰明。」襲明者，即知常而依照此知以行也。知常的人，對於人既皆能容而公，則對於善人固救之，對於不善人亦救之，故無棄人。對於善物固救之，對於不善物亦救之，故無棄物。在舊日社會中，人對於犯罪的人，皆特別地怨恨。舊日的刑法，對罪人取報復主義，「以眼還眼，以牙還牙」。但現代的法律，則不對於罪人取報復主義。依照現代法律的最高理想，社會應設法感化罪人，使亦歸於善。此即是「善救人」。依舊日的刑法，「刑人於市，與衆棄之」。依現代法律的最高理想，不但不「與衆棄之」，而且簡直不棄之。此即所謂「無棄人」。

老子又說：「報怨以德。」在表面上看，此與耶教所謂「愛你的仇敵」者，意義相同。不過老子這一句話的理論根據，與耶教不同。知常的人，對於逆我的人，並無特別怨恨，所以待之與順我的人，並無分別。這並不是所謂弱者的道德，這是對於事物有了解者的道德。老子並不主張：「如有人打你左頰，你把右頰送上去。」老子並不主張這種「不抵抗主張」。如有人打老子，老子亦當加以抵抗，不過雖抵抗之而並不恨之。在現代戰爭中，優待俘虜，正與老子「報怨以德」之義相合。

……

以上說，對於事物有了解的人，應付事物，可以自己無情。此即所謂以理化情，或以情從事。從另一方面說，一個人若能循理而動，則別人對之，亦可無情。所謂循理而動者，即是循客觀的道理以做事，而不參以自己的私心。一個人如能如此做事，則別人對之，亦可無情。《莊子・大宗師》說：「故聖人之用兵也，亡國而不失人心。利澤施乎萬世，不爲愛人。」郭象注說：「夫白日登天，六合俱照，非愛人而照之也。故聖人之在天下，暖焉若春陽之自和，故蒙澤者不謝。凄乎若秋霜之自降，故凋落者不怨也。」不謝不怨，即別人對之無情也。《莊子・達生》又說：「復仇者不折鏌乾。雖有忮心者，不怨飄瓦。」郭象注說：「乾將鏌鋣，雖與仇爲用，然報仇者不事折之，以其無心。飄落之瓦，雖復中人，人莫之怨者，以其無情。」無心及無情，在這裡意思是一樣。如一個人對於某人做某事，其做某事並不是特意對某人如此，而只是「循理而行」，則此一個人的行爲，即是無心無情的行爲。此某人對於此一個人，亦不起情感。……

以上所說道家的意思，晉人常用之以講佛學。僧肇有《般若無知》論。般若譯言智。僧肇以爲聖人「終日知而未嘗知」。「智有窮幽之鑒，而無知焉。神有應會之用，而無慮焉。神無慮，故能獨王於世表。智無知，故能玄照於事外。智雖事外，未始無事，神雖世表，終日域中。所以俯仰順化，應接無窮。無幽不察，而無照功。」「斯則不知而自知，不爲而自爲矣。復何知哉？復何爲哉？」不知而自知，不爲而自爲，即是知而無心無情，爲而無心無情。此即所謂「寂而恒照，照而恒寂」。

慧遠作《明報應論》，亦云：「若彼我同得，心無兩對，遊刃則泯一玄觀，交兵則莫逆相遇，傷之豈惟無害於神，固亦無生可殺。此則文殊按劍，迹逆而道順。雖復終日揮戈，措刃無地矣。若然者，方將托鼓舞以盡神，運乾鋮而成化，雖功被獨無賞，何罪罰之有邪？」照佛家的說法，一切事物，皆由心造。如一人常殺生，或常有殺生之心，則此人將來，心將轉生爲好殺畜生，如豺虎狼豹之屬。這並不是有閻王主宰判罰，而實是他的心思行爲所自然引起的結果。他的心思行爲名曰業。心思是意業，行爲是身業，還有口說是口業。不僅只殺生的行爲是業，即口說要殺生，心想要殺生，亦即是業了。業所引起的結果，名曰報，或報應。有業必有報。這是佛家的定律。但照慧遠所說，則無心無情的行爲，可以不招報應。如一法官，雖判了許多死刑，如一大將，雖殺了許多敵人，但他們並不是有意於殺生，更不是有意於殺某人的生。所以他們是雖殺而無殺。所謂「傷之豈惟無害於神，固亦無生可殺」。既是雖殺而無殺，所以雖殺亦無罪罰。

這是把上所說道家的意思，推廣到極端。莊子及郭象說，無情者無論做何事，皆可以無累。此無累只是就個人的心理情形，或其行爲之社會結果說。例如莊子喪妻之「未明而慨，已達而止」，止則無累。此無累是就個人的心理情形說。如飄瓦不爲人所怨，不爲人所怨則無累。此無累是就其行爲之社會結果說。但慧遠所說無報應，則是就宇宙論方面說，所以慧遠所說，是上所說道家意思的極端推廣。

以上說道家關於這方面的學說。在這學說中，有些意思是人人都可以實行的。不過關於聖人完全無情一點，尚有二問題。第一問題是：聖人的完全無情，是不是好的？此所謂好即是可欲的意思。聖人的完全無情，是不是可欲的？我們於上文說，道家的聖人，並不是如槁木死灰。此是說，聖人的無情，是忘情，而不是不及情。這是就其所以無情說。就無情的結果說，聖人的完全無情，亦與槁木死灰不同。聖人於完全無情時，其心理的狀態，莊子以恬愉二字形容之。《莊子・在宥》篇說：「昔堯之治天下也，使天下欣欣焉人樂其性，是不恬也。桀之治天下也，使天下瘁瘁焉人苦其性，是不愉也。……人大喜耶？毗於陽；大怒耶？毗於陰。」「使人喜怒失位，居處無常，思慮不自得，中道不成章。」此所謂樂與苦，喜與怒，都是情，而恬愉不是情，或不是道家所謂情。成玄英說：「恬，靜也；愉，樂也。」愉雖亦可訓為樂，但此樂與與苦相對之樂不同。苦樂喜怒，在我們心中，都是一種強烈的動盪。在這種動盪之中，人不能思想，也不能做事。所謂「思慮不自得，中道不成章」。但恬愉則不是一種動盪，而是一種靜的狀態。有情的人，心中常如波浪起伏。而聖人無情，其心中如無波浪的水。程子說：「聖人心如止水。」正是說此狀態。此狀態是靜的，可以說是恬。此狀態使人有一種靜的樂。此靜的樂即所謂愉。恬愉是可欲的。所以聖人的完全無情，是可欲的。

或可說：有些人喜歡有激烈的情感，喜歡心中有特別的動盪。所以有些人特意找強烈的刺激，如開快車、喝烈酒之類。他們都是想在強烈的刺激中，得些強烈的情感。這些人是有的。不過他們的這一種行爲，並不能說是合理性的行爲。吸鴉片、打嗎啡，都是這一類的行爲；其不合理性是顯而易見的。

或又可說：喜歡有太激烈的情感，固然是不合理性的。但有情感亦是使人生豐富的一端，恬愉雖亦是可欲的，但人若一生中只是恬愉，則其一生，亦未免太覺單調。譬如清茶，有與烈酒不同的味，其味亦是可欲的；這是不錯的。但人若一生中只飲清茶，則亦未免太覺清淡。有人因此，對於人生抱悲觀。因爲人如有情，則不免爲情所累。人若無情，其生活又似乎沒有多大的意味，這一點似乎是一問題。不過如照下文所說，宋明道學家所說的辦法，則此問題即不成問題。

第二問題是：完全無情，在事實上是否可能？在中國哲學史中王弼以爲是不可能。裴松之《〈三國志〉注》謂：「何晏以爲聖人無喜怒哀樂，其論甚精。鍾會等述之，弼與不同。」王弼說：「夫明足以尋幽極微，而不能去自然之性。顏子之量，孔父之所預在。然遇之不能無樂，喪之不能無哀。又常狹斯人，以爲未能以情從理者也。而今乃知自然之不可革。」「以情從理」，是上所述道家的學說。王弼初亦以爲然，後乃以爲，情係出於自然之性，是不能完全沒有的，所以雖聖人亦不能無情。不過照王弼的看法，「聖人之情，應物而無累於物」。聖人不是無情，而是有情而不爲情所累。道家以有情爲累，以無情爲無累。王弼以有情而爲情所累爲累；以有情而不爲情所累爲無累。這是王弼與原來的道家的大不同處。王弼對於聖人無情的批評，是很有力的。人之有情，確是出於自然之性。要想完全無情，雖不敢說是一定不能做到，但不是人人皆能做到，這是可以說的。

宋明道學家都主張，聖人有情而不爲情所累之說。他們雖不見得是取此說於王弼，其持此說與王弼同，則係事實。照此說，人可以有情而同時不爲情所累。此說有道家所說「以理化情」的好處，但沒有上述兩問題的困難。

程明道《定性書》說：「天地之常，以其心普萬物而無心；聖人之常，以其情順萬物而無情。故君子之學，莫若廓然而大公，物來而順應。」此亦說無情，不過此所謂無情，並不是道家所說的無情。此所謂無情，是有情而無「我」。亦可說是，雖有情而情非「我」有。

王陽明《傳習錄》：「問有所忿懥一條。先生曰：『忿懥幾件，人心怎能無得？只是不可有耳。凡人忿懥，著了一分意思，便怒得過當，非廓然大公之體了。故有所忿懥，便不得其正也。如今於凡忿懥等件，只是個物來順應，不要著一分意思，便心體廓然大公，得其本體之正了。且如出外見人相鬥，其不是的，我心亦怒。然雖怒，卻此心廓然，不曾動些子氣。如今怒人，亦得如此，方才是正。』」陽明此所舉之例甚好。我若見一人無緣無故，打別人一個嘴巴，我心中必因此人之恃強欺人而怒。不過此怒，沒有「我」的成分在內，是沒有私意的。因此我的心是廓然大公的。其有怒是「物來順應」，其有情是「情順萬物」。我們說，有情而無「我」，正是說此。這樣的怒，是很容易消失的。於見此事時有怒，但此事已過，我心中即復歸於平靜。如太空中雖一時有浮雲，但浮雲一過，太空仍是空空洞洞的。此即所謂情順萬物「而無情」。如此則雖有情而不爲情所累。但如一人無緣無故，打我一個嘴巴，我不但因此人之恃強欺人而怒，而且因爲他是打「我」，因此我不但於當時怒，而且對於此人，時常「懷恨在心」，無論什麼時候，想起此人，總想打他一個嘴巴。如此，則我即有「所」怒。「所」怒即打我之人。我所以有「所」怒，即因我於此的怒，有「我」的成分在內，是有私意的。有「我」的成分在內時，我的心即不是廓然大公，而應物亦不是物來順應了。我因時常對於此人，「懷恨在心」，想起即怒。此即是不能情順萬物而無情，即有情而爲情所累了。如有人打我一個嘴巴，而我的心境，亦能如看此人打別人時所有的心境，則當時雖有怒，當時雖亦可還他一個嘴巴，但事後，我的心即仍歸平靜。如此則雖有怒而不爲怒所累。

《定性書》又說：「聖人之喜，以物之當喜。聖人之怒，以物之當怒。是聖人之喜怒，不係於心而係於物也。」如見一人，無緣無故，打別人一嘴巴，而我怒，此怒之有，是因物之當怒，此怒是係於物。但如別人打我一嘴巴，我對常懷恨在心，此恨即是係於心了。聖人之喜怒，不係於心而係於物，所以聖人不遷怒。遷怒者，即因怒此物而及彼物。如一人因一事發怒，而摔茶碗，罵聽差，即是遷怒。孔子說：顏回「不遷怒，不貳過」。宋儒認爲，不遷怒是顏回幾於聖人的表現。伊川《語錄》：「問：『不遷怒，不貳過，何也？《語錄》有怒甲不遷乙之說，是否？』曰：『是。』曰：『若此則甚易，何待顏氏而後能？』曰：『只被說得粗了，諸君便道易。此莫是最難？須是理會得因何不遷怒。如舜之誅四凶，怒在四凶，舜何與焉？蓋因是人有可怒之事而怒之，聖人之心，本無怒也。譬如明鏡，好物來時，便見是好；惡物來時，便見是惡。鏡何嘗有好惡也？世之人固有怒於室而色於市。且如怒一人，對那人說話，能無怒色否？有能怒一人而不怒別人者，能忍得如此，已是煞知義理。若聖人因物而未嘗有怒，此莫是甚難？君子役物；小人役於物。今人見有可喜可怒之事，自家著一分陪奉他，此亦勞矣。聖人心如止水。』」

若能因物之可怒而怒之，可以不遷怒，這是不錯的。但如謂，因能因物之可怒而怒之，則雖有怒，而無怒，則其說恐有困難。陽明亦說，忿懥等不能無，而卻不可有；亦是伊川此說。此說雖用明鏡之喻，但其喻是不恰當的。因明鏡本身不能有喜怒，而人則能有喜怒，所以不可相提並論。如說，見四凶之可怒而「去」之，聖人本無怒，此是可說的，而亦即是道家所說者。如說，見四凶之可怒而「怒」之，聖人本無怒，此本無怒，如無別的意思，則這一句話恐怕是不通的。若欲這一句話講得通，此無怒須解爲無「所」怒。朱子《語錄》云：「問：『聖人恐無怒容否？』曰：『怎生無怒容？合當怒時，必亦形於色。如要去治那人之罪，自爲笑容，則不可。』曰：『如此則恐涉及忿怒之氣否。』曰：『天之怒，雷霆亦震。舜誅四凶，當其時亦須怒。但當怒而怒，便中節，事過便消了，更不積。』」黃乾雲：「未怒之前，鑒空衡平。既怒之後，冰消霧釋。」如此的怒，正是有怒而無「所」怒。

有怒而無「所」怒，則其怒即無所著。如一人無緣無故打我一嘴巴，我因而怒，並時常對此人懷恨。此即有「所」怒，此怒即有所著。此人打我一嘴巴之事，是隨時即成過去，而此人則不能隨時即成過去。所以此人如成爲我之「所」怒，我之怒如著在此人身上，則此事雖過，而我心中亦常留一怒，如此則我的怒即不能「冰消霧釋」，而我的心亦不能如「鑒空衡平」矣。伊川說：「罪已責躬不可無，但亦不當長在心胸爲悔。」朱子亦說：「既知悔時，第二次莫恁地便了。不消得常常放在心下。」悔過本是好事。但既悔過，改之可矣。若心中長存一悔，即是有「所」悔，其悔即是有所著。有所著之悔亦是累。

照以上所說，可知如能有情而無「我」，則雖有情而不爲情所累。程子說：「人能放這一個身，公共放在天地萬物中，一般看。則有甚妨礙？」能把自己放在天地萬物中，與萬物一般看，則「我」的成分，可以去掉。一人打我一嘴巴時，我的心境，正如我看此人打別人一嘴巴。如此則我雖有怒，而不爲怒所累。

伊川又說：「忿懥，怒也。治怒爲難。治懼亦難。克己所以治怒。明理所以治懼。」克己即去所謂「我」的成分也。其實明理亦可以治怒。克己亦可以治懼。此於上所說道家學說中可見之。「知常容。」此明理可以治怒也。「天下之大患，爲吾有身，及吾無身，吾有何患？」此克己可以治懼也。

無「我」的成分之怒，不至於使人心理上起非常劇烈的變化。有些人於生氣時，可以氣得渾身打顫，滿臉發青。這怒總是有「我」的成分在內。一個人在街上，看見不平的事，雖亦怒，但「事不干己」，決不至於怒到這種地步。「事不干己」的怒，並不使一個人，在整個的心理及生理方面，而非常劇烈的變化。程子所謂無情，所謂聖人心如止水，大概是就此點說。情之使人在整個的心理及生理方面，起非常劇烈的變化者，如把一池清水，從底攪起。不如此劇烈的情，則對於人心，如水上起了些波紋。在這些情形下，人還是能沉著氣的。陽明所說「不動些子氣」，大概亦是就沉著氣說。在這種情形下，有情雖亦是動，而仍不害心如止水。由此方面，程明道說：「動亦定，靜亦定。」

心不可有所著，對事說亦是如此。朱子《語錄》謂：「李德之問：『明道因修橋尋長梁，後每見林木之佳者，必起計度之心。因語學者，心不可有一事。某竊謂：凡事須思而後通，安可謂心不可有一事？』曰：『事如何不思，但事過則不留於心可也。明道肚裡有一條梁。不知今人有幾條梁柱在肚裡。佛家有留注想。水本流將去，有些滲漏處便留滯。』」事過而不留，即是心對於事無所著。心中之事，過而不留，所以心常能如鑒之空。大概能擔當大事的人，都必須能如此。例如一個當大首領的人，每天不知要辦多少事。如事已過者，都還要留在心裡，他即沒有餘力去辦方來的事了。有些人因爲對於有些未來的事，放心不下，或對於過去的事，追悔不已，以致寢食不安。若當大首領的人，亦是如此，他不但不能辦事，恐怕他的性命，亦不能長保。所以即就做事方面說，心對於事亦須無所著。

原文載《三松堂全集》第四卷《新世訓》

謙虛和無意求謙虛

假使一個美國人，因有某種成績，受了別人的誇獎，照美國人的規矩，他對於誇獎他的答覆，應該是：「多謝你的誇獎。」或：「多承誇獎，感激不盡。」假使一個中國人，因有某種成績，受了別人的誇獎，照中國人的規矩，他對於誇獎他的答覆，應該是：「不敢當。」或：「毫無成績，謬承過獎。」在這種情形下，美國人的答覆，是承認自己有成績；而中國人的答覆，是否認自己有成績。自己有成績，而不認爲自己有成績，此即所謂謙虛。虛並不是虛假的意思。《論語》說：「有若無，實若虛。」虛者對實而言。眞正謙虛的人，自己有成績，而不以爲自己有成績；此不以爲並不是僅只對人說，而是其衷心眞覺得如此；即所謂「有若無，實若虛」。

「自卑而尊人，先彼而後己。」這本是社會所需要的一種道德。社會上的禮，大概都是根據這種道德而有的。無論哪一國家或民族的禮，或哪一種社會的禮，其詳細節目或有不同，但其主要的意思，總不離乎「自卑而尊人，先彼而後己」。一個美國人對於誇獎他的答覆，雖不是自卑，而卻是尊人。因爲照他的看法，若否認自己有成績，即是直斥誇獎他的人的錯誤。直斥人的錯誤，是無禮的。中國人對於誇獎他的人的答覆，雖不是尊人，而卻是自卑。所謂「謬承過獎」，即是說：「你對於我誇獎太過，你錯了。」照美國人的看法，這是很不客氣的話。照中國人的看法，這不客氣，是爲自卑而起，所以雖不客氣，而決不會引起對方的誤會。

我們常聽說，人須有「自尊心」。上所謂自卑，並不是有自尊心的反面。孟子說：「人有不爲也，而可以有爲。」一個人在消極方面，有不爲之志，在積極方面，有爲之志，這種人謂之有自尊心。無自尊心的人，認爲自己不足以有爲，遂自居於下流，這亦可說是自卑。不過此自卑不是上所謂自卑。此自卑我們普通稱之爲自暴自棄。孟子說：「舜何人也，予何人也，有爲者亦若是。」有這一類的志趣者，謂之有自尊心。在行這一類志趣的時候，完全用不著與人客氣、用不著讓。所謂「當仁不讓」是也。但在人與人的普通關係中，則彼此之間，需要互讓。讓是禮的一要素。所謂客氣、禮貌，都有讓的成分在內，所以我們常說「禮讓」。上所謂自卑，是讓的表現，並不是自暴自棄。

有些人認爲，有自尊心，即是在人與人的普通關係中，以自己爲高於一切，這是錯誤的。有自尊心是就一個人的志趣說。上所謂自卑，是就人與人間的禮讓說。二者中間，並沒有什麼關係。

說到讓，或者有人以爲與所謂鬥爭，或奮鬥等精神不合。這以爲又是錯誤的。所謂鬥爭，可以提倡者，只能是團體與團體間的鬥爭，不能是一個團體內的，人與人的鬥爭。有提倡民族鬥爭者，亦有提倡階級鬥爭者，但是沒有人提倡，亦沒有人能提倡，人與人鬥爭。這是不能提倡的。所謂不能提倡者，即謂，如有提倡者，其說一定是講不通的。無論我們贊成民族鬥爭或階級鬥爭之說與否，其說是講得通的。但如有提倡人與人鬥爭者，其說是講不通的。如有人以爲，提倡民族鬥爭或階級鬥爭者，必亦提倡人與人鬥爭，此以爲亦是錯誤的。持此等以爲的人可以說是「不明層次」。因爲所謂民族或階級，不是與人在一層次之內的。

所謂奮鬥者，不過是說，一個人應該努力去做他所應該做的事，或他所願意做的事。鬥字在此，只是一種比喻，並不含有侵害別人的意思，與鬥爭之鬥不同。一個人於不侵害別人的範圍內，當然可以，而且應該努力做他自己所應該做的事，或他所願意做的事。這裡用不著讓，亦實在不發生讓或不讓的問題。一個人讀書，求學問，用不著讓別人占先，並且還可以爭著占先。但他若因此，而於與別人共飯時，亦搶著吃菜而不讓人，則他可說是「不知類」。因爲求學問與吃飯，在這一方面，並不是一類的事。

以上所說，是普通所謂謙虛，但就中國的傳統思想說，謙虛並不僅只是如此。就中國的傳統思想說，謙虛是一種人生態度，其背後有很深的哲學的根據。此哲學根據，一部分即是《老子》及《易傳》中所講的道理。

老子對於人生，有很深的了解。他觀察人生、研究人生，發現了許多道理或原則。這些道理或原則，他名之曰「常」。他以爲人若知道了這「常」，而遵照之以行，則即可以得利免害。若不知這些常而隨便亂做，則將失敗受害。他說：「知常曰明。不知常，妄作，凶。」

在這一點，老子很有科學的精神。科學的目的，或其目的之一，亦是欲發現宇宙間的許多道理而使人遵照之而行。人若遵照這些道理而行，他可以得到許多利益。我們常說：科學能戰勝自然。就一方面說，它是能戰勝自然；就又一方面說，它之所以能戰勝自然，正因它能服從自然。

老子所說的話，有許多對於道德是中立的。在這一點，他亦與一般科學家相似。科學家所講的道理，對於道德是中立的。有些人可以應用科學家所講的道理做道德的事，有些人亦可以應用科學家所講的道理，做不道德的事。但對於這些，科學家都是不負責任，亦不能負責任的。在有些地方，老子亦只說出他所發現的道理，至於人將應用這些道理做些什麼事，老子是不負責任，亦不能負責任的。例如老子說：「將欲歙之，必固張之；將欲弱之，必固強之；將欲廢之，必固興之；將欲取之，必固與之。」有人因此說，老子講陰謀。其實老子並不是講陰謀，不過陰謀家可應用這些道理，以遂其陰謀而已。

老子說：「反者，道之動。」照老子的看法，一某事物，若發展至其極，則即變爲其反面，此所謂

「物極必反」。《易傳》中亦講這個道理。舊說《易》《老》相通。其相通的主要的一點，即是《易》《老》皆持「物極必反」之說。

黑格爾亦說：事物，皆含有其自己的否定。若一某事物發展至極，則即爲其自己所含有之否定所否定。所以一切事物的發展，都是所謂自掘墳墓。馬克思的歷史哲學，亦用黑格爾此說，不過他不以心或觀念爲歷史的主動力，而以經濟的力量爲歷史的主動力。所以他的歷史哲學稱爲物質史觀或經濟史觀。一某事物的發展，如何是已至其極？有些事物，其極是對於客觀的環境說，有些則是對於主觀的心理說。例如馬克思說，一個資本主義的社會，若發展至其極，則即爲其自身所含有之否定所否定，資本主義的社會的發展是「自掘墳墓」。資本主義的社會之極，是對於客觀的環境說。所謂客觀的環境，亦是一種事物自身所造成的。每一種事物，在其發展的過程中，自身造成一種環境。如這種環境，使此種事物不能繼續存在，則此種事物的發展，即已至其極。因爲這種環境是這種事物自身所造成的，所以這種環境即是這種事物自身所掘之墳墓，亦即其自身所含有的否定之表現。

就資本主義的社會發展說，其極是對於其自身所造成的環境說。但就一個資本家的財產發展說，其極是可對於一個資本家的主觀心理說。假使有一個國家的法律，規定一個資本家的財產，不能超過一百萬元，則此國內的資本家財產，如到一百萬元，即已至其極，就此方面說，或就類乎此的方面說，一個資本家的財產發展，亦是對於客觀的環境說。不過這一種極是人爲的，不是自然的，所以這一種極不必引起反。但假如雖沒有這些限制，而一個資本家發財至一百萬元時，此人即已志驕意滿，以爲他已是天下第一富人，而再不努力經營他的工業或商業，如此，則一百萬元對於此人，即是其財產之極。到了此極，此人的工業或商業，即只會退步，不會進步，而其財產亦只會減少，不會增加了。

又譬如一個人有很大的學問，但他總覺得他的學問不夠；此人的學問，對於此人，即尚未至其極。此人的學問，即還有進步的希望。另外有一人，雖只讀過幾本教科書，但自以爲已無所不知，無所不曉；此人的學問，對於此人，即已至其極。此人的學問，不但沒有進步的希望，而且一定要退步。舊說所謂「器小易盈」即是指這一類的人說。小碗只需裝一點水，即至其容量之極。再加水，即要溢出來；此所謂「易盈」也。《易》《老》所謂極，大概都是就這些方面說。

如欲使一某事物的發展，不至乎其極，最好的辦法，是使其中先包括些近乎是它的反面的成分。……就社會說是如此，就個人說亦是如此。如一個人想教他的事業或學問，繼續發展進步，他須常有戒愼恐懼之心。人於做事將成功時，往往有志得意滿的心；於做事將失敗時，往往有戒愼恐懼的心。戒愼恐懼近乎是志得意滿的反面。我們說近乎是，因爲志得意滿的眞正反面，是頹喪憂悶。人若常存戒愼恐懼的心，則是常存一近乎是志得意滿的反面的心。所以他的事業，無論如何成功，如何進展，都不是其極。所以他的事業，可以繼續發展進步。《易傳》說：「危者，安其位者也；亡者，保其存者也；亂者，有其治者也。是以君子安而不忘危，存而不忘亡，治而不忘亂，是以身安而國家可保也。《易》曰：『其亡其亡，繫於苞桑。』」若一國之人，常恐其國要亡，則其國即安如磐石。正說此義。我們可以說：一個人做事，如常恐失敗，他大概可以成功；如常自以爲要成功，他大概必要失敗。

一個人的這種戒愼恐懼的心理，在態度上表現出來，即是謙虛。眞正謙虛的人，並不是在表面上裝出謙虛的樣子，而是心中眞有自覺不足的意思。他有這種心，他的事業自然可以繼續發展進步，無有止境。所以《易》謙卦彖辭說：「天道虧盈而益謙，地道變盈而流謙，鬼神害盈而福謙，人道惡盈而好謙。謙尊而光，卑而不可踰，君子之終也。」舊說，謂謙卦六爻皆吉，表示人能謙則無往不利的意思。

謙卦彖辭以謙與盈相對而言。舊說亦多以爲與謙相對者是盈或滿。一個人對某一種事覺得滿了，即是此種事的發展對於他已至其極了。已至其極，即不能再有發展進步。所以說：「滿招損，謙受益。」嚴格地說，與盈或滿相對者是衝或虛。老子說：「道衝而用之或不盈。」衝是與盈相對者。我們常說，沖謙、謙虛。沖或虛是就一個人的心理狀態說。謙是就此種心理狀態之表現於外者說。盈或滿亦是就一個人的心理狀態說。此種心理狀態之表現於外者是驕。驕是與謙相對者。驕盈是與謙虛相對者。

以上說，一個人對於他的事業，如常有自覺不足的意思，他的事業即可繼續發展進步，無有止境。

所以說：「高而不危，所以長守貴也；滿而不溢，所以長守富也。」「高而不危」，即是說，一人之貴，對於他尚不是其極。「滿而不溢」，即是說，一人之富，對於他尚不是其極。如一人之富貴，對於他不至其極，他即可以繼續富貴。又如說：「學如不及，猶恐失之。」一個人如果常能學如不及，他的學問，自然可以繼續進步。反之，如一個人對於他的事業或學問，有了志得意滿的心，他的事業或學問，對於他即已至其極，即不能再有發展進步了。

以上是就一個人及其事業說。就人與人的關係說，謙亦是一種待人自處之道。人都有嫉妒心，我在事業，或學問等方面，如有過人之處，別人心中，本已於不知不覺中，有嫉妒之意。如我更以此過人之處，表示驕傲，則使別人的嫉妒心愈盛，引起他的反感。大之可以招致禍害，小之亦可使他不願意承認我的過人之處。所謂名譽者，本是衆人對於我的過人之處之承認。我有過人之處，衆人亦承認我有過人之處，此承認即構成我的名譽。若我雖有過人之處，而衆人不願意承認之，則我雖有過人之處，而名亦不立。老子說：「富貴而驕，自遺其咎。」以富貴驕人，或以學問驕人，或以才能驕人，如所謂恃才傲物者，大概都沒有好結果。若我雖有過人之處，而並不以此驕人，不但不以此驕人，而且常示人以謙，則人反極願意承認我的過人之處，而我的名譽，可立可保。老子說：「不自見故明，不自是故彰，不自伐故有功，不自矜故長。夫惟不爭，故天下莫能與之爭。」正是說上所說的道理。

所以古人以玉比君子之德。所謂「溫其如玉」。玉有光華而不外露，有含蓄的意思。我們的先賢，重含蓄而不重發揚。含蓄近乎謙，而發揚則易流爲驕。

朱子《周易本義》謙卦卦辭注云：「謙者，有而不居之意。」有而不居，本是老子所常說的話。老子說：「生而不有，爲而不恃，功成而弗居。夫惟弗居，是以不去。」「夫惟不居」下又說「是以不去」。「是以不去」是說「有而不居」的好處。此是就利害方面說。我們以上說謙虛的好處，及驕盈的壞處，亦是就利害方面說。若就另一方面說，一個人可以有一種知識或修養，有此種知識或修養者，可以無意於求謙虛而自然謙虛，無意於戒驕盈而自然不驕盈。

有此種知識或修養的方法有三種。一種是重客觀，一種是高見識，一種是放眼界。先就重客觀說，我們知道某一種事，必須在某一種情形下方能作成。此種情形，我們名之曰勢。一時有一時的勢，所以勢有時稱爲時勢，有時亦稱爲時。例如飛機的發明，必須在物理學、氣象學、機械學，已進步到相當程度的時候；在這時候；人對於此各方面的知識，以及各種材料上的準備，構成一種勢，在此種勢下，人才可以發明飛機。一個人發明了飛機，即又構成了一種勢。就此方面說，這是英雄造時勢。但他必須在某種勢下，才能發明飛機；就此方面說，這是時勢造英雄。一個英雄，若能知道，他亦是時勢所造，他對於他的事業，即可以有「有而弗居」的心。有「有而弗居」的心，他當然無意於求謙虛，而自然謙虛，無意於戒驕盈，而自然不驕盈。

我們現在的人，可以有許多知識，爲前人所未有者。但我們決不能因此即自以爲，我們個人的聰明才力，是超乎古人的。我們所以能如此者，完全因我們的憑藉，比古人多，比古人好。譬如我們現在能飛行，古人不能飛行，這完全因古人無飛機，我們有飛機之故，並不是我們的身體，與古人有何不同。有許多事情的成功，是時爲之，或勢爲之，不過時或勢總要借一些人，把這些事做了。這一些人，對於做這些事，固然不能說是沒有貢獻，但若他們竟以爲這些事的成功，完全是他們自己的功勞，此即是「貪天之功以爲己力」。所謂「功成弗居」，實即是不「貪天之功」而已。不貪天之功者，無意於求謙虛，而自然謙虛，無意於戒驕盈，而自然不驕盈。

再就高見識說，一個人少有所得即志得意滿者，往往由於見識不高。一個學生在學校裡考試，得了一百分，或是在榜上名列第一。這不過表示，在某種標準下，他算是程度好的。但是，這種標準，並不是最高的標準。若從較高的標準看，他的這一百分，或第一名，或可以是一文不值。明儒羅念庵於嘉靖八年，中了狀元。他的岳父喜曰：「幸吾婿建此大事。」羅念庵說：「丈夫事業，更有許大在。此等三年遞一人，何足爲大事也。」一個人對於他自己的成就，若均從較高的標準看，則必常覺其不及標準，而自感不足。所謂見識高的人，即有見於此所謂較高的標準，而不屑於以較低的標準，衡量其自己的成就者。舊說，人須「抗志希古」，此即謂，凡做事均須以較高的標準爲標準。

凡是古的，都是好的，這固然是舊日的人的一種錯誤的見解，但舊日的人持這一種見解，也不能說是完全沒有根據。以文藝作品爲例說，現在的古代文藝作品，實在都是好的。不過這並不是因爲古人「得天獨厚」，如舊日的人所說者，而是因爲這些作品都已經過時間的選擇。古代並非沒有壞的文藝作品，我們可以說，其壞的作品，至少與現在一樣多。不過那些作品，都經不起時間淘汰，而早已到了它們應該到的地方，那即是字紙簍。時間是一位最公平的大選家，經過它的法眼以後，未經它淘汰的，都是好的作品。所以現在留下的古代文藝作品，都是好的，沒有壞的。所謂「抗志希古」者，就文藝方面說，即是我們寫作，須以經過時間選擇的作品爲法，我們衡量我們的作品，亦須以這些作品爲標準。如果一個人能以韓退之或蘇東坡的作品，爲衡量他的作品的標準，他即可見，他的作品如不能達到此標準，即使能在某學校內得到一百分，這一百分實在是不算什麼的，如果他有如此的見識，即在某學校內得了一百分，他也決不會志得意滿。

即使一個人已能做出如韓退之或蘇東坡的文藝作品，他還可見，於這些作品之上，還有文藝作品的理想標準，以此標準爲標準，即歷史上大作家的作品，也還不能都是盡善盡美。大作家於創作時，往往因爲一兩字的修改，弄得神魂顚倒。可見文藝作品的理想標準，如非不可及，亦是極不易及的。

以上雖只舉文藝作品爲例，但我們可以說，在人事的各方面，都有如以上所說的情形。舊說：「取法乎上，僅得乎中，取法乎中，僅得其下。」仍就文藝方面說，以文藝作品的理想的標準爲法者，可以成爲大作家，如韓蘇等。但如以韓蘇爲法者，則對於韓蘇只有不及，不能超過。至於以未經時間淘汰的作品爲法者，則其成就，必定是「每況愈下」。

有高見識者，凡事均取法乎上。既均取法乎上，所以他對於他自己的成就，常覺得不及標準，而自感不足。程伊川說：「人量隨識長。亦有人識高而量不長者，是實未至也。」以上文之例說之，知學校內定分數的標準，不過是一種標準，是識長也。因此即不以一百分自滿，是量長也。所謂量即是容量的意思。器小易盈即是量小。量隨識長者，無意於求謙虛，而自然謙虛，無意於戒驕盈，而自然不驕盈。

再就放眼說。人之所以少有所得，即志得意滿者，往往亦由於眼界不闊、胸襟不廣。一個三家村裡的教書匠，在他村裡，在知識方面，坐第一把交椅，他即自命不凡，自以爲不可一世。這是由於他的眼界只拘於他的一村以內的緣故。他的眼界既窄，胸襟自然亦狹，所以亦是「器小易盈」。他若能將他的眼界放至他的村外，以及於一鄉、一縣，他即可知，他的知識，實在有限，而在三家村裡坐第一把交椅，實在不算什麼了不得的事。若一個人能將他眼界放至與宇宙一樣大，他即可見，雖有蓋世功名，亦不過如太空中一點微塵。他若有這等眼界，他自然不期謙虛，而自然謙虛，不戒驕盈，而自然不驕盈。

《莊子・秋水》篇說：「計四海之在天地之間也，不似礨空之在大澤乎？計中國之在海內，不似稊米之在大倉乎？號物之數謂之萬，人處一焉，人卒九州，谷食之所生，舟車之所通，人處一焉。此其比萬物也，不似毫末之在於馬體乎？五帝之所連，三王之所爭，仁人之所憂，任士之所勞，盡此矣。」《則陽》篇說：「遊心於無窮。」宇宙是無窮，把自己的眼界推到與宇宙同大，亦是一種「遊心於無窮」。在這樣大的眼界中，無論怎麼大的事業學問，都成爲渺小無足道的東西了。這些渺小無足道的東西，自然不足介於胸中。胸中無足介者，即所謂胸懷灑落。有如此的眼界，如此的胸襟者，不但自然謙虛，自然不驕盈，而實在是對於如此的人，驕盈謙虛，都不必說了。

《莊子・逍遙遊》說：「堯治天下之民，平海內之政，往見四子藐姑射之山，窅然喪其天下焉。」《大宗師》說：「夫無莊之失其美，據梁之失其力，黃帝之亡其知，皆在爐捶之間耳。」爲什麼堯一見四子，即喪其天下呢？爲什麼許由爐捶之間，可使無莊失其美，據梁失其力，黃帝亡其知呢？因爲四子、許山，有一種最大的眼界、最闊的胸襟，使見他們的人，馬上覺得自己的渺小，自己的所有的過人之處的渺小。堯本可以平治天下自鳴得意，無莊等本可以其美力等自鳴得意，但於他們的眼界擴大以後，他們即可知他們所有的過人之處，實在是不足道的。

這是莊學的最高義中的一點。宋明儒亦有此類的說法。程明道說：「泰山爲高矣，然泰山頂上，亦不屬泰山。雖堯舜之事，亦只如太虛中一點浮雲過目。」象山《語錄》中謂：象山「一夕步月，喟然而嘆。包敏道侍，問曰：『先生何嘆？』曰：『朱元晦泰山喬岳，可惜學不見道，枉費精神，奈何？』包曰：『勢既如此，莫若各自著書，以待天下後世之自擇。』忽正色厲聲曰：『敏道，敏道，恁地沒長進，乃做這般見解。且道天地間有個朱元晦陸子靜，便添得些子？無了後便減得些子？』」有了朱元晦陸子靜，天地不添得些子，無了亦不減得些子，則朱元晦陸子靜之泰山喬岳，亦不過如太空中一點浮雲，又有何驕盈之可言？

或可問：若凡事都從與宇宙同大的眼界看，則人生中的事，豈不是皆不值一做了？關於這一點，我們可以說，我們於上文「爲無爲」中說，我們做事，有些事是無所爲而爲，有些事是有所爲而爲。就無所爲而爲的事說，有些事是我們的興趣之所在。我們做這些事，是隨著我們的興趣，至於這些事是值得做或不值得做，對於我們，本來是不成問題的。譬如小孩騎竹馬，他只是願騎則騎而已，他不問竹馬值得騎或不值得騎，實亦不必問值得騎或不值得騎也。有些事是我們的義務之所在。我們做這些事，是實踐我們的義務。每個人皆要生活，要生活則不得不盡生活中的義務。若問生活中的義務值得盡或不值得盡，則須先問，生活是值得生活或不值得生活。有些人或以爲生活不值得生活，但在他未死以前，他總是要生活的。他既要生活，他即須盡其在生活中的義務。這都是就無所爲而爲的事說。至於就有所爲而爲的事說，有些人做事的所爲是權利，有些人做事的所爲是名譽。如他們因放大了眼界，而覺得這些所爲是不值得要的，他盡可不要這些所爲，不做這些事，而專做他的興趣所在及義務所在的事。這對於他，或對於社會，均只有益處，沒有壞處。

孔子說：「巍巍乎舜禹之有天下地，而不與焉。」朱子注說：「不與猶言不相關。」朱子《語錄》說：「不與只是不相干之義。言天下自是天下，我事自是我事，不被那天下來移著。」又《語錄》中論謙卦云：「太極中本無物，若事業功勞，又於我何有？觀天地生萬物而不言所利可見矣。」有些事是我們的興趣所在，或義務所在者，這些事我們自要做之，但做之而並不介意於因此而來之榮譽或富貴，此即是有天下而不與的胸襟。這種胸襟，亦惟有大眼界者，始能有之。對於有這種胸襟的人，自然亦無須說什麼謙虛或驕盈的問題。

原文載《三松堂全集》第四卷《新世訓》

勤儉和人生的「細水長流」

古人說：「民生在勤。」又說：「戶樞不蠹，流水不腐。」現在我們亦都知道，人身體的器官，若經過相當時間不用，會失去它原有的功用。一個健康的人，一個月完全不用他的腿，他走路便會發生問題。維持一個人身體的健康，他每日必須有相當的運動。這是衛生的常識。所謂「民生在勤」的話，以及「戶樞不蠹，流水不腐」的比喻，應用在這方面，是很恰當的。

我們可以從身體方面說勤，亦可從精神方面說勤。《易》乾卦象辭說：「天行健，君子以自強不息。」《中庸》說：「至誠無息。」又說：「誠者，天之道也，誠之者，人之道也。」天之道是「至誠無息」；人之道是「自強不息」。這些話可以說是從精神方面說勤。無息或不息是勤之至。……

就人的精神方面說，勤能使人的生活內容更豐富、更充實。什麼是人的生活內容？人的生活內容是活動。譬如一個人有百萬之富，這一百萬只是一百萬金錢、銀錢，或銅錢，並不能成為這一個人的生活內容。若何得來這些錢、若何用這些錢，這些活動，方是這一個人的生活內容。又如一個人有一百萬冊書。這一百萬冊書，只是一百萬冊書，並不能成爲這一個人的生活內容。若何得這些書，若何讀這些書、這些活動，方是這一個人的生活內容。我們可以說，只有是一個人的生活內容者，才眞正是他自己的。一個守財奴，只把錢存在地窖裡或銀行裡，而不用它；一個藏書家，只把書放在書庫裡，而不讀它；這些錢、這些書，與這些人，「爾爲爾，我爲我」，實在是沒有多大的關係。有一笑話謂：一窮人向一富人說：我們二人是一樣的窮。富人驚問何故。窮人說：我一個錢不用，你亦一個錢不用，豈非一樣？此雖笑談，亦有至理。

人的生活內容即是人的活動，則人的一生中，活動愈多者，其生活即愈豐富、愈充實。勤人的活動比懶人多，故勤人的生活內容，比懶人的易於豐富、充實。《易傳》說：「天行健。」又說：「富有之謂大業；日新之謂盛德。」「富有」及「日新」，都是「不息」的成就。一個人若「自強不息」，則不斷地有新活動。「不斷地」有新活動，即是其「富有」，不斷地有「新」活動，即是其「日新」。有人說，我們算人的壽命，不應該專在時間方面注意。譬如有一個人，活了一百歲，但每日，除了吃飯睡覺外，不做一事。一個人做了許多事，但只活了五十歲。若專就時間算，活一百歲者，比活五十歲者，其壽命長了一倍。但若把他們的一生的事業，排列起來，以其排列的長短，作爲其壽命的長短，則此活五十歲者的壽命，比活一百歲者的壽命長得多。我們讀歷史或小說，有時連讀數十頁，而就時間說，則只是數日或數小時之事。有時，「一名無話」，只四字便把一夜過去。「有話即長，無話即短。」小說家所常用的這一句話，我們可用以說人的壽命。

對於壽命的這種看法，在人的主觀感覺方面，亦是有根據的。在很短的時間內，如有很多的事，我們往往覺其似乎是很長。譬如自七七事變以來，我們經過了許多大事，再想起「七七」以前的事，往往有「恍如隔世」之感，但就時間說，不過是二年餘而已。數年前，我在北平，被逮押赴保定，次日即回北平。家人友人，奔走營救者，二日間經事甚多，皆云，彷彿若過一年。我對他們說，「洞中方七日，世上幾千年」。此雖一時雋語，然亦有至理。所謂神仙者，如其有之，深處洞中，不與人事，雖過了許多年，但在事實上及他的主觀感覺上，都是「一夕無話」，所以世上雖有千年，而對於他只是七日。作這兩句詩者，本欲就時間方面，以說仙家的日月之長，但我們卻可以此就生活的內容方面，以說仙家的日月之短。就此方面看，一個人若遁迹岩穴，不聞問世間，以求長生，即使其可得長生，這種長生亦是沒有多大意思的。

……

儉固然是以節省爲主，但並不是不適當的節省。一個國家用錢，尤不能爲節省而節省。我們經過安南，看見他們的舊文廟，其狹隘卑小，使我們回想我們的北平，愈見其偉大宏麗。漢人的《兩都賦》、《二京賦》，一類的作品，盛誇當時的宮室，以爲可以「隆上都而觀萬國」。唐詩又說：「不睹皇居壯，安知天子尊。」這些話都是很有道理的。不明白這些道理，而專以土階茅茨爲儉者，都是「儉不中禮」。

人不但須知如何能有錢，而且須知如何能用錢。有錢的人，有錢而不用謂之吝，大量用錢而不得其當謂之奢，大量用錢而得其當謂之豪。我們常說豪奢，豪與奢連文則一義，但如分別說，則豪與奢不同。我們於上文說，用錢超過適當的標準，謂之奢。用錢合乎適當的標準，謂之儉。不過普通說儉，總有節省的意思，所以如有大量的用錢，雖合乎適當的標準，而在一般人的眼光中，又似乎是不節省者，則謂之豪。奢是與儉相衝突的，而豪則不是。奢的人必不能節省，但豪的人則並不必不能節省。史說，范純仁往姑蘇取麥五百斛。路遇石曼卿，三喪未葬，無法可施，范純仁即以麥舟與之。這可以說是豪舉。但范純仁卻是很能儉的人。史稱其布衣至宰相，廉儉如一。他又告人：「惟儉可以養廉，惟恕可以成德。」這可見儉與豪是不衝突的。

……

《老子》說：「吾有三寶，持而寶之。一曰慈，二曰儉，三曰不敢爲天下先。慈故能勇，儉故能廣，不敢爲天下先，故能成器長。」《老子》又說：「治人事天莫若嗇。夫惟嗇是謂早服，早服謂之重積德。

重積德則無不克。無不克則莫知其極。莫知其極，可以有國。有國之母，可以長久。是謂深根固柢，長生久視之道。」朱子說：「老子之學，謙沖儉嗇。全不肯役精神。早服是謂重積德者，言早已有所積，復養以嗇，是又加積之也。若待其已損而後養，則養之方足以補其所損，不得謂之重積矣。所以貴早服者，早覺其未損而嗇之也。」此所謂儉，所謂嗇，當然不是普通所謂儉、所謂嗇。然亦非全不是普通所謂儉，所謂嗇。

普通所謂儉，是節省的意思，所謂嗇，是過於節省的意思。在養生方面，我們用我們的身體或精神，總要叫它有個「有餘不盡」之意。這並不是「全不肯役精神」，不過不用之太過而已。道家以爲「神太勞則竭，形太勞則弊」。神是精神，形是身體。我們用身體或精神太過，則至於「難乎爲繼」的地步。所以我們做事要盡力，但不可盡到「力竭聲嘶」的地步。這樣的盡力是不可以長久的。老子所講的做事方法，都是可以長久的，所以《老子》常說「可以長久」。《老子》說：「企者不立，跨者不行。」又說：「飄風不終朝，驟雨不終日。孰爲此者？天地。天地尙不能久，而況於人乎？」一個人用脚尖站地，固然是可以看得遠些；開跑步走，固然是可以走得快些，但這是不可久的。其不可久正如「天地」的飄風驟雨，雖來勢凶猛，但亦是不能持久的。

老子所講的做事方法，都是所謂「細水長流」的方法。會上山的人，在上山的時候，總是一步一步地，慢慢走上去，如是他可常走不覺累。不會上山的人，初上山時走得很快，但是不久即「氣喘如牛」，不能行動了。又如我們在學校裡用功，不會用功的人，平日不預備功課，到考時格外加緊預備，或至終夜不睡，而得不到好成績。會用功的人，在平時每日將功課辦好，到考時並不必格外努力，而自然得到很好的成績。不會上山的上山法，不會用功的用功法，都不是所謂「細水長流」，都不是可以長久的辦法。不論做何事，凡是可以長久的辦法，總是西洋人所謂「慢而靠得住」的辦法，亦即是所謂「細水長流」的辦法。諸葛亮說：「淡泊以明志，寧靜以致遠。」淡泊是儉，寧靜是所謂「細水長流」的辦法。

老子很喜歡水。他說：「上善莫若水。」又說：「天下莫柔弱於水，而攻堅，強者莫之能勝。」屋簷滴下來的水，一點一滴，似乎沒有多大力量。但久之它能將簷下的石滴成小窩。這即所謂「細水長流」的力量。

於此我們可以看出，在這一方面，勤與儉的關係。會上山的人，慢慢地走，不肯一下用盡他的力量，這是儉。但他又是一步一步，不斷地走，這是勤。會用功的人，每天用相當時間的功，不「開夜車」，這是儉。但是「每天」必用相當時候的功，這是勤。不會上山的人，開始即快走，不肯留「有餘不盡」的力量，這是不儉。及至氣喘如牛，即又坐下不動，這是不勤。不會用功的人，開夜車，終夜不睡，這是不儉。考試一過，又束書不觀，這是不勤。照這兩個例看起來，勤與儉，在此方面，是很有關係的。

所謂「細水長流」的辦法，是勤而且儉的辦法。

人的身體，如一副機器。一副機器，如放在那裡，永不開動它，必然要銹壞。但如開動過了它的力量，它亦很易炸裂。一副機器的壽命的長短，與用之者用得得當與否，有很大的關係。人的「形」、「神」，亦是如此。我們的生活，如能勤而且儉，如上所說者，則我們可以「盡其天年而不中道夭」。道家養生的秘訣，說穿了不過是如此。這亦即所謂事天。我們的「生」是自然、是天然，所以養生亦是事天。

治一個國家，亦是如此。用一個國家的力量，亦需要使之有「有餘不盡」之意。不然，亦是不可以長久的。治國養生，是一個道理。所以說：「治人事天莫如嗇」。用一個國家的力量或用一個人的力量，都要使之有「有餘不盡」之意，如此則可以不傷及它的根本。所以「嗇」是「深根固柢」之道。有了深根固柢的力量，然後能長久地生存、長久地做事，所以說：「儉故能廣」。

原文載《三松堂全集》第四卷《新世訓》

不欺爲「誠」和認眞爲「敬」

誠的一意義是不欺。劉安世說：「某之學初無多言，舊所學於老先生者，只云由誠入。某平生所受用處，但是不欺耳。」此所謂老先生即司馬光。劉安世《元城道護錄》說：「安世從溫公學，凡五年，得一語曰誠。安世問其目。公喜曰：『此問甚善。當自不妄語入。』予初甚易之，乃退而櫽栝日之所行，與凡所言，自相掣肘矛盾者多矣。力行七年而成。自此言行一致，表裡相應。遇事坦然，常有餘裕。」誠是司馬光一生得力的一字。劉漫堂《麻城學記》說：「溫公之學，始於不妄語，而成於脚踏實地。」不欺有兩方面，一是不欺人，一是不自欺。我們常說：「自欺欺人。」自欺欺人，都是不誠。所謂「不妄語」，即是不欺人；所謂「脚踏實地」，即是不自欺。例如一個人學外國文字，明知有些地方，非死記熟背不可，但往往又自寬解，以爲記得差不多亦可。這即是自欺，亦即是不脚踏實地。朱子說：「做一件事，直是做到十分，便是誠。若只做得兩三分，說道：今且慢恁地做。恁地做也得，不恁做也得，便是不誠。」明知須如此做，而卻又以為如此做亦可，不知此做亦可，此即是自欺，亦即不是脚踏實地。劉安世力行不妄語七年，始得「言行一致，表裡相應」，此即是自不欺人，進至不自欺。言行一致，表裡相應，可以是不欺人，亦可以是不自欺。……朱子說：「人固有終身為善而自欺者，不特外面如此，而裡面不如此者，方為自欺。蓋中心願為善，而常有個不肯的意思，便是自欺也。須是打疊得盡。」眞正言行一致，表裡如一的人，即是外不欺人、內不自欺的人。

……

有眞至精神是誠，常提起精神是敬。粗淺一點說，敬即是上海話所謂「當心」。《論語》說：「執事敬。」我們做一件事，「當心」去做，把那一件事「當成一件事」做，認眞做，即是「執事敬」。譬如一個人正在讀書，而其心不在書上，「一心以為鴻鵠將至，思援弓繳而射之」。這個人即是讀書不敬。讀書不敬者，決不能了解他所讀的書。

……

一般的宗教家及一部分的哲學家，都以為人可以到一種境界，在其中所謂人己內外的界限，都不存在。所謂人己內外，略當於西洋哲學中所謂主觀客觀。主觀是己、是內；客觀是人、是外。在普通人的經驗中，這個界限是非常分明的。但人可到一種境界，可有一種經驗，在其中這些界限都泯沒了。這種境界，即所謂萬物一體的境界。這種境界，即宋明道學家所謂聖域。能到這種境界，能入聖域的人，即宋明道學家所謂聖人。

宗教家所說，入聖域的方法，即所謂修行方法，雖有多端，但其主要點皆不離乎精神上的勤。如耶教佛教之念經打坐，皆所以「令自家思慮精神盡在此」也。用此念經打坐等方法，「令自家思慮精神盡在此」，是於日用活動之外，另有修行方法。這種方法，可以說是主靜。靜者對於活動而言，宋明道學家有講主靜者，有教人靜坐者。朱子說：「明道在扶溝，謝、游諸公，皆在彼問學。明道一日曰：『諸公在此，只是學某說話，何不去力行？』二公曰：『某等無可行者。』明道曰：『無可行時，且去靜坐。蓋靜坐時便涵養得本原稍定。雖是不免逐物，及自覺而收斂歸來，也有個著落。』」所謂「涵養得本原稍定」，及「收斂歸來，有個著落」者，即是「令自家思慮精神，盡在此」也。凡此大都是受佛家的影響。

伊川雖亦說「涵養須用敬」，但他亦「見人靜坐，便嘆其善學，曰：『這卻是一個總要處。』」至朱子始完全以主敬代主靜。這是宋明道學的一個很重要的進展。蓋主敬亦是「令自家思慮精神盡在此」，但主靜則須於日用活動之外，另有修行工夫，而主敬則可隨時隨事用修行工夫也。朱子說：「濂溪言主靜」，「正是要人靜定其心，自作主宰。程子又恐只管靜去，遂與事物不相涉，卻說個敬」。正說此意。

原文載《三松堂全集》第四卷《新世訓》

人生不朽和鬼神魂魄

所有事物皆依照一定規律以變化。其規律即十二辟卦圓圖所表示者，若依此圓圖以說一事物變化所經之階段，則自復至乾之階段名曰息、名曰來、名曰造；自姤至坤之階段名曰消、名曰往、名曰化。《易・繫辭》說：「往者屈也；來者伸也。」自復至乾之階段是伸；自姤至坤之階段是屈。

照張橫渠的說法，一事物之生長變化，在自復至乾之階段者名曰神，在自姤至坤之階段者名曰鬼。他在《正蒙》中說：「物之初生，氣日至而滋息。物生既盈，氣日反而遊散。至之謂神，以其伸也；反之謂鬼，以其歸也。」（《動物》篇）朱子《語錄》：「問伸是神，屈是鬼否？曰：氣之方來皆屬陽，是神；氣之反皆屬陰，是鬼。午前是神；午後是鬼。初一以後是神；十六以後是鬼。草木方發生是神；凋落是鬼。人自少至壯是神；衰老是鬼。」

……

橫渠朱子所說，與鬼神二名以新義；此新義雖亦可說，但與一般人所謂鬼神之意義，大不相同。本意說鬼神，亦是與鬼神二名以新義；但此新義，與一般人所謂鬼神之意義，相差並不甚遠，其間且有許多相通處。

我們可以說：凡事物之過去者是鬼；事物之將來者是神。此所謂鬼神亦即是屈伸之義。事物之過去者爲屈、爲鬼；事物之將來者爲伸、爲神。不過說事物之過去者爲鬼，而不說事物之變化之在衰毀之階段者爲鬼，已較近於一般人所謂鬼之意義。例如一般人說某人之鬼時，其人之生存必已爲過去。雖信有鬼者信某人之鬼，現仍繼續存在，而亦必承認某人之存在爲過去。如某人之存在不爲過去，則現在即無某人之鬼可言。

……歷史中之事，皆一往不再現。但雖不再現，而卻非無有，不但非無有，而且不可改易，對於現在及將來，亦非無力。事物之過去者，皆成爲歷史中之事物，皆是《墨經》中所謂嘗然。「已然則嘗然，不可無也。」此嘗然之事物，皆是往者、屈者，皆是鬼。由此觀點看，我們可以說：一人若死，即成爲一人之鬼；一事若完，即成爲一事之鬼；一物若毀，即成爲一物之鬼。一切事物若成爲過去，則皆成爲鬼。而整個的歷史，即是一整個的鬼窟；整個歷史即是整本的點鬼簿。

伊川說鬼神是造化之迹。所謂造化之意義，已如上述。迹者，造化已成過去所留之痕迹也。照我們於以上所說鬼神之意義，鬼眞可以說是造化之迹，而神則是此迹之所以迹。

如此說鬼，已與世俗所謂鬼之意義相近。一般人皆欲永生，不願死後斷滅，故皆希望死後有鬼。若照上文所說鬼之意義，則任何事物，於其完了毀壞之後，皆成爲鬼。而其鬼又皆是永遠有的。橫渠說：「神祇神者歸之始；歸往者來之終。」朱子說：「此二句，正如俗語罵鬼云，你是已死我；我是未死你。《楚辭》中說終古亦是此意。」（《語類》卷三）《楚辭》說，「去終古之所居兮，今逍遙而來東。羌靈魂之所欲歸，何須臾而忘返。」「終古」正是無限過去之義。鬼之所往，爲「終古之所居」；鬼之有亦與終古而終古。所謂「長此終古」，永無改變，永無斷滅。所以照我們的說法，我們所說之鬼可以眞正說是永生。如以事物之成爲此種之鬼爲永生，則無事物不永生，而且雖欲不永生而不可得。

世俗所謂之鬼，照世俗之說，能托生或可再死。或說鬼是一事物之「氣」尚未散者，歷時旣久，亦即全散，如其全散，則此鬼即無有。無論如何，世俗所謂之鬼，總不是可以「長此終古」者。世俗所謂之鬼，又能有種種活動，可以說是雖死而未甚死。我們所說之鬼，「寂然不動」，以「長此終古」，可以說是眞正的死鬼。由此意義說，我們所說之鬼，可以說是永生，亦可以說是永死。

不朽一形容詞，用於我們所謂鬼，最爲適當。我們所謂鬼者，實是並無所謂生，亦無所謂死，不過是嘗然不可無而已。不朽即表示嘗然不可無之義，即不表示生，亦不表示死，旣不表示永生，亦不表示永死。我們可以說，我們謂鬼都是不朽的。

我們所說之鬼，雖寂然不動，而對於現在及將來，卻非無力，亦能作祟。凡過去的事物之能影響現在或將來者，皆能作祟之鬼也。在中國十年前有所謂打倒玄學鬼之說。所謂玄學鬼者，即謂曾經流行之所謂玄學，今尚能影響人之思想者。我們姑不管此一班人所謂玄學之意義，但此所謂鬼者，正與我們此所謂鬼，意義相同。玄學鬼而尚須「打倒」，則其能作祟可知。

鬼是不可變的。信有鬼者常說人所見之某人之鬼之形狀，多即其人死時之形狀；其衣服裝飾亦即其裝殮時之衣服裝飾。此類不經之談，然亦可提示鬼是不可變的。

或可問：所謂過去的事物非無有者，此所謂有，是眞際的有，抑實際的有？過去的事物均是個體的事物，並不是理，不能說，它的有是眞際的有。若說它的有是實際的有，則所謂有即存在之義。但過去的事物，即已是過去的，則即已不存在，又何有之可言？

關於此點，我們說：過去的事物之有，誠非眞際的有，因所謂事物均是個體，不是理。過去的事物，既已是過去的，即已不存在。然過去的事物雖不存在，而曾有過去的事物之事實，即過去的事物之嘗然，則存在，而且永遠存在。一事如已過去，則即不存在。但此事物雖不存在，而曾經有此事物之事實，即此事物之嘗然，則存在，而且永遠存在。例如中日甲午之戰已成過去，已不存在，但曾經有中日甲午之戰之事實，即中日甲午之戰之嘗然，則存在，而且永遠存在。不但此事實、此嘗然存在，即中日甲午之戰之事中之任何一事，無論其爲若何微細的事，雖現在已不存在，而曾經有其事之事實，即其事之嘗然，亦存在，而且永遠存在。又如李鴻章之人，已成過去，已不存在，但曾經有李鴻章之人之事實，即李鴻章之人之嘗然，則存在，而且永遠存在。不但此事實存在，即關於李鴻章之事，無論其爲如何細微的事，亦存在，而且永遠存在。中日甲午之戰之事，李鴻章之人，雖已過去，然其存在則包含於曾經有其事其人之事實，即其嘗然之存在中。中日甲午戰爭之任何事，關於李鴻章之人之任何事，其存在亦均包含於曾經有其事之事實，即其嘗然之存在中。如曾經有此等事之事實，此等事之嘗然，存在，而且永遠存在，則此等事亦存在，而且永遠存在，不過其存在不是直接的而已。過去的事物，均依靠曾經有其事物之事實，即其嘗然之存在而存在。所以其存在不是直接的。雖不是直接的，而我們可以說它並非無有。

過去的事物依靠曾經有其事物之事實，即其嘗然之存在而存在。曾經有其事物之事實，即其嘗然之存在，倚靠其所包含之事物之爲過去的而永遠存在。過去的事物是不可變的，所以曾經有某事物之事實，即其嘗然，亦是不可變的，如其是如何，則即永遠是如何。

過去的事物，以及曾經有其事物之事實，即其嘗然，我們只可以永遠說它，而不可以永恒說它。照我們的說法，它不是永恒的。所謂永恒者，是無時間之謂，而過去的事物，以及曾經有其事物之事實，即其嘗然，則是在時間的。歷史中的事物，均有先後之關係，此即是其在時間。所以過去的事物，以及曾經有其事物之事實，即其嘗然，雖永遠存在，永遠是如何便如何，但並非永恒的。不過其存在，如已有之，則即不能無有，其是如何如已是如何，即不能不是如何而已。自又一方面說，凡可稱爲永恒者，不能是無有，而過去的事物，以及曾經有此事物之事實，即其嘗然，則於其尚未存在之時，正是無有；所以不能稱爲永恒的。照我們的說法，只有理是可稱爲永恒的。

……

過去的事物是鬼；將來的事物是神；現在的事物是事物。現在的事物，可以說是正在鬼神之際。不過所謂現在究竟可有許久？有人以爲所謂現在不過當前之一刹那。如果如此，則事物之直接存在，豈非太促？

……我們不能離開具體的事，而說空洞的時間。所以我們亦不能離開具體的事而空洞地問：所謂現在，究竟有許久？所謂現在、過去、將來，都是相對於一事物說者。現在之爲現在，是相對於一事物說，而不是一事物之爲事物，是相對於現在說。過去、將來，又是相對於現在說。所以過去、將來、現在，均是相對的。有人以爲所謂現在者，不過當前之一刹那；此乃相對於我們的意識，以說現在。我們的意識，變化不停，如一川流，就其流轉之內容說，所謂現在，只當前之一刹那。當我們說此一刹那是現在時，「說時遲，那時快」，它已不是現在而成爲過去了。但如我們就一事物之整個說，則此整個事物存在之時，即是其現在。一事物之內容，亦是變化不停，如一川流，但我們可就其整個說。就一事物之整個說，則此事未完，此物未毀，則不爲過去。此事已發，此物已有，即不爲將來。雖此事之發，此物之有，已經相當段落，就此段落說，可稱爲過去；或尚可有相當段落，就此段落說，可稱爲將來。但此是就此諸段落說，而不是就此事物之整個說。例如我正在過我之一生，就我之一生整個說，此一生正是現在。我們不能說，我之一生，已爲過去，我們亦不能說，我將有此一生。雖我之一生中，有一部分已成過去，有一部分尚在將來，但此均是就我一生之諸部分說，不是就我一生之全部說。

相對於一事以說過去、現在、將來，其事愈大，則其現在愈長。「無極而太極」，是最大的事，是「事」，其餘之事，均是此事中之事。對於此「事」，只有現在，並無過去，亦無將來。換言之，此「事」只是事，不能是鬼，亦不能是神。

……

就一事之發，一物之有，所有之過去與將來的部分說，一事物之存在之過去的部分是其魄，其將來的部分是其魂。朱子說：「動者魂也，靜者魄也。動靜二字，括盡魂魄。凡能運用作爲，皆魂也；魄則不能也。月之黑暈便是魄，其光者乃日加之光耳，他本無光也。所以說哉生魂，旁死魄。」（《語錄》

卷三）此所謂魂魄之意義，與我們不盡同。但我們於此亦正取魂動魄靜之義。

一事物之過去是其魄，其將來是其魂，其現在是其性情。合其魂魄與性情，即此事物之整個。就人說，一人之魂魄，性情合而觀之，即此人之全人格。我們對於一人，或敬之、愛之、畏之，或惡之；此敬愛或畏惡，皆其全人格所招致也。

照世俗的說法，一人之魂，若離其體，則此人即死。照我們所謂魂之意義，亦可說一事物若無魂，則此事物即成，或即將成為鬼。盡一事物若無將來，則必立時即成，或即將成為過去；成為過去，即為鬼矣。若一事物在某方面無將來，則此事物在此方面即是無魂。我們說某人是「行屍走肉」，意即說在某方面此人是無將來的，亦即是無魂的。

……

將來的事物是神，所以稱之為神者，將來的事物是方來，方來是伸，伸故謂之神。此是神之一義。神之另一義是不可測。過去的事物是嘗然；嘗然不可變。將來的事物是或然，或然不可測：所謂不可測者，即不能預知或預定其是如何也。具體的個體的事物之成為若彼或若此，其中皆有偶然之成分。所以關於具體的個體的事物之命題，皆不能是必然的命題。事物已成既往，則一定而不可變。但將來之事物，則可如此，亦可如彼。其果將如此或將如彼，不能有理論以證明其必然。我們皆信明天有太陽；明天不是地球末日；但不能有理論以證明其必然地將如此。所以將來的事物是或然；或然者不可測；不可測之謂神。由此意義，我們亦說：將來的事物是神。

魂之又一義，即一類事物之要素，例如所謂詩魂花魂者。所謂詩魂花魂，如有意義，必是詩或花之要素。詩或花之要素即詩之理或花之理。神之另一義，即一類事物之完全的典型；一類事物之完全的典型亦即一類事物之理。例如所謂軍神、針神、錢神者。軍神即指軍人之完全的典型，即軍人之理。針神即指刺繡工藝之完全的典型，即刺繡工藝之理。錢神即指錢之完全的典型，即錢之理。龔定庵詩，說某人「藝是針神貌洛神」，即言其刺繡合乎刺繡工藝之完全的典型也。晉魯褒有《錢神論》，言錢之威勢，亦是就錢之完全的典型，錢之理說。凡事物之可認爲完全合乎其完全的典型者，即以神稱之。例如書畫之最高等者，稱曰神品。「新聲妙入神」；妙入神者，即言其合乎其所完全的典型也。

……普通人多以想像具體的方的物者，想像抽象的「方」。其實抽象的「方」是不能想像的。照普通人之錯誤的想像，似於許多方的物之外，另有一方的物。此方的物與別的方的物之區別，只在其是完全地方。此完全是錯誤的。我們引朱子說：「無極而太極；不是說有個物事光輝輝地在那裡。」一般人所謂某某魂、某某神，加上文所說者，其所指雖是某某理，而卻以爲是「有個物事，光輝輝地在那裡」。我們可以說：所謂某某魂、某某神者，皆是將某某理做一實際的個體而想像之。將某某理做一實際的個體而想像之，就哲學與邏輯說，是完全錯誤的。但就一般人說，多以想像代思，所以必須如此，方可覺有所捉摸。

神與魂之此義，與上所謂事物之將然者是神，及一切事物之將來是其魂之義，亦可相通。凡稱曰某神或某魂者，雖其意義是某種事物之要素、某種事物之完全的典型、某種事物之理，但不曰某理而曰某種或某魂，則即將其做一實際的個體而想像之。此實際的個體是完全合乎其理者。一完全合乎其理之實際的個體，即令有之，亦必在無限的將來之中，決不在過去，亦不在現在。在此意義下，所謂神者、魂者，總是在將來中者，不過特別指無限的將來中之完全合乎其理之事物而已。

……

一完全合乎其理之事物，如其有之，需經無限的時間方能有。說它須經無限的時間方能有，即是說它在事實上永不能有。此所說無限的將來，正就將來之無限的時間說。說一完全合乎其理之事物，於無限的將來中始有，即是說它在事實上永不能有。但一般人總希望完全合乎其理之事物，是事實上有的而且是已有的。一般人雖已將理做實際的個體而想像之，但若不以之爲已有，則仍覺它是空的。必須在實際中已有完全合乎其理之事物，一般人方覺有所抓著而不致於落空。於是有以鬼爲神之事。世俗所謂神，即以鬼爲神之神。

例如軍神本可只是軍人之完全的典型，軍人之理，但一般人對於此不滿足，而以關、岳爲軍神。無論照世俗所謂鬼之意義說，或照我們於上文所謂鬼之意義說，關、岳之鬼均是有的。但關、岳本只是鬼，而現在以之爲神，即以鬼爲神也。以鬼爲神所予人之安慰，即是完全的軍人是實有的，而且是已有的。一般人可因此對於軍人之理，更覺有所捉摸。

……

宗教對於一般人之功用，實際上有一全智全能的權力，以爲人對於將來的希望之保證。宗教對於有一部分人之功用，則不是如此或不止如此。欲明此點，我們先說祭祀。

先就普通對於鬼之祭祀說，朱子說：來而伸者爲神，往而屈者爲鬼。又說：既屈之中，又自有屈伸。「祭祀致得鬼神來格，便是既屈之氣，又能伸也。」（《語類》卷三）既屈者又伸，此是說不通的。不過既屈者雖不能復伸，而既屈者與現在事物之關聯，則非不可有。能作祟之鬼，對於現在有關聯；則不能作祟之鬼，如能爲現在之人所知，則亦可說與現在事物有關聯。對於鬼之祭祀，即所以加強加重，此種關聯，使所祭之鬼，能彷彿重視於現在。所謂「祭祝致得鬼神來格」，實際上並不是鬼來格人，而是人去格鬼。《禮記・祭義》說：「齋之時，思其居處，思其笑語，思其志意，思其所樂，思其所嗜，齋三日乃見其所謂齋者。祭之日，入室，僾然必有見乎其位；周還出戶，肅然必有聞乎其容聲；出戶而聽，愾然必有聞乎其嘆息之聲。」此即有意地特別加強加重，鬼對於現在之被知之關聯，使之彷彿能重現於現在也。現在於追悼會、紀念會中所行之默念三分鐘，亦所以有意加強加重此種關聯也。人對於鬼總有所思慕，所以無論社會制度若何變，祭祀總是少不了的。不過其名稱儀式，或可有不同而已。

我們於上文說，我們所謂鬼之永遠存在，可以說是永生，亦可以說是永死。但如有鬼能常爲人所祭祀，則此鬼之永生之程度，在此方面，可以說是比別鬼大。蓋在祭祀中，此鬼得彷佛重現於現在，現於現在，乃所謂生者之眞正的意義也。古以立德、立言、立功，爲三不朽。此所謂不朽者，即指此所說程度較大之永生。蓋有所「立」者，能常爲人所崇拜，常爲人所以爲神，在人之崇拜中，常能彷佛重現於現在也。

宗教不能離乎儀式，其儀式大部分亦是關於祭祀者。但於普通之祭祀中，祭祀者所思念所念者是鬼，是個體。在宗教之祭祀中，祭祀者所思所念者是神。此神雖是以鬼爲神之神，然於祭祀者想像中，他是一種完全的典型。事物之完全的典型，是超乎個體者。對於超乎個體者之思念，可使人得到一種超乎個體，超乎自己之境界。宗教特設一種環境，使人對於此境界，有所感覺。寺廟之建築，必極莊嚴；其中陳設，必極華貴；其音樂必極肅穆；其儀式必極威重；在此情形之中，人可對事物之完全的典型，彷佛有所感覺；對於超乎個體，超乎其自己之境界，有所感覺。事物之完全的典型，本不可感覺者，在此情形下，宗教能令人彷彿感覺之。人於此情形中，彷彿有此感覺，且有超乎個體，超乎其自己之感覺。如此種感覺，不僅暫時有，而且能永久有；則有此感覺之人，即已「超凡入聖」。

或說宗教中有些派別，如佛教中之禪宗等，最反對儀式；此又何說？於此我們說：此等派別所主張者，應該是超儀式，而不是反對儀式。反對儀式者完全不要儀式。超儀式者經過儀式之階段而不止於儀式。上所說宗教不能離開儀式，並不是宗教即止於儀式。為儀式而有儀式，止於儀式，是禪宗所反對者；其反對是有理由的。但如謂一修行者，可不經行儀式之階段，而僅靠棒喝機鋒，即可「超凡入聖」，則恐是不可能的。禪宗之流為狂禪，即是主流此不可能者之結果。

宗教以鬼為神，對於一般人可以減輕其對於將來之憂疑，對於過去之悔尤；對於一部分人可使其彷彿感覺事物之完全的典型，因而得一種超乎個體，超乎自己之境界。

原文載《三松堂全集》第四卷《新理學》

生命最後的燃燒

《莊子・養生主》說：火的燃燒靠燃料。前邊的燃料著完了，後邊的燃料要趕緊續上去。這樣火就可以繼續傳下去，不會熄滅。「火傳也，不知其盡也。」人類幾千年積累下來的智慧眞是如山如海，像一團眞火。這團眞火要靠無窮無盡的燃料繼續添上去，才能繼續傳下來。我感覺到，歷來的哲學家、詩人、文學家、藝術家和學問家都是用他們的生命做爲燃料以傳這團眞火。唐朝的詩人李賀年輕的時候做詩很苦。他的母親說：「是兒將嘔出心肝來。」其實何止李賀？歷來的著作家，凡是有傳世著作的，都是嘔出心肝，用他們的生命來寫作的。照我的經驗，做一點帶有創作性的東西，最容易覺得累。無論是寫一篇文章或者寫一幅字，都要集中全部精神才能做得出來。這些東西，可能無關宏旨，但都需要用全副的生命去做，至於傳世之作那就更不用說了。李商隱有兩句詩：「春蠶到死絲方盡，蠟炬成灰淚始乾。」

蠶是用它的生命來吐絲的，蠟是用它的生命來發光的。

原文載《三松堂全集》第一卷《三松堂自序》

人生的哲理

著　　者／馮友蘭
出 版 者／生智文化事業股份有限公司
發 行 人／林新倫
副總編輯／葉忠賢
責任編輯／賴筱彌
執行編輯／趙美芳
登 記 證／局版臺業字第 677 號
地　　址／台北市文山區溪洲街 67 號地下室
電　　話／(02)366-0309　366-0313
傳　　真／(02)366-0310
郵　　撥／1453497-6
印　　刷／柯樂印刷事業股份有限公司
法律顧問／北辰著作權事務所　蕭雄淋律師
初版二刷／1997 年 11 月
定　　價／新臺幣：200 元

總　經　銷／揚智文化事業股份有限公司
地　　　址／台北市新生南路三段 88 號 5 樓之 6
電　　　話／(02)366-0309　366-0313
傳　　　真／(05)366-0310

ISBN：957-8637-40-3
E-mail：ufx0309@ms13.hinet.net

國家圖書館出版品預行編目資料

人生的哲理 / 馮友蘭著. -- 初版. -- 臺北市
：生智, 1997 [民 86]
面；　公分
ISBN　957-8637-40-3 (平裝)

1. 人生哲學

191　　　　　　　　86002880

當代大師系列叢書

生智文化事業有限公司 出版
揚智文化事業股份有限公司 代理發行
李英明 孟樊 王寧 龍協濤 楊大春 策劃
每本定價 NT： 150元

D2001 德希達
楊大春 著
32開 180頁

D2002 李歐塔
鄭祥福 著
32開 168頁

D2003 羅逖
張國清 著
32開 172頁

D2004 傅柯
楊大春 著
32開 200頁

D2005 詹明信
朱剛 著
32開 204頁

D2006 海德格
滕守堯 著
32開 208頁

D2007 維根斯坦
趙敦華 著
32開 216頁

D2008 希克
林曦 著
32開 228頁

❖ 亞太金融中心面面觀 ❖

生智文化事業有限公司出版
吳惠林　總策劃
全套共計七本，每本售價NT：100元

民國八十四年，行政院提出「亞太營運中心」此跨世紀的大計畫，其中以「亞太金融中心」最受囑目；由台北三信文教基金會和非凡電台共同製作的「亞太金融中心面面觀」系列座談，便是根據此項計畫就金融體制、政策、外匯、貨幣、保險、期貨、股票、債券市場、衍生性商品等主題，邀請專家、學者加以討論，以期結合朝野力量、凝聚共識，一起推動亞太金融中心計畫的實現所策劃的一系列作品，內容廣泛多面，為一套值得細讀保存的好書。

D1001　金融體制和政策
D1002　亞太金融中心競爭力
D1003　銀行和基層金融
D1004　外匯和貨幣市場
D1005　保險和期貨市場
D1006　股票和債券市場
D1007　衍生性商品和金融人才

繪畫物語

生智文化事業有限公司出版
作者:羲千鬱
定價:300 元

《繪畫物語》是一本關於當代藝術體制內，以構成圖畫體質之主要元素，來作為「裝置作品」震源之探索，縱而集成的作品實物展陳之爪印語錄。

臺灣當代藝術萌芽了，就如《繪畫物語》的參與，它提供我們在廣闊無垠的當代藝術疆域中，一軌對話基點；非盲目移植、擬仿的後殖民樣態，而是另一類地球村式的對話，當代藝術疆域中的「新湧現」。